登自己的山

All This Wild Hope

CASUALTIES OF CREDIT

The English Financial Revolution,

信用之灾

暴力、钱荒、泡沫与英国金融革命

［美］卡尔·文纳林德
Carl Wennerlind
著

周宇 译

GUANGXI NORMAL UNIVERSITY PRESS

广西师范大学出版社

·桂林·

图书在版编目(CIP)数据

信用之灾：暴力、钱荒、泡沫与英国金融革命 /
(美)卡尔·文纳林德著；周宇译. —— 桂林：广西师范
大学出版社, 2025. 1. —— ISBN 978-7-5598-7332-3

Ⅰ. F835.619

中国国家版本馆CIP数据核字第2024D2P836号

著作权合同登记号桂图登字：20-2024-072号

XINYONG ZHI ZAI：BAOLI QIANHUANG PAOMO YU YINGGUO JINRONG GEMING
信用之灾：暴力、钱荒、泡沫与英国金融革命

作　　者：(美)卡尔·文纳林德
译　　者：周　宇
责任编辑：谭宇墨凡　李　珂
封面设计：任晓宇
内文制作：燕　红

广西师范大学出版社出版发行

　广西桂林市五里店路9号　邮政编码：541004
　网址：www.bbtpress.com

出 版 人：黄轩庄
全国新华书店经销
发行热线：010-64284815
北京启航东方印刷有限公司印刷
开本：635mm×965mm　1/16
印张：22.5　　　　字数：280千
2025年1月第1版　　2025年1月第1次印刷
定价：108.00元

致莫妮卡

Casualty, n.

1. Chance, accident (as a state of things).

2.

a. A chance occurrence, an accident; esp. an unfortunate occurrence, a mishap; now, generally, a fatal or serious accident or event, a disaster.

b. Used of the losses sustained by a body of men in the field or on service, by death, desertion, etc.

c. Used of an individual killed, wounded, or injured.

3.

a. State of subjection to chance; liability to accident; precariousness, uncertainty.

b. A thing subject to chance.

4.

a. A casual or incidental charge or payment.

The Oxford English Dictionary, 2nd ed., 1989.

1. 机会、意外（作为某种状态）。

2.

a. 偶然事件、事故；尤其是不幸的遭遇，不测；现在一般指致命的或严重的事故或事件、灾难。

b. 用于描述一群人在战场上或服役期间因死亡、逃跑等原因遭受的损失。

c. 用于形容某个人被杀害、负伤或受伤、受害。

3.

a. 处于偶然状态下；有遭受意外的可能性；不确定性，不稳定性。

b. 一件受偶然性影响的事情。

4.

a. 临时或附带的费用或支付金额。

《牛津英语词典》，第 2 版，1989 年。

目录

导　言

在所有只存在于人类心智的事物中，没有什么比信用更奇幻和美妙了；它永远不能被强制施加；它取决于意见；它取决于我们的希望和恐惧之激情；它常常不请自来，又常常毫无缘由地消失；一旦失去，就很难完全恢复。[1]

——查尔斯·达文南特，
《关于英格兰的公共收入和贸易的对话》，1698 年

信用无疑是人类最神秘、最强有力的成就之一。正如颇具影响力的政治经济学家查尔斯·达文南特 1698 年指出的，在英国金融革命第一次危机的余波中，信用既是"奇幻和美妙"的，又是危险且不稳定的。基于合作、信任和诚信，金融革命期间实施的新信用制度从根本上改变了英格兰。由依赖长期筹资的国债、活跃的证券市场和流通广泛的信用货币组成的现代金融体系，使英格兰能够创建一个强大的财政–军事国家，打造一个占据全球主导地位的帝国，并比其他任何国家都更快地朝着工业革命的方向前进。[2]

达文南特认识到信用不仅使物质进步和帝国扩张成为可能，它本身就是一项了不起的社会成就。为了使信用蓬勃发展，人们必须学会尊重和遵守合同并信任其他人也会这样做。人们还需要制定承诺机制和法律框架并使它们适应特定需要，以协助形成诚实和信任。这种信用文化的形成因此需要相当大的行为转变。事实上，许多早期现代哲学家都认为这种框架的建立是现代社会的本质。

然而，尽管称赞它的"优点"，达文南特也承认英国金融革命造成了一些灾害。他强调信用"取决于意见"，并强调信用的不稳定，即它受偶然的影响，容易出现意外和不确定——这正是 casualty 一词的真正含义。[3]由于信用建立在被广泛认为漏洞很多的基础之上，对人们来说，要理解并接受它，并克服对将商业和国家建立在这个本质是心理建构的基础之上的恐惧，一场认识论革命必不可少。

尽管达文南特指出人们永远不能强制施加信用，但他同时代的人深知权力在金融革命中的作用。维护新生的信用文化需要设立关押破产者的债务人监狱，还要让硬币剪裁者*和伪造者意识到有被处决的威胁。此外，数千名非洲奴隶被锁在链条上送往新世界，这样一来，南海公司获得的利润便能够增强人们对政府信用的信任。在对法国的战争中，数量空前的英格兰人受伤或丧生，如果没有运用信用，英格兰就不可能进行同样规模的战争。随着国家权威日益被用来激发人们的"希望和恐惧之激情"以确保信用的蓬勃发展，灾害越来越多。

虽然在某种形式上，信用始终是人类社会的一部分，但早期现

---

* 剪裁硬币（Clipping）指的是用剪刀或者其他锐利工具刻意剪去硬币边缘的一部分金属以牟取私利的行为。这种做法损害了流通货币的价值，而流通中存在着重量不足的残缺硬币会影响人们对货币的信任，进而影响整个货币信用体系。因此，在很多国家，剪裁硬币都被视为一种严重的犯罪行为，会受到严厉惩罚，有的甚至判处死刑。（如无特别说明，页下注均为译者注）

代欧洲的各种金融创新汇聚在一起却从根本上改变了人们对信用的看法及其在社会中的地位。历史学家克雷格·马尔德鲁论证过，到16世纪时，信用已经成为英格兰社会的核心。[4] 但是，尽管16世纪的信用建立在错综复杂的个人关系网之上，但信用工具本身相对简单。绝大多数早期信用合约都基于个人协议，其中许多是在面对面的口头交流中达成的。即使信用义务以更加正式的形式记录在债券、票据和质押物上，也会一直保留在债权人手上，直至到期。大多数信用协议的期限都很短，无论是私人的还是政府的，这限制了信用的流通能力。因为信用无法进入流通就无法增加货币存量，同时代的人经常抱怨英格兰信用体系落后。再加上由于缺乏银币而产生的持续挫败感，所有货币观察家* 都清楚，如果要实现商业繁荣并增强其地缘政治影响力，英格兰就必须对国家的货币体系采取一些措施。

从文艺复兴时期的信用世界到金融革命时期的信用世界的转变是一次彻底的断裂。虽然新金融体系出现的具体时机和大致样貌很大程度上要归功于1688年的光荣革命和1694年英格兰银行的成立，但本书认为，如果没有更早期的政治经济学革命，人们就不可能理解并接受新的金融架构。[5]

事实上，《信用之灾》这本书的目的就是揭示英国金融革命的思想基础。通过借用早期现代小册子、大幅传单† 和书籍等广泛的文献，我向读者展示了17世纪的政治经济学家、社会改革家和政府官员是如何设想、解释、辩论并试图影响信用的。本书的每一章都专注于一个单独的、出于解决特定的货币或金融危机的需要而引

---

* 观察家（Observers）并不单指某一特定群体，而是泛指当时所有了解英国货币现状并对其发展趋势有所洞见的知识分子、实践者和相关人士。

† 大幅传单（Broadsheets）通常指大幅单张印刷品，尺寸比现代报纸更大，一般针对特定事件发行，包含新闻、公告、歌谣、政治评论等各种信息，是现代报纸的前身。

发的辩论。虽然我描述了造成每次危机的经济和政治状况，并在可能的情况下提供了解除危机的方法及其后果的说明，但本书的主要焦点仍然是与信用有关的论述。[6]我试图揭示人们如何形成对信用的看法，以及他们的理解是如何融入17世纪对宇宙、自然、物质、农业、商业、制造业、政治、阶级、战争、死刑和殖民主义的思考之中的。在此过程中，我探索了金融革命如何影响人们，使他们对时间、历史、进步、知识、想象和财富等概念的态度发生了变化。[7]

新政治经济思维为金融革命铺平了道路，这种思维根植于广泛借鉴了自然哲学和政治理论的发展成果而彻底转变的世界观。抛开认为人类存在于有限的、静态的、物质的、社会的和经济的世界之中的传统观念，17世纪中叶的政治经济学家接受了无限世界、自然的完美性和概率知识的思想。利用这些要素，他们构建了新的世界观，认为人类的目标是不断追求改善自然、社会、人类的新方法。为了实现这个永久进步的愿景，对这些作家来说，英格兰发展更复杂的信用体系至关重要。《信用之灾》追溯这种世界观的起源，并论证科学革命在金融革命的形成过程中发挥了不可或缺的作用。[8]

本书认为，英格兰最早的一套通用流通信用货币的设想是在以炼金术和培根思想为基础的知识框架内发展起来的。我在这里借鉴了那些明确认识到自然哲学对政治经济学发展至关重要的学术研究。[9]秉承这一传统的学者们已经证明，早期现代政治经济学吸收了亚里士多德传统的重要经验，采纳了弗朗西斯·培根爵士追求有用知识的呼吁，并接受了人类可以改进自然造物的炼金术信念。《信用之灾》拓展了这些见解，认为炼金术思想和培根思想对于英格兰的新信用文化的发展至关重要。

另外，我还试图探讨更多关于概率推理兴起的讨论。在这一点上，自然哲学与政治经济学的关系更为复杂。[10]许多学者研究了概率思维对17世纪自然哲学、法律、宗教和文学的重要性。[11]人们也普遍认识到，作为控制和驾驭风险和不确定性的最新努力的一部分，射幸合同（包括博弈游戏和保险）是在概率思维的帮助下设计出来的。[12] 然而，很少有系统性的工作来研究 17 世纪下半叶新的信用形式是如何在概率框架内构思和评估的。我认为政治经济学家借鉴了自然哲学家理解信任的方式，以及哲学家用来增强知识主张可信度的策略。[13] 然而，影响是双向的。流行于商业社区的信托关系影响了政治经济学家（其中许多人都是经验丰富的交易者）对信任的思考，也影响了哲学思辨。自然哲学家和政治经济学家之间的这种相互作用对于概率推理的发展至关重要。

　　关于政府作为商业、财政、军事、刑事、殖民地和原始民主机构的讨论构成了信用概念发展的另一个中心主题。到 17 世纪下半叶，发展新的信用体系已成为政府利益的一部分。事实上，英格兰成立了国家银行来促进政府的商业扩张，并为与路易十四的九年战争（1688—1697 年）提供资金。信用增加了英格兰的商业实力和军事实力，这是英格兰追求权力和繁荣的两个最重要的部分。但政府不能仅仅享受新信用体系的好处，它必须积极促成该体系的形成。尽管大多数 17 世纪的政治经济学家认识到信用依赖普遍的诚实和信任文化，但所有人都清楚，政府必须利用其权力来发展和维护更先进的信用体系。政府不仅利用其征税权力来确保获得银行的贷款，还为了支持银行钞票的可兑换性，利用其惩罚权来保护人们对银行钞票的信任不受腐败和伪造影响。政府权力的另一个特点是其殖民地统治力量，后来被动员以确保金融革命的稳定性。面对 1710 年政府信用迅速恶化的状况，政府将新获得的对西属美洲奴隶贸易垄断的所有预期利润都用于支持国债。因此，就像现代国家从根本上来说是建立在权威和暴力——征税、战斗、惩罚和殖民的权力——之上一样，金融革命也是如此。

　　《信用之灾》也强调了政府影响公共舆论的必要性。为了增强政府信用，政府赞助了一些撰写宣传小册子的写手，这些小册子随后在公共领域广泛流传。但就像所有其他权力形式一样，政府影响公共舆论的权力是有争议的。反对派拥有平等进入公共领域的机会，他们批评、嘲笑并质疑执政党。之前，政府信用由君主和少数有权有势的金融家之间的互动决定，现在却越来越多地受到舆论的影响——执政党想尽一切办法说服公众相信其辉煌的成就和灿烂的前景。与此同时，反对派试图削弱政府信用以迫使政府内阁变动。我认为，当各方都试图塑造和编造对自己有利的新闻时，他们设想了各自的政治经济学，希望通过这些来影响经济知识，让公众支持他们的目标。

本书旨在提高我们对财政–军事国家、公共领域和政府信用之间的动态关系的理解，揭示了暴力和奴役在金融革命中的关键作用。[14] 首先，通过探讨 1694 年英格兰银行成立与 1696 年硬币大重铸运动这两者之间的关系，我得出结论认为死刑被视为对信用的一种重要保护。[15] 其次，通过研究南海公司的架构，我向读者展示托利党的宣传机器如何推广了一种想象，将大西洋奴隶贸易描绘为取之不尽、用之不竭的利润来源。这一高度选择性的想象对 1711 年政府信用的恢复以及由此而来的金融革命的延续至关重要。

通过将信用视为一种复杂的社会、政治、哲学和经济现象，《信用之灾》为一个由历史学家和文学批评家、社会学家和经济学家带头、丰富并不断发展的学术传统做出了贡献。虽然从中世纪到卡尔·马克思的政治经济学家都明确认识到货币的文化、社会和政治内涵，但自卡尔·门格尔和威廉·斯坦利·杰文斯以来的经济学家却将他们的精力集中在凝练货币最关键的特性上，经常分析性地将货币与其所处的更庞大的背景割裂开来。[16] 这一追求在 1965 年达到了顶峰，当时剑桥经济学家弗兰克·汉提出：货币在现代一般均衡经济学中实际上并不发挥作用。[17] 我因拒绝忽视货币与生俱来的社会、文化和政治角色，而与一些历史学家为伍，他们从政治角度思考关于经济的问题。[18]

在提供简短的章节大纲之前，我想先指出本研究的主题、范围和重点注意事项。首先，在论述英国金融革命的思想基础史时，本书非常重视思想改变历史的力量。[19]正如波考克指出的那样，信用"象征着人类事务中意见、激情和幻想的力量，并使之成为现实"[20]。例如，哈特利布学术团体（Hartlib Circle，约 1640—1660 年）最初将货币重新定义为价值符号，而不是本身具有价值的东西，这使非金属货币成为可能。接下来的几十年里发生的激烈辩论确定了可供实施的各种可能的计划方案。即使在新的金融基础设施已经到位之后，观念、意见和想象继续影响着私人和政府信用的理论和实践。事实上，思想和理论先于社会经济结构并决定了其中的变化。正如历史学家玛格丽特·雅各布和乔尔·莫吉尔分别指出科学和实践知识对于工业革命至关重要一样，我提出了类似的观点，即观念是金融革命的组成部分。[21]然而，我也注意到信用是基于观念、意见和想象的事实，因此它在某些人眼中变得脆弱，不适合成为经济和国家的基础。

其次，我以与大多数历史学家稍微不同的方式使用金融革命这个术语。虽然很少有学者质疑英格兰确实经历了金融革命，但他们对到底是什么构成了其最具革命性的部分存在分歧。尽管狄更森强调引入由议会征税权力支持的长期国债是金融革命的关键特征，琼斯却转而关注威廉三世筹集短期贷款的成功，而约翰·布鲁尔特别指出国家的增税机制有了很大的改进。[22]另一方面，基思·霍斯菲尔德强调新货币发行，而拉里·尼尔坚持认为一个流动性强和透明度高的证券二级市场的形成才是影响最大的。[23]道格拉斯·诺思和巴里·温加斯特说过一句著名的话：光荣革命期间，权力从君主向议会转移，这使建立可信的承诺和坚决尊重财产权第一次成为可能；

大卫·斯塔萨维奇总的来说同意这一说法，尽管他将政府信用的提升具体地归因于辉格党霸权的崛起。[24]

《信用之灾》则认为，对金融革命最重要的，是看待和理解货币和信用的新方式得到了发展。简而言之，出现了一种新的政治经济学。一旦这种新的政治经济学流行起来，新金融基础设施的设计和实施只是时间问题。虽然关于什么是最优信用机制这一问题肯定存在政治分歧，但 17 世纪下半叶很少有人同时反对银行和信用货币。[25] 由于花了一个世纪的时间才完成对实施新金融体系至关重要的概念框架的开发和普及，所以我相当宽泛地使用"金融革命"这个术语，时间范围是 1620 年至 1720 年之间的年份。[26] 如果比较 1711 年和 1622 年关于货币和信用的论述，很明显，人们对信用的理解方式已经有了根本转变。[27]

再次，《信用之灾》几乎完全只关注英格兰，尽管学者们最近开始强调，书写 17 世纪和 18 世纪的英格兰史要同时注重苏格兰、爱尔兰和威尔士，也认识到英格兰在更广泛的欧洲和大西洋背景中的地位。[28] 本书之所以采用更狭窄的视野，原因很简单，金融革命首先也是最重要的一点是，它是一场以英格兰——更准确地说是伦敦——为中心的经济、政治和社会转型。虽然某些形式的信用，例如汇票，最好放在全球框架内看待，但大部分早期现代信用活动是在国家甚至地方层面上组织的。确实，16 世纪和 17 世纪信用的问题就在于它过于本土化，这迫使政治经济学家寻找让信用在全国范围内流通的方法，或者至少在其主要城市内和城市之间流通。与信用以及为金融革命奠定基础的机制有关的辩论主要由民族和民族国家主导。事实上，在有关信用的思想上，英格兰当时基本上能够自给自足。虽然政治经济学家在所有商业问题上都向荷兰人寻求灵感，但荷兰人的金融创新仍被认为不足以满足英格兰的需要，因此在英格兰的辩论中很少被认真考虑。[29] 更准确地说，因为荷兰人没有发展出一种由民族-国家支持的国债，没有一个流动的公共债务工具二级市场来补充其股票市场，而且最重要的是，没有发行普遍流通的信用货币，所以荷兰金融并未成为英格兰试图直接效仿的模式。[30]

　　尽管在这里讲述的英国金融革命的故事是以国家为背景的，但应该指出的是，由于信用以预期和想象为基础，它的价值通常受时间上和地理上遥远之处发生的现象影响。[31]对在交易巷狭窄范围内流通的信用工具的想象成分促进了伦敦以及大西洋和太平洋世界遥远地区之间的联系。正如南海公司股票在伦敦交易一样，在人类想象允许的范围内，信用触及世界的各个角落。同样，信用也建立了跨越社会界限的联系。不需要风度翩翩的交易商和伦敦贫民之间有任何实际接触，高级金融世界就可以与社会阶层中的最底层联系起来。金融革命发生在一个有限的地理范围内，也主要发生在中等阶级和上层阶级中，但由于想象没有内在的限制，它有能力将世界各地不同社会阶层的人们联系起来。

　　我按照主题和时间顺序将本书分为三个部分：第一部分"炼金术与信用"，涵盖1620—1660年；第二部分"死刑与信用"，涵盖1660—1700年；以及第三部分"奴隶制与信用"，涵盖1700—1720年。第一章探讨为了应对顽固的货币短缺问题，英格兰的第一个政治经济学派如何出现在1620年代。这十年间，商业发展严重放缓，出现了大范围的失业和贫困，国家财政遭遇危机，而高质量硬币的缺乏则是罪魁祸首。三位著名的新亚里士多德主义政治经济学家，杰拉尔德·马林斯、爱德华·米塞尔登和托马斯·孟，提出了一套连贯的货币和商业原则来应对这场危机。这些思想家很大程度上借鉴了亚里士多德的观念，坚持认为货币的首要责任是促进正义并维持社会的平衡与和谐。他们认为，当流通中的货币足够多时，作为价值衡量标准和交换媒介的货币就能发挥应有的作用。如此，社会的有限财富就会流向其在社会阶层中的合适位置，进而妥善维护社会不同部分之间的权力平衡。相反，当流通中的货币量不足，货币就失去了履行其主要职责的能力，因而危及等级制度、传统道德秩序和社会稳定。在这样的情况下，农业、制造业和商业活动无法达到满负荷生产，这就导致了广泛的失业和贫困并有社会动荡的威胁。根据新亚里士多德主义者的诊断，这正是1620年代英格兰所发生的事情，因此货币存量有必要尽快补充。由于新亚里士多德主义者对信用货币的前景并不乐观，他们提出的解决方案主要是寻找扭转国家贸易差额的方法。即使他们没有为促成新的信用话语做出直接贡献，但既然本书讲的是信用，他们的分析也值得探讨，因为新亚里士多德主义者对货币的理解是一种规范，之后的思想家必须考虑或超越它，才能为信用货币提供充分的理由。

第二章探讨了内战期间（1642—1649年）出现的一种截然不同的政治经济学。英格兰相对来说缺乏政治和宗教权威，这一优势现在可以使进步的社会改革者更自由地向越来越乐意接受新思想的受众传播他们通常带有革命色彩的建议。其中最雄心勃勃且有影响力的改革团体围绕在普鲁士流亡者萨缪尔·哈特利布身边。哈特利布学术团体主张，如果将最新关于自然和物质的炼金术知识运用到培根式的对人类进步的追求中，社会、政治和经济就可能彻底改革。作为他们全面变革计划的一部分，哈特利布主义者发展了一种新的政治经济学。第二章记录了哈特利布主义政治经济学如何激进地重估了货币的作用和性质。对哈特利布主义政治经济学家来说，货币可以点燃工业，激活自然、社会、人类中隐藏的和休眠的资源，而不是负责维持平衡和谐与正义的工具。此外，由于哈特利布主义者相信财富是无限的，他们需要找到一种方法，根据不断扩大的商品世界按比例扩大货币存量。首次尝试实现这一目标的方式是推出一个雄心勃勃的炼金术转化项目，这与他们炼金术思维的整体知识基础一致。在探讨了他们精心展开的炼金术实验如何未能产生希望的结果之后，第二章重点介绍哈特利布主义者如何将他们的关注点转向制定广泛流通的信用货币的建议上。由于这些建议显然是由炼金术和培根思想的内容和精神塑造的，我认为这些思潮对让金融革命最终发展起来的环境的形成至关重要。

哈特利布主义者坚持认为货币不一定由白银或黄金组成，这开始使纸钞——由安全的资产作为担保——充当货币成为可能。当然，这个方案的问题是人们必须学会信任这种货币。作为他们为建立信任所做努力的一部分，政治经济学家采用了自然哲学领域发展起来的概率思维模型。他们对这些概念的应用反过来又为正在进行的关于信任的哲学讨论提供了信息。第三章从约翰·洛克对概率的哲学探讨开始，这是最早的此类研究之一，接下来继续探究 17 世纪下半叶一长串在新认识论的帮助下发展起来的信用提案。多位提议者提供了各种解决方案，从模仿阿姆斯特丹银行或意大利商人银行，到推出全国性的伦巴第银行（这是最初由哈特利布主义者建议的土地银行计划的一个变体），或由国家银行发行以银币作为部分储备金担保的钞票。所有这些计划的设计者面临的主要挑战是，设计一套机制让人们放心地信任信用凭证的持续可兑换性。坚实的担保、便携性、合法流通性、廉洁管理和透明度被认为对于信用货币的广泛流通至关重要。此外，几乎所有辩论的贡献者都致力于防止因剪裁、伪造和假冒货币而引起的不信任。事实上，大多数评论家认为，绝对有必要慷慨地使用死刑，以消除和威慑那试图挑战和破坏货币信任的行为。

第四章介绍了人们为恢复对硬币和钞票的信任而采取的各种措施。死刑对于公众信任货币来说是必要的这一观念，在 1694 年英格兰银行成立后受到了考验。虽然在第一张伪造的英格兰银行钞票被检测到之后，伪造货币就成为死罪，但大部分焦点都集中在快速增加的剪裁国家硬币行为上。随着硬币的平均含银量下降至官方标准的 50%，一场严重的货币危机爆发了。不单硬币迅速贬值，而且由于银币充当了英格兰银行钞票的担保，人们越来越担心，除非所有硬币都被收回并恢复到原来的价值，否则整个货币体系都处于危险之中。在探讨了同时代人如何看待金融革命与硬币大重铸运动的关系之后，我认为终结这些货币犯罪的大部分责任都落在了刽子手的肩上。因此，用于保护英格兰硬币和信用的核心策略是将新的货币操控行为加入适用死刑的重罪行列，并加大力度，查明、起诉和处决那些破坏货币信用的肇事者。我考察了洛克在关于如何解决货币危机问题的辩论中发挥的突出作用，并描述了他和查尔斯·蒙塔古如何说服艾萨克·牛顿爵士离开剑桥前往伦敦担任造币厂典狱长，承担起追查和起诉货币犯罪分子的责任。

最后的第五章和第六章探讨了 1710 年的金融危机，财政大臣罗伯特·哈雷为解决问题而实施了一项巧妙创新——南海公司。虽然金融革命使英格兰能够成功发动对法国的战争而没遭遇财政崩溃，但新金融结构的应对能力最终也达到极限。当债券价格下跌时，人们日益担忧整个金融系统的稳定性。政府信用的状况现在由舆论决定的事实，使这个体系显得更加不稳定。这也使得政府信用很容易受到托利党和辉格党两党之间持续冲突的影响。为了各自的目的，他们都利用公共领域操控政府信用。第五章探讨各方的宣传活动，并强调他们如何试图向他们的追随者提供特定的经济知识，以便后者交易股票和债券时会以促进政党利益的方式进行。

经过一年的紧张策划和宣传，聘请了著名作家如阿贝尔·博耶、乔纳森·斯威夫特和丹尼尔·笛福，罗伯特·哈雷于 1711 年 5 月推出了他的金融灵丹妙药——"南海公司"。其目标是清理金融市场中一系列严重折价的无担保政府债券，以期恢复政府信用。为了使这种债转股、私转公的做法能吸引债券持有人，政府保证每年支付公司吸收的债务的利息，并且更重要的是，授权该公司垄断经营从英格兰到西属美洲的奴隶贸易。正如第六章所揭示的那样，南海公司的成功与否将决定政府信用的状况，从而决定哈雷内阁的政治未来，因此南海公司和它在非洲的奴隶贸易成为激烈争论的话题。由于关于信用的讨论涉及早期现代资本主义最残酷和暴力的时刻之一，信用的社会想象将未来与现在、商业领域与金融领域、奴隶船与咖啡馆结合在一起。

在结语中，我简要讨论南海泡沫破裂后有关货币和信用的讨论发生了什么变化。鉴于人们认识到对信用的过度自信导致了鲁莽行为，许多评论家开始呼吁废除信用并回归新亚里士多德主义的安全世界。虽然法国人很大程度上遵循了这一道路，但英格兰人非常迅速地修复了新的信用制度。一些著名的评论家，例如爱尔兰哲学家乔治·贝克莱继续推广哈特利布主义者对信用的理解。其他人，如苏格兰人大卫·休谟和亚当·斯密，对现代信用文化的看法则更加暧昧矛盾。他们在哲学上对信用货币持开放态度，但与此同时，他们对其实际可行性持有很严肃的担忧。

《信用之灾》凸显了信用的发展与早期现代英格兰文化的其他重要时刻之间的一系列联系。虽然这些联系在现代人看来可能是意想不到的，但它们是 17 世纪关于信用的讨论中不可或缺的一部分。炼金术、自然哲学和认识论是金融革命相关争论的核心。光荣革命、政党的起源和公共领域的成熟对于信用未来的讨论来说都是至关重要的。死刑对金融革命的重要性，对非洲人的奴役，以及英格兰武装部队的建设在信用讨论中也被清楚地认识到。事实上，早期现代政治经济学家是在一个分析框架中理解信用的，该框架明确意识到信用带来的隐患及其潜在的不确定、不稳定和暴力——它的"希望和恐惧之激情"。

第一部分　炼金术与信用

第一章
货币短缺与英格兰政治经济学的诞生

引　言

经历了伊丽莎白时代的英格兰，对自己未来的商业和地缘政治前景越来越乐观和自信。斯图亚特王朝早期的君主们雄心勃勃地寻求国家机器现代化，以便更有效地管理国内事务，并在欧洲权力博弈中扮演更重要的角色。英格兰迅速壮大的商人群体也希望利用本土和全球范围内开放的商业机会增强实力。然而，与此同时，由于农村根深蒂固的混乱、长期失业，以及普遍存在的贫困，这个国家受困于危险的社会动荡。[1]

都铎王朝的官员制定了各种减贫措施以缓解日益加剧的社会摩擦。当这些措施失败时，17 世纪的社会改革者和政府机构更加倾向于通过商业活动来解决英格兰的社会问题。如果商业活动增多，人们就容易找到工作，从而减少令人担忧的过剩人口规模。然而，这种解决方案的问题在于商业的扩张规模是有限的，因为流通中的优质货币数量不足，商业发展受到严重阻碍。即使已有了 16 世纪发展起来的复杂的私人信用体系，也根本没有足够的流通货币来协调所有交易。

虽然现代经济理论不承认货币短缺的可能性，但 17 世纪的思想家却被这个问题困扰。[2] 历史学家乔伊斯·阿普尔比指出："理论上，货币供应不足的情况永远不会存在。实际上，英格兰〔在 17 世纪〕长期遭受硬币短缺之苦。"[3] 货币短缺问题是由经济活动量的日益扩张与流通中的硬币数量相对有限这二者之间日益加深的矛盾造成的。一个世纪的人口快速增长，加上市场活动的稳步扩张和税收的货币化，海外流入的金银已经无法满足对贵金属的需求。正如 1630 年代一本重要经济著作的作者赖斯·沃恩所言："王国的大部分商业，以及几乎所有的内陆商业，都在使用白银，银的匮乏极大地损害了这两种商业活动的发展。"[4]

历史学家估计英格兰在 16 世纪下半叶对货币的需求增长了大约 500%，而硬币的供应量仅增长了 63%。[5] 尽管 1600 年后金银的流入速度更快，但硬币供需之间的矛盾持续存在。而且流通中的硬币质量普遍较差，这使问题进一步加剧。粗糙的铸币技术和经年累月的剪裁损耗导致出现了这样一种局面，即高质量硬币经常人为地退出流通，仅仅被用于保值储存或国际贸易。因此，在 17 世纪的英格兰，用良币全额付款是罕见的，这大大减缓了整个社会的商品流通。

为了应对银币缺乏和质量差的问题，英格兰的商人、店主、农场主、制造商和消费者以私人协议为基础建立了一个复杂的信用网络。一位历史学家估计，到 17 世纪上半叶，私人信用与硬币交易的比率为 11∶1。[6] 这一统计数据被克雷格·马尔德鲁进一步证实。他研究了 16 世纪剑桥以北繁荣的海滨小镇金斯林的居民如何广泛使用销售赊账、票据、债券和质押等一系列信用合约来协调他们的商业交易。此类工具的成功使用产生了一张广阔的信用网络，将整个社区的人联系在一起，他们有时是债权人，有时是债务人。最近，历史学家克里斯·布里格斯指出，从事信用交易的不仅有商人和城市居民，而且很多英格兰农村居民早在中世纪就已经用信用来交易商品了。[7]无论这种私人信用体系已经存在多久，17世纪的观察家都清楚地指出，该信用形式远远不足以缓解当时的货币短缺。主要的障碍是这些私人信用工具不能流通，至少它们的流通没有广泛到足以产生真正的影响。为了商业、农业和制造业的繁荣，必须发掘新的货币来源。

到1620年代，英格兰政府迫切希望增加货币流通量。一个越来越雄心勃勃的国家需要更多的资金加强其地缘政治影响力，并启动各种被认为对国家稳定、繁荣和竞争力至关重要的改革计划。改善经济的流动性，不仅能够对更多交易征税，而且征税也会变得更容易。为了扩大货币存量，政府考虑并在某些情况下实施了一些措施，包括降低铸币成色、铸造铜币"法新"（farthing，旧硬币，值¼旧便士）、改变铸币比率、变更汇率、实施贸易限制，以及为争取直接开采美洲矿井的各类政治活动提供赞助，等等。事实上，增加货币存量是如此重要，以至于当时最杰出的政治经济学家之一、贸易专员杰拉尔德·马林斯宣称，"既然货币已被奉为战争的筋骨和商业的生命，我希望积累货币这件事因此可以被恰当地称为君主们最应操心的事"[8]。

货币短缺问题在1620年代初期变得尤为严峻，当时政府成立了多个委员会调查货币短缺的原因和可能的解决方案。许多参与者发表了分析并提出了解决方案。最著名的是马林斯、爱德华·米塞尔登和托马斯·孟三位商人，他们提出了一系列关于货币和贸易的系统分析论述，为英格兰第一个连贯自洽的政治经济学说奠定了基础。考虑到他们是在传统的亚里士多德思想框架内开展分析，马林斯、米塞尔登和孟可以被归类为"新亚里士多德主义政治经济学家"。[9]尽管他们在造成货币短缺的原因和首选的解决方案上都存在分歧，但他们的分析是围绕有关经济和整个世界的各种观念和假设的同一体系展开的。他们直接借鉴亚里士多德的世界观，认为货币的主要职责是促进正义并维持社会的平衡与和谐。当货币作为价值尺度和交换媒介而发挥其应有的作用时，社会有限的财富就会流向其在社会阶层中的适当位置，而社会不同阶层之间的权力平衡就能得以维持。如果达到适当的平衡，维护政治体的社会和道德秩序便水到渠成。反之，如果流通的货币数量不足，货币就失去了发挥其主要作用的能力，从而危及等级制度和传统道德秩序。在这种情况下，农业、制造业和商业活动都无法发挥其潜力，这将迫使所有社会阶层以更少的资源来处理自身事务。为了避免这种衰退，有必要尽快补充货币的存量。

　　与亚当·斯密对新亚里士多德主义者的著名讽刺和驳斥相反，我认为他们提供了一个理论方案，如果从他们自己的世界观去理解，这个方案既连贯又合理。[10] 斯密宣称新亚里士多德主义者赞同以下观点：

> 致富就是赚钱；简而言之，财富和货币在日常交流中，在各方面都被认为是同义词。一个富国，就像富人一样，应该是一个货币量充足的国家；而在任何一个国家，积累金银都应该是致富最容易的方式。[11]

相反，我要论证的是，对于新亚里士多德主义者来说，理想的道德经济和社会秩序只有在允许货币作为中介工具发挥其适当作用的情况下才能维持。要让货币发挥这一作用，就必须有足够数量的流通货币，而正如前面提到的，1620 年代的货币流通量还远远没有达到这个水平。这导致马林斯、米塞尔登和孟专注于扭转这个国家的收支平衡。他们的目的不是追求无限量的货币，而是恢复适当的货币数量。他们也没有将促进贸易顺差本身作为目的，而是将其视为恢复货币功能，从而恢复社会稳定的一种手段。

　　由于新亚里士多德主义者相信只有贵金属才能作为货币，他们便只着眼于那些能够扩大流通硬币数量的政策。因此，他们极少考虑用信用作为解决货币短缺问题的可能办法。然而，尽管新亚里士多德主义者对信用形成的本质提供的见解很少，但本书仍然使用他们的思想为基本背景，因为后来的信用政策推动者不得不认真回应他们的货币哲学。

　　本章首先概述了英格兰的经济困境，以及被同时代人归咎于货币短缺的社会问题。然后，我简要探讨了伊丽莎白时代和斯图亚特早期，当局为缓解货币短缺问题而采用的各种策略，重点是通过国际贸易和使用各种信用工具来吸收白银的许多尝试。本章的其余部分探讨了新亚里士多德主义政治经济学家如何努力应对 1620 年代的商业危机，并由此诞生了英格兰的第一个政治经济学派。该学派虽然间接但有力地促成了关于信用的未来及其造成的社会、政治和经济损失的辩论。

英格兰经济困境剖析

　　整个中世纪和早期现代，商业创新在英格兰非常有规律地发生，使英格兰人民早在 14 世纪就开始享受一个相对来说高度发展的商业社会。随后的几代人经历了一个日益包容、融合和复杂的商业世界。[12] 越来越多的人为市场生产，通过市场获得部分或全部生计必需品，自己也在市场上作为商人、零售商、店主和小贩工作。随着 16 世纪欧洲和世界商业不断发展，地区之间的界限被进一步打破，市场调节促成了距离越来越远的生产者和消费者之间的交易。

商业扩张给企业家阶层带来越来越多的机会，为那些负担得起的人提供了一个更复杂的消费世界，并对农业和制造业提出了新的生产力和效率标准。如今，生产和消费不再完全由传统模式主导，而是越来越受到国际趋势和变化的影响并受其支配。

在灾难性的黑死病造成的人口增长低迷结束后，英格兰的人口再次开始增长，从 1520 年的 240 万增加到 1581 年的 360 万，再到 1651 年的 520 万。这不仅促进了价格和租金的上涨从而刺激了某部分经济，也为那些向不断扩大的人口提供粮食、衣服和住房的行业提供了商业机会。[13] 遍布欧洲的城市居民数量的增加进一步为这些行业提供了经济刺激。[14] 这些模式深刻地改变了英格兰农村的生活。许多地主把他们的财产转换成牧羊的草场，为英格兰和低地国家快速发展的羊毛加工产业提供原料。地主对新经济机遇的反应造成了很大的社会错位。由于放牧羊群只需要最低限度的监看，土地不再需要与以前一样多的农民，他们因此被迫在别处寻找工作和住所。颇为有名的是托马斯·莫尔爵士在《乌托邦》一书中的谴责：这种圈地过程无异于羊吃人。[15]

大部分土地仍为可耕种土地的地区，也经历了因为向商业化生产重新定位而产生的巨大动荡。由于英格兰的粮食生产没有跟上人口增长和城市化的进程，而且在 17 世纪初期羊毛价格开始趋于平稳，为市场生产粮食变得越来越有利可图。[16] 利用这些市场机会需要更密集的劳动力、新作物、新技术，以及更多创新技术。像这样的改进反过来需要更多的资本和更大型的生产单位，这就需要圈占共用地和公有地，以及开垦湿地和沼泽地。这种结构转型在 17 世纪形成气候，使残余的庄园制度承受了巨大的压力。[17] 新改进的农业技术需要的劳动力投入更少，这个事实意味着更多的人成了无产者和失业者。尽管农业革命最终将使英格兰在 17 世纪下半叶成为一个粮食净出口国，但生产方式和财产关系的必要重组极大地破坏了都铎王朝和斯图亚特王朝早期的社会稳定。

反复出现的可怕的流浪汉形象，成为农村人口流离失所所造成的威胁性后果的缩影。往轻里说，这是一件令人恼火的事，往重里说，这是对整个社会秩序的威胁。自然哲学家和政治家弗朗西斯·培根爵士抱怨说，这些无主的流浪汉是"负担、有碍观瞻的现象和丑闻，也是危险和骚乱的种子"[18]。这个经常流动的贫民阶层因种种原因被上流社会鄙视。最重要的是城市扒手和强盗对人们的财产安全构成威胁。公共当局也担忧这些流浪汉带来的社会秩序混乱。醉酒、放荡、轻微暴力、私生子被认为是危险的穷人的共同特征。除了危害财产和公共秩序之外，流浪汉也因为《济贫法》强加给堂区的成本而越来越不受欢迎。

人们害怕乞丐、流浪汉、无业游民和游手好闲的流氓，也越来越担心低等人可能会通过武装反叛崛起，于是人们对穷人和失业者普遍存有敌意。[19]这种恐惧文化在伦敦尤为明显，流浪汉问题似乎无处不在——这是 1560 年至 1625 年之间流浪人口估计增加了 12 倍的结果。[20]由于英格兰没有有效的警察部队，在内战之前也没有常备军，政府官员和社会改革者被迫尝试许多不同方法来解决就业问题。都铎王朝制定了一个经过精心设计的《济贫法》系统，旨在缓解值得同情的穷人的困境并为那些身强力壮的乞丐提供工作。[21]这个公益仁政与臭名昭著的惩罚制度，即所谓的"血腥法典"相辅相成：失业的乞丐、流浪汉、游手好闲者被定罪并受到烙印、鞭打或一段时间的个人劳役惩罚。伊丽莎白时代当局的惩教院是另一个试图驱逐乞丐和街头流浪汉并指导他们养成适当的纪律和工作习惯的尝试。[22]虽然这偶尔暂时成功化解了社会矛盾，但无论是惩罚还是施舍似乎都无法成为统治者期望的灵丹妙药。

相反，随着英格兰进入了 17 世纪，人们的注意力开始转向促进商业，将其作为解决就业问题的首选方案。如果可以在全国范围内增加经济活动，更多的人会找到工作，庞大的过剩人口将开始减少，大多数社会问题的根源就会逐渐消除。[23] 既然商业成为首选的解决方案，其增长的大部分责任便落在了纺织业上。到目前为止，这个行业，尤其羊毛业，有英格兰最大的工业雇主和最大的出口商。因此，纺织业具有直接减少失业的独特作用，并能从国外引进资金从而刺激其他行业的经济发展。[24] 米塞尔登因此称羊毛工业是"我们俄斐的金子，我们迦南的奶和蜜，英格兰的印度群岛"[25]。

　　最初，制造业企业家雇用了相对便宜的农村工人做兼职工，但随着对英格兰的羊毛做的密纹平织布——所谓的老式窗帘布——的需求扩大，更多的人在城镇和制造业地区被长期雇用。纺织业创造的这种劳动类型对社会和道德改革者特别有吸引力。这项工作的纪律性和规律性对通常散漫且间歇性的农业劳动实践起到了纠正作用。摆脱了以前自治的生活方式，流离失所的小土地所有者和劳工现在受雇于制造业，被迫在一年中的每一天按照对利润孜孜不倦的追求所设定的节奏工作。社会和道德改革者以及制造商们推行一切可以想象的措施促进毛织贸易。这意味着他们要为生产和分配创造理想的国内条件——法律的和经济的，以及确保国际贸易条件有利于英格兰布料出口。事实上，17 世纪初期关于贸易差额的大部分辩论都集中在向低地国家和北欧出口羊毛的问题上，它们是英格兰的主要贸易伙伴。[26]

　　然而，依靠商业来解决就业的主要难题是英格兰无法足够迅速地扩大其商业规模。根据那个时代的人的说法，主要的限制因素是货币的长期短缺。这一短缺不仅伤害了纺织业，还限制了整个领域的经济活动。货币短缺也阻碍了王室对中央集权化和国家现代化的追求。虽然部分问题应归咎于国家机构筹集财政收入机制的不完善，但有一种直观的看法是，如果可以增加流通中的货币数量，国家的财政危机可能就会得到缓解。更多的货币不仅会产生更多的经济活动从而扩大税基，而且增加货币流动性可使收税更容易。如果要跟上其他欧洲民族国家的步伐，从而有机会在欧洲的权力博弈中扮演重要角色，英格兰不得不想办法增加更多的货币储备。

伊丽莎白一世相对节俭，而詹姆斯一世则没有这样的名声。[27]为了跟上由军事革命引发的正在进行的军备竞赛，詹姆斯国王挥霍无度。[28]詹姆斯本着他的朝臣和探险家沃尔特·罗利爵士所发表的著名宣言的精神——"谁掌握海洋，谁就掌握贸易；谁统领世界贸易，谁就统领世界财富，进而统领这个世界"——将他的支出集中用于建设现代海军。[29]为了宣扬力量，他还在仪式场合、着装、四轮大马车和建筑物上慷慨解囊，这与新生的绝对主义趋势一致。为了遏制社会问题和动乱而扩大《济贫法》适用范围的做法，也显著增加了政府的开支。詹姆斯的总支出达到了惊人的每年50万英镑，这是一个他无法从国民中筹集到的数额。到1608年，他因此而积累了一笔巨额债务，致使新任财政大臣罗伯特·塞西尔被迫面对一个"陈旧、不足且含糊的"王家税收和财政体制。[30]

斯图亚特王朝早期的君主们追求不同的收入来源，其中大部分收效甚微。由于议会控制税收，在詹姆斯一世和查理一世统治的很长一段时间，他们没有咨询议会，不得不主要依靠自己的王家资产来获得新的收入。除了出售矿产权和所有权，王家土地也被出售以产生一次性的收入增长。詹姆斯一世还恢复了极不受欢迎的出售垄断权的做法。[31]对詹姆斯一世来说，这些出售不仅仅是在不咨询议会的情况下方便筹集资金的方式，更是一种让他对社会行使王室指挥权的权宜之计。他把自己当成臣民的最高权威，肩负着上帝赋予的保障大众福祉的责任，他认为扩大他对经济的权威是适宜的。[32]结果，垄断权的授予变得比以往任何时候都多，这创造了一种物质文化，人们被迫购买垄断生产的或交易的商品来满足几乎所有的消费需求。[33]

斯图亚特王朝早期继承了伊丽莎白统治时期陈旧的国家税收制度，靠此增加收入。该制度包括土地税、动产税、十五分之一税、什一税和补充税种。众所周知，当时对财富的评估并不准确，这就严重限制了税基。为了获得更多流动性财富，许多传统上以实物支付的税——造船税、监护权费、置装费和行军津贴，以及食物等征购——被转化为，或至少部分地被转化为由现金支付。但由于议会不愿根据新的财政要求和更高的价格水平调整利率，再加上在硬币短缺情况下很难以现金方式征税的事实，这种税收制度没有为政府带来可观的收入。结果英格兰仍然是一个税收相对较轻的国家，查理国王只能享受和他对等的法国国王路易十三所筹集收入的十分之一。[34] 罗伯特·塞西尔在 1609 年向议会提出了一项使税收制度合理化的建议，用取消一些封建遗制的办法来换取每年固定的王室收入。[35] 但是，由于詹姆斯和议会的关系很僵，这个提议——大契约（the Great Contract）——失败了。

不够好的解决方案

国际贸易

英格兰矿产匮乏，再加上亨利八世统治时期所进行的一系列灾难性货币贬值试验，国际贸易因此成为获得额外资金的最可行的来源。它不仅是有效引进更多实物硬币的唯一方法，而且由此带来的额外好处，是可以通过关税为国库增加收入。[36] 最获利的交易包括那些能够促进与其他欧洲国家贸易顺差的贸易，例如向美洲出口货物以兑换贵重金属，以及从殖民地进口能够再出口盈利的异域商品。然而为了建立这些贸易，英格兰需要增强其海军力量并在全球范围内彰显自己的实力。他们因此需要钱来带来更多的钱。尽管英格兰在经济上和军事上正在崛起成为一个更强大和更自信的力量，但与葡萄牙、西班牙和荷兰共和国相比，它在世界范围内的商业影响力仍相形见绌。1570 年代安特卫普陷落之前，伦敦的大部分贸易都是由外国——汉萨同盟、低地国家和意大利的商人进行的。为了让英格兰摆脱商业上相对落后的局面，英格兰王室开始制定更具侵略性的商业政策。受到弗朗西斯·德雷克爵士在 1577 年完成环球航行以及伊丽莎白时代的私掠船偶尔会谋得暴利的鼓舞，英格兰人试图在其"海上猎犬"[*]的成功基础上再接再厉。为此，国家授予一批贸易公司特许经营权，并通过特许股份公司经营来鼓励分享私人资源，其中便包括伊斯特兰公司（1579 年）、黎凡特公司（1581 年）、东印度公司（1600 年）、弗吉尼亚公司（1606 年）和纽芬兰公司（1610 年）。[37]这些商业政治实体挑战了伊比利亚人对海洋的控制并寻求建立永久的殖民统治版图。

英格兰的殖民探索是由一系列不同的目标推动的，其中包括获得政治声望和尊重、捍卫英格兰的新教、摆脱罗马天主教的奴役，以及为英格兰人口过剩这个麻烦找到出路、为英格兰纺织品建立新市场等。[38]然而，在许多情况下，为货币短缺问题找到解决方法是一个关键的激励因素。无数由国家资助的殖民冒险活动都怀着寻找金银的特殊目的而启动，在英格兰没有比沃尔特·罗利爵士沿着奥罗诺科河追寻黄金国的冒险更出名的了[†]。显然，比起在新土地上开垦、种植和收获的艰苦过程，参与早期殖民过程的探险家和商人常常对寻找贵金属更感兴趣。[39]事实上，许多重要的早期英格兰殖民

---

[*]　即 Seadog，该词最初指能在海上漂泊多年、经历沧桑的老海员，后逐渐衍生出"海盗"的贬义含义，这里是指那些英勇好战、劫掠西班牙舰船的英国海盗。

[†]　1595 年 2 月沃尔特·罗利爵士率领英国探险远征队探索位于南美洲东北端的奥罗诺科河，试图寻找传说中的黄金国（El Dorado）。

尝试——罗阿诺克、圭亚那和詹姆斯敦——失败或接近失败的原因就是定居者更喜欢寻找黄金而不是种植烟草。[40]

　　然而，最终，殖民努力开始结出硕果。尽管在第一个十年遇到了许多问题，尤其是来自当地居民的抵抗和西班牙人的敌意，但弗吉尼亚的烟草出口量迅速增长，从 1620 年的 6 万磅飙升到 1660 年代的 1500 万磅。烟草的繁荣不仅为种植者和商人带来巨大利润，弗吉尼亚的种植园经济也吸收了一大批来自英格兰的流浪汉和轻罪犯人。[41] 经济作物和就业机会也很快在巴巴多斯成为"现实"。[42] 虽然该殖民地最初是为了生产烟草和棉花而建立的，但到了 1640 年代后期，当它开始大规模生产糖时，这个地区已经成为重要的经济资源。烟草和糖进口量的增加不仅满足了本土对外来刺激性商品的需求，而且再出口贸易也使英格兰从欧洲其他地方获得了急需的实物硬币。

　　英格兰商人也通过销售布料直接吸引金银，特别是在塞维利亚、加的斯，以及非法地在新西班牙销售新的更轻的羊毛织物——又称新式毛织品。1655 年占领牙买加后，英格兰走私贸易的数量急剧上升。然而，尽管现在通过对西方的贸易开始净赚一些急需的白银，但这也被与东印度群岛进行贸易而外流的白银抵消了。因为对东方奢侈品的需求（主要是纺织品和香料）永难满足，而欧洲出口商品在东方则缺乏相应需求，这种贸易持续消耗欧洲的货币存量。[43] 为了说服当局支持其贸易活动，东印度公司的代表有力地辩称，尽管需要出口白银才能从印度获得纺织品，但巨大的再出口潜力最终将确保白银净流入英格兰。

　　最后，尽管对全球贸易可能解决英格兰的问题寄予厚望，但整个 17 世纪上半叶，货币短缺的问题一直困扰英格兰。实际上，1620 年代英格兰国际贸易的崩溃是这一时期最绝望的经济危机背后的主要原因。

信用

尽管从国外吸引了急需的实物硬币，但英格兰明显仍未摆脱缺乏足够货币的影响。历史学家 C.G.A. 克莱描述了"当大多数人购买或出售物品以及雇主支付工资变得越来越困难时，货币的需求是如何受到影响的"。[44] 克莱指出，部分问题在于"日常除了银币别无选择。当然，人们对任何可能的发行机构都缺乏信心，这使纸币发行极不可能"[45]。虽然当时英格兰确实没有广泛流通的信用货币，但信用绝非不存在。正如历史学家埃里克·克里吉和克雷格·马尔德鲁分别证明的，商人、工匠、店主、农民和劳工建立了许多信用机制来减轻货币短缺的影响。[46] 事实上，马尔德鲁声称信用在早期现代的英格兰是如此普遍，以至于"几乎所有的购买和出售都涉及某种形式的信用"[47]。虽然银币对于某些交易仍然是必要的，例如陌生人之间的交易，再如支付租金、什一税、赋税，以及某些海外交易，但几乎所有人都经常性地（如果不是每天的话）进行信用交易。[48] 事实上，马尔德鲁的结论是，硬币流通性不足的情况是如此极端，以至于信用成为首要的交换手段，而铸币系统则作为记账单位和最终结算手段发挥作用。[49]

和欧洲其他国家一样，到 17 世纪，英格兰已采用了多种信用工具。[50] 国际上，长期汇票促进了商业买卖和贷款，而个人销售赊账是最普遍的国内信用形式。[51] 销售赊账有时记录在账簿中，但更多的是基于口头协议。此类协议达成时，要么交出一便士作为履行义务的标志，要么得在有第三方在场的情况下宣誓保证。商业贷款也通常使用盖印的金钱债务证书*和质押方式来放款。这些信用机

---

* 金钱债务证书（bill obligatory）指由债务人在其上签章以保证在特定时间无条件支付特定金额的书面承诺，又称为单纯金钱债务证书。

制通常涉及大笔资金，并且比销售赊账更正式，因为它们是由律师
或文书人员*用适当的法律格式书写，然后由两个证人签字盖章的。
盖印的金钱债务证书本质上是本票，人们以自己的名誉为担保借了
一笔钱，并承诺在未来某个日期支付本金和利息。密封的债券是附
加了一项惩罚性条款作为保护措施的贷款协议，该惩罚往往大大高
于本金和应计利息。鉴于违约借款人往往无法支付罚款，借款人通
常被要求指定在违约时需要承担责任的第三方。[52] 更安全的贷款方
式是质押，这要求借款人划定个人财产，最常见的是珠宝、金银餐
具或土地（抵押），在发生违约时将它们转让给贷方。[53]

　　上述信用工具给不堪重负的铸币系统提供了急需的帮助。然
而，伦敦货币市场仍然比较初级，票据、债券和质押的流通性有限。
法律障碍、尴尬的面值、非个人化交易的缺乏阻碍了一个可广泛流
通的信用货币的发展。[54] 如果要通过信用来解决货币短缺问题，那
么就必须开发一个完全不同类型的信用工具。

　　政府还试图通过使用信用提高其财政的灵活性，但成效有限。
伦敦货币市场上的可贷资金数额太少，无法满足政府的需求，并且
其所提供的贷款期限结构太短，对政府的用处不大。[55] 然而，放贷
人不愿向君主提供贷款的主要原因是后者享有的法律追索豁免权。
因此，都铎王朝被迫依赖来自安特卫普的外国商人的贷款，这种情
况至少延续到 1570 年代。之后英格兰王室基本上停止从国外借款，
取而代之的是在国内实施强制贷款。伊丽莎白一世对这种收入来源
的使用十分克制且精打细算，例如为对西班牙无敌舰队的战争提供
资金，而詹姆斯一世和查理一世则更广泛地利用了这种融资方式。
当斯图亚特王朝早期统治者设法在国内货币市场借钱时，他们通常

---

* 这里的"文书人员"（scrivener）特指当时主要负责起草法律文件、抄录各种合同文书
  的文字工作者。他们虽然不直接参与借贷，但为资金往来提供了必要的文书服务和抄
  录工作，因此也算是当时重要的金融从业人员。

使用某种强制措施或恩惠的承诺。他们的目标是贵族、宫廷里人脉广泛的个人，以及政府要员，如海军财务主管威廉·拉塞尔爵士和财政大臣莱昂内尔·克兰菲尔德。[56] 国家还呼吁富人，例如商人和金融家菲利普·伯拉马基，以及知名商人联合组织，例如商人冒险者协会和伦敦公司，提供大笔资金。然而，虽然斯图亚特王朝早期尽最大努力筹集资金，他们的愿望还是常常落空。而且，即使他们确实通过信用筹集了一些资金，但发行的信用工具是不可转让的，因此不能达到增加货币的目的。[57] 尽管英格兰在从国外吸引白银和开发信用机制方面做得相对成功，政府仍在寻找一条道路以杜绝货币不足所带来的麻烦。

1620 年代的危机和
新亚里士多德主义政治经济学的崛起

三十年战争（1618—1648 年）的爆发以及 1621 年荷兰人和西班牙人之间重启的战端，对英格兰来说，都是特别不合时宜的时刻，加深了其已经是毁灭性的商业衰退。尚未从科凯恩试验的灾难中恢复过来的纺织业受害尤甚[58]。1614 年，著名商人和有影响力的王家顾问威廉·科凯恩爵士设法说服政府：英格兰因主要出口粗加工布料浪费了重要的商业机会。他许诺加大出口染色布料和服装布料来改善国家贸易差额的前景，促使政府宣布禁止出口粗加工布料，并将出口垄断权从商业冒险者协会转移到科凯恩集团。但由于未能掌握染色和精加工的复杂技术，再加上荷兰对进口英格兰成品布的报复性禁令，英格兰最重要的工业行业陷入混乱局面。虽然该项目在 1616 年迅速停止，但损害已经造成。大陆竞争对手抓住了这个机遇向低地国家纺织制造商供应布料，英格兰在粗布生产方面的竞争优势已经消失。出口损失迅速在纺织产区造成大量失业，再加上1620年代最初几年的一系列歉收和由此产生的高粮价，结果就是一场严重危机。面对饥饿的纺织工人大规模骚乱的威胁，社会改革者和政府官员意识到他们必须采取行动。

随着商业萧条日益严重，议会和枢密院成立了一系列调查委员会探索危机的原因和可能的解决方案。虽然他们已达成共识，货币短缺就是造成危机的根源，但各方对硬币短缺的原因却有意见分歧，典型的例证是1621年一个议会委员会提供了21种不同的解释。[59]枢密院随后下令成立常设贸易委员会，吸收了绅士、商人、制造商、海关官员、布料商和染色商的专业知识。虽然向该委员会陈述的观点没有为后人记录下来，但相关辩论在一些参会的专家证人出版的小册子和书籍中留存下来。最著名的是马林斯、米塞尔登和孟进行的一场激烈的、有时是高度个人化的关于货币短缺问题的原因和解决方案的辩论。在探讨这些问题的过程中，他们提出了关于货币在社会中的作用、责任和动力的第一个真正系统性的分析论述，从而确立了未来几代人构想和理解货币的基本框架。

新亚里士多德主义者一致同意，国家要想走出当前的萧条，就必须找到解决货币短缺问题的方案。虽然他们对于哪种解决方案是适当的存在意见分歧，但他们都同意货币在政治体中发挥着绝对核心的作用。对于马林斯来说，货币是"为商业贸易流通注入活力"的"灵魂"；对孟来说，货币"赋予了如此众多有价值的贸易行业以生命"；而米塞尔登声称"货币是贸易的生命精华"。[60]因此，货币能产生生命力的特性对于商业的繁荣、对于社会实现其潜在财富和为过剩人口找到工作起到了至关重要的作用。

商人、分析家和前驻安特卫普贸易专员杰拉尔德·马林斯认为，银币短缺是由国际汇票市场上的商人和银行家的投机活动造成的。[61]在兑现和结算这些票据时，外国硬币的价值被系统性高估，这导致英格兰的白银外流。马林斯提出的解决方案是重新建立王家交易所，并由其负责发布适当的汇率并监督商家之间的所有票据结算是否妥善进行。这将确保只有重量和成色能决定来自不同国家的硬币之间的汇率，因此货币交易或出口的利润激励被消除了。[62]此外，除了阻止白银外流，重建官方估价将恢复"君主的主权和尊严"——这是斯图亚特王朝早期所关注的一个关键问题。[63]

商业冒险者协会的杰出成员，后又加入东印度公司的爱德华·米塞尔登立即反驳马林斯的解释。[64]他辩称，硬币外流的首要也是最重要的原因是贸易逆差，其次是英格兰造币厂低估了银相对于金的价值。[65]造成贸易逆差的原因包括：对外国奢侈品的需求增加，英格兰商人之间的过度竞争，无法在印度销售英格兰商品，海盗在地中海的活动，荷兰捕鱼业正在入侵英格兰水域。[66]米塞尔登主张的解决方案则包括：国家通过额外的禁奢法令限制进口，特许成立专营公司来更好地组织贸易，捍卫雇用条例以防止外国商人出口硬币，提高铸币厂白银价格，以及停止一切给予乞丐的施舍以强迫他们寻找工作。[67]

著名的东印度公司商人托马斯·孟也对辩论做出了贡献，他主要站在他的朋友米塞尔登一边。[68]孟同意货币短缺是由贸易逆差造成的，但影响贸易差额的原因，他认为需综合马林斯和米塞尔登两人的看法。他将这种不利的贸易差额状况主要归咎于过度进口和国内产业缺乏，但他也承认君主对欧洲大陆铸币的操控以及商人和银行家的货币投机加剧了这个问题。[69]虽然孟认为金银两本位制的铸币率和汇率促使英格兰白银外流，但他还认为商品流动对货币流动的影响比反过来更大。[70]因此，解决危机的关键在于扭转贸易差额。然而，与米塞尔登相反，孟不支持限制合法流出的白银，而是建议英格兰人需"抑制"他们对外国奢侈品的喜爱，并"开动脑筋和愈加勤奋，通过工业和艺术发展来为这个王国的自然商品提供帮助"[71]。孟想改革道德和礼仪,而不是干涉商品和货币的国际流动。他争辩说,允许金银自由流通将促进贸易蓬勃发展,从而有利于"国王的收入,以及我们的商人、水手、航运、艺术、土地、物质财富"[72]。一般来说,孟认为,允许贵金属跨越国界自由流通的国家很少遭受货币短缺的困扰。[73]

虽然他们的观点在各方面有重要的差异,但对货币的理解,马林斯、米塞尔登和孟从根本上与亚里士多德相同,即它是一种平衡工具和实现正义的手段。在进一步探索新亚里士多德主义者的货币思想之前,有必要简要研究一下亚里士多德的货币概念。对于亚里士多德来说,货币的主要目的是在复杂的社会等级制度中发挥协调社会互动的能力。亚里士多德认为,虽然等级制度在一定程度上阻碍了社会的团结与和平,但它对于公共利益来说却是必不可少的,因为它确保了社会中所有必要的职能都能得到履行。"这不是政治哲学家们新的或最近的发现,"他争辩说,"国家应该划分不同的阶层,武士应该与农民区别开来。"[74]因此,管理等级森严的社会所面临的挑战是确保一个不平等的社会能够维持和平,并且每个阶层都能够实现其自然目的。

对于亚里士多德来说,货币首先和最重要的是作为实现正义的工具,将人们联系在一起,从而使社会保持完整。他认为:"在以相互交换为基础的团体中,正义在这个意义上构成了一个纽带,将整个团体联系在一起。"[75]然而,所有人都不是平等的,他们生产的产品也不都具有同等价值,因此维护社会纽带不是一件小事。意识到将不同的一群人结合在一起所面临的挑战,亚里士多德由此指出"一个社区不是由两个医生组成的,而是由一个医生和一个农民组成,整体而言,由不同的和不平等的人组成。但他们必须被平等对待。因此所有参与交易的东西必须在某种程度上具有可比性"。[76]

发明货币的目的是使不同价值能够相互比较。通过建立"以比例而非精确相等为原则的互惠关系"，货币规定了多少双鞋等于一套房子。这样做使货币不仅协调了房子和鞋子之间的关系，更重要的是促进了建筑商和鞋匠之间的有序互动。因此，货币维持了稳定的等级制度，并确保人人获得履行其社会角色所需的适当数量的价值。不平等就以使人们能够维护正义和适当交际的方式得到了管理。[77] 亚里士多德总结道："总之，货币就充当了一个度量单位：它使物品具有可公度性，并使它们变得平等。因为就像没有交换就没有社区一样，没有平等就没有交换，没有可公度性就没有平等。"[78]

　　新亚里士多德主义者对货币的理解从未偏离亚里士多德的原始表述。他们认为社会是由有限的财富水平和静态的阶级组合构成，通过其组成部分之间错综复杂的平衡结合在一起，所有的组成部分都有它们自己适当的位置、权利、义务和目的。人们在生活中的角色受到支配他们的职业或阶级的社会规范的严格限制。根据历史学家基思·托马斯的说法，这意味着，不仅每个人都根据他们的社会地位被赋予"独特的品质、美德、技能和期望"，而且"个人的人生终点也是由他或她在整个计划中的位置而被预先设定的"。[79] 社会等级制度中的所有人都必须有机会获得一定的不平等比例的社会财富，与他们在社会角色中的持续表现得宜。事实上，货币的首要责任是确保财富得到适当分配。历史学家安德烈亚·芬克尔斯坦捕捉到了当时的思维模式，她强调："一个平衡的社会是和谐的［实际上这个词是正义（justice）的同义词］，但正义同时也总是可交换的和可分配的。"她继续说："这两种含义都围绕着一个公道（equity）的概念，这意味着给予每个人他特别应得的，确保每个社会组织享有其履行对整体的职责所需的特权和资源。"[80]

　　但究竟是什么品质让货币为贸易注入了生命？如果更多的货币刺激了商业，那不是货币越多就越有利吗？马林斯澄清了这些问题，他解释说，货币"通过平等和公平的方式为交易注入生命，防止买卖双方中的一方占便宜"。[81] 因此，货币的主要目的是协调不同质商品之间的交换，保持政治体的不同领域之间的平衡，并在整个社会实现正义。但是要让金钱能够发挥这一作用，就必须有足够的货币流通。因此，缓解当前的货币匮乏就变得相当重要。只有这样，货币才能够再次协调国王、地主、制造商、商人、农民和劳动者之间的交流互动，确保稳定和繁荣。只有这样，每个社会阶层的不同群体才能够维持其应有的位置并在给他们分配的社会角色中发挥作用。马林斯描述了英格兰居民如何在历史上"靠着他们出生土地上的自然财富，或由他们所生产的人造财富而生活，……每个人都在使用和享受他自己的东西，除了他自己的，别无他物"。[82] 他继续明确指出：

> 神职人员和地方法官靠他们的收入和养老金生活，贵族和绅士靠他们的土地，农夫靠他们的农场，商人和公民靠他们的贸易，工匠靠他们的手艺和技能；他们所有人共同达成完美的共识与和谐，以实现共和国的良好治理。[83]

但是，当货币不再维持比例关系时，一种有毒的社会流动性就得到释放。马林斯指出，最近有些人已经积累了更多的财富，超出了他们的地位，而其他人却未能保持与他们的等级相称的财富，这就动摇了等级制度和不同社会阶层之间的相互关系。[84] 尽管社会地位略微升降在早期现代的英格兰很常见，正如基思·托马斯指出的那样，但马林斯和其他许多人仍然更喜欢"按照惯例分配资源和奖励，以确保整个群体的传承延续"[85]。米塞尔登还抱怨促进了社会流动的各种不平衡，并指出"现在，大多数人都过着超出自己身份的生活，随意地混入别人的阶层。乡村人觊觎市民；市民觊觎绅士；绅士觊觎贵族"[86]。

马林斯将社会阶层体系中的普遍流动归咎于对货币诚实正直品质的普遍践踏。正如亚里士多德所指出的，货币唯一合适的作用是充当衡量和调解的工具，进行其他任何"从金钱本身获利，而不是从金钱的自然用途获利"的尝试，都是不自然的，会因此损害货币的主要功能。[87]马林斯认为，没有原则的货币投机者"将货币视作商品"，破坏了货币作为价值衡量标准的功能。[88]这种做法不仅削弱了货币的正常功能，也促成了白银外流，从而引发货币短缺问题。通过减少流通货币的数量，投机者带来了"自然财富和人造财富评估之间的不平等"，从而削弱了货币使商品具有可公度性的能力。因此，他们"通过过分地使一些人富裕，同时又压迫和使另一些人贫困，破坏了良好政府的和谐，使整个国家陷入不和谐的状态：每个相同的成员都应该满足于自己的天命，并根据他的职业履行职责"[89]。因此，投机者使"人们普遍无法依靠天生的或后天的财富来生活，而这些财富正是他们出生或成长的基础"，这危及了土地精英的繁荣、商人的盈利能力，以及穷人的就业和生计。[90]

1620年代的学者也追随亚里士多德的脚步，探讨获得财富的正当方法。对于亚里士多德来说，持家之道的基础是承认物质世界的有限，每个事物的存在都有一个特定的目的。[91]因此，无论是在家庭还是国家层面，持家意味着提供"生活必需的、对家庭所在社区或国家有用的东西"。[92]与亚里士多德类似，孟声称"每个王国、国家或共和国的丰饶资源或充足财富的终极目的，就在于拥有那些对文明生活来说至关重要的东西"[93]。虽然英格兰有足够的自然资源来维持自给自足，但它的人民必须勤劳，这样英格兰才能"繁荣富强……[并]用那些他国所能提供的珠宝和必需品来装扮我们"[94]。因此国家应该鼓励民众发展工业，"因为人口众多、艺术精良的国家，那里的贸易必然发达，国家必然富裕"[95]。尽管人们认为财富的需求和潜力是有限的，但新亚里士多德主义者鼓励勤奋，以确保实现最大可能的财富水平，并且主张大部分人口应从事生产性工作。如果社会的财富没有达到其应有的水平，所有社会阶层都会受影响。因此，对孟来说，一个运转良好的社会能充分发挥潜力进行生产，并以一种能够让各个社会阶层得以自我再生产的方式分配财富。

如果货币可以自由运作，它就会协调不同人、不同职业和不同阶层之间的关系。更准确地说，货币使人们能够调整自己的互动关系，建立社会和谐而不需要政府采取太强硬的干预。但维护适当的道德秩序偶尔也需要政府的干预。在这个问题上，马林斯、米塞尔登和孟有他们各自不同的见解。马林斯是一个坚定的绝对主义捍卫者，他认为经济是更大的社会和政治秩序的一部分，至少理论上都受君主的最高权力支配。因此，出现问题时，解决问题就是君主的责任。在现在这种情况下，当货币投机者威胁要破坏社会等级制度和公共秩序的稳定时，君主——或"这个大家庭的父亲"——拥有上帝赋予的权利和责任去恢复秩序。[96] 因此他认为，詹姆斯一世是时候通过重建王家交易所来重申权威了，并以此监督票据结算，杜绝商户在利润驱动下滥用记账单位。本质上，他主张"君主和总督"应该重新"掌舵贸易和商业"。[97] 通过主张对此货币机制拥有权威，詹姆斯一世可以反过来确保货币在整个王国传播其王权。因此，金银在经济中的绝对权威与斯图亚特王朝早期如此迫切渴望的绝对主义政治权威相对应。[98]

米塞尔登也主张政府应该发挥积极作用，包括恢复禁奢法令以遏制奢侈品货物的进口，特许成立额外的商业公司以确保英格兰商人不在世界的偏远地区相互竞争，以及更加尽职尽责地执行禁止外国商人从英格兰出口贵金属的禁令。米塞尔登坚决反对的政府干预措施是《济贫法》。他认为《济贫法》破坏了纪律和正确职业道德的培养，只要英格兰能够恢复其货币储备，济贫就不再必要。

与之相反，孟认为如果货币系统能独立于政府，那么它的运行将会更加顺畅。事实上，他认为让政府或其他任何实体获得对货币和商业的有效控制，既不可取，也不可能。只有在无人掌握货币的情况下，货币才有可能成为一种不会腐蚀的价值衡量标准，从而为社会提供无私服务。尽管他认为商业领域在很大程度上按照自己的一套规则运作，价格、汇率，以及利率都由商人决定，但他仍然主张政府要实施支持商业系统的法律来确保其繁荣和稳定。[99] 他特别偏向于促进勤劳和创新的政策，这样能最大限度地减少人们花费"在懒惰和娱乐上的时间"。[100]

考虑到新亚里士多德主义者并没有犯混淆财富和货币之错，因而不提倡无限制积累白银，那么问题仍然存在，即货币储备应该扩大多少？马林斯认为，理想的货币数量应该使商品数量和货币数量之间始终保持"某种平等"或成比例的关系。[101]"充足的货币"，他指出，就像充足的"体内血液"一样，意味着有适量的货币来滋养政治体的各个部分。[102] 就像身体需要一定量的血液才能正常工作，不能太多也不能太少，政治体也需要一定数量的货币来维持良好运作。正如新亚里士多德主义者的前辈伯纳德·达万扎蒂宣称的：

> 作为自然身体内肌肉的汁液和基础物质的血液，通过从较大的血管循环到较小的血管中，滋润了所有的肌肉。后者将它饮干，就像干涸的土地吸收雨水一样；所以它滋养和补充被自然的热量晒干和蒸发掉的水分。同样地，货币，就像之前我们所说，是地球上最好的汁液和基础物质，通过循环从富人的钱包流向穷人，为整个国家提供了满足生活必需品消费的那些事物……因此，很容易理解，每个国家必须有一定量的货币，就像每个身体都有一定量的血液循环其中。但是头部或更大

的血管中的血液停滞，就会使身体自然地发生肺痨、浮肿或中风等情况，所以如果所有的货币都只集中在少数人手中，例如在富人的手中，国家会不可避免地陷入抽搐和其他危险的瘟热病中。[103]

在盖伦派医学的语境下，货币被隐喻为血液，强调了新亚里士多德主义思想家的主张，即将社会视为一个有限体，在达到恰当的平衡点时运作得最好。人体产生疾病是由于体液失衡，同样，社会和政治秩序发生崩溃也是如此。[104] 除了被比作血液外，货币也经常被比作筋骨。例如，当马林斯将货币称为"战争的筋骨和商业的生命"时，他指的是货币为商人和国家提供了连接政治体各个部分的软组织。[105] 就像无限数量的肌腱对身体并无益处一样，新亚里士多德主义思想家认为货币存量也有一个理想的规模。

几年后，受马林斯、米塞尔登和孟深刻影响的律师和政治经济学家赖斯·沃恩，更清晰地辨析了适当货币存量的观点。沃恩争辩说，某种数额的货币是"最适合共和国的"，这意味着货币存量"太多或太少"都有可能出现。[106] 然而，像他这一代的其他写作者一样，沃恩没有认真探讨英格兰因货币太多而陷入困境的场景。当然，在货币被定义为稀缺资源的时代，这其实是一个无关紧要的考虑，并且西班牙16世纪的经验已证明了货币太多的后果。1640年，马林斯的弟子拉尔夫·麦迪逊爵士，一位不断进步的地主和煤矿投资者，讨论了保持适当数额的货币，或者他所说的"合宜的货币存量"的重要性。[107] 合宜，对他来说，意味着能够"维持价格，并支撑或维持我们的国内贸易"。[108] 如果货币存量跌破这个水平，人们将无法交易，所有商品和土地的价格都会下降，所有贸易和手工业都将衰落，从而为社会动乱和叛乱创造条件。[109]

对新亚里士多德主义者来说，信用从来都不是解决货币短缺问题的可行方案。然而，他们承认信用可能在一定程度上缓解这种短缺。孟指出，实际上对于商业来说，硬币不是必需的。他认为历史记录已经表明，易货贸易和信用可以作为适当的替代。对他来说，和马林斯的见解一样，货币体系首先是一种计量体系，旨在促进商业交易。[110] 因此其作为交换媒介的作用可以很容易地分配给各种信用工具。三位思想家都同意，如果采取以下措施，货币短缺问题可以得到极大的缓解，例如引入银行票据，并改善汇票、质押和债券等债务工具的可转让性。[111] 参考意大利自中世纪以来就盛行的银行业务，孟指出，热那亚、威尼斯和佛罗伦萨的商人彼此之间能够以书面形式转移巨额货币，而"为这些信用奠定基础的大宗财富则被用于海外贸易，就像商品一样"。[112] 虽然这些银行没有发行流通的货币，他们仍然通过在部分准备金的基础上向其客户发放信贷，并允许他们写付款委托书——支票的早期形式，扩大了货币存量。另一方面，马林斯和米塞尔登则关注低地国家和德意志的信用工具的流通性，认为这些信用工具提供了"在贸易过程中满足人们需求的绝佳方式；并有助于扩大贸易规模"。[113] 马林斯承认虽然可转让债务工具可以提供与"现钱"相同的"重要功能"，但确切地说，它们不被视为货币。[114] 然而，考虑到商业萧条是如此可怕，人们应该认识到"那些确定实在的事物，以及不确定实在的但被视为确定实在的事物（如用于付款的事物）可能产生完全相同的效果"。[115] 增加债务的可转让性不但能在总体上加速贸易，而且商家流动性的改善会消除许多由流通硬币短缺导致的不必要的破产。[116]

　　正如马林斯所感叹的，英格兰的法律体系还没有为应对债务工具流通性的增加做好准备。事实是法律不允许除最初债权人以外的任何人起诉债务人，这阻碍了债务工具的流通，也阻碍了使用信用来缓解英格兰的各种麻烦。因此，虽然新亚里士多德主义者赞赏现有的私人信用协议所做出的贡献——他们称赞贷款是商人成功和穷人就业的基石——但现有信用工具广泛流通的潜力受到的限制，阻止了他们系统性地探索信用这个构想。[117]此外，不仅他们的政治经济学没有信用货币的一席之地，他们的理论框架也没有认可一种基于信任的货币的可行性。

　　在实践中，货币意味着被铸造成硬币的贵金属。货币之所以被估价和流通，是因为它的"实体的内在价值"或"固有价值"。[118]这意味着在复杂的易货系统中，金属硬币是一种特殊的、流动性更强的商品。同等价值的商品，无论是硬币、谷物还是肉类，它们之间之所以能够相互交换主要是因为它们都体现了相同的价值量。因此，市场交换总是基于等质交换（*par pro pari*），而货币是使不同质的商品之间具有可公度性的机制。货币必须由贵金属构成的事实意味着，要想扩大货币存量没有其他方法，只能从国外吸引白银和黄金。这就导致那些新亚里士多德主义政治经济学家所倡导的政策看起来混淆了货币和财富两者之间的关系，至少亚当·斯密是这样认为的。在我看来，实际上，他们是在试图设计一个让贵金属流入的机制以促进政治体的再平衡，从而在英格兰的繁荣和稳定受到极大威胁之际恢复秩序。

　　由于随后几十年中货币短缺问题持续困扰英格兰，英格兰最早的政治经济学家们的思想几乎得以完好无损地保存下来，影响了后来的辩论。[119]尽管到1620年代中期商业条件有所改善，1625年的瘟疫暴发又带来了一轮商业衰退。为了避免再次遭受长期萧条的影响，政府官员准备通过货币贬值来扩大货币存量。[120]如果不是声名显赫的资深议员和王家顾问罗伯特·科顿爵士带头强烈反对，查理一世很可能在统治之初就对货币进行大刀阔斧的改革。虽然科顿爵士承认国王可能通过干预硬币获得一些暂时的优势，但他认为持续吸引更多货币的唯一方法是保持贸易顺差。此外，科顿认为，君主对货币的操控是国家在某些事情上出现根本错误而君主没有能力恢复秩序的信号。事实上，国家的衰退"最可靠的迹象就是货币的腐败"。的确，一个王国的强大"最能体现在其货币的数量和纯度上"。[121]

查理一世继续努力解决货币短缺的问题。内战前夕，多才多艺的作家亨利·皮查姆指出，"货币的匮乏，就像流行病一样，侵袭着整个国家"，现在已经对这个国家的商业活力产生威胁。[122] 他认为商业放缓和贸易逆差是货币短缺的罪魁祸首，而在政治和商业的不稳定时期将硬币熔化成盘子的做法则进一步阻碍了货币和货物的流通。皮查姆引用弗朗西斯·培根爵士的名言指出："在箱子和角落里堆积如山的货币就像粪土，堆积在一起时不会带来任何好处，但如果被分散并抛撒到广袤的田野去，就能生产出累累的硕果。"[123]

内战前夕，皮查姆、麦迪逊和托马斯·罗伊爵士等人继续争论货币短缺的原因，但很少有人能清晰果断地阐述出创新的观点。[124] 一些人跟随马林斯的观点，将问题归咎于缺乏权威机构设定适当的汇率。其他人则追随米塞尔登和孟的理念，认为货币市场应该免于干预，所有的努力都应集中在建立有利的贸易顺差上。查理一世的一系列财政征收让商人和绅士阶层心寒，对他的个人统治（1629—1640 年）的普遍不满似乎已经激发了这些学者开始围绕着一种想法进行思考，即君主权威直接凌驾于货币机制之上不再可取。

结　论

很快，人们就清楚地认识到，只有引入大面积流通的信用货币才可能解决英格兰的货币短缺问题。但是，这个国家的第一个经济思想流派没有预见到这种可能性，因此没有直接为最终出现的信用体系的知识基础做出贡献。虽然新亚里士多德主义思想家们承认各种私人信用工具的重要性，但是马林斯、米塞尔登和孟并不认为用信用替代金属货币是一种可行的方案，因为这些信用工具的流通性有限。他们的理论框架也不允许使用基于信任的非金属货币。相反，他们认为唯一的办法是从国外吸引更多的货币来补充货币存量，满足对货币的必要需求，从而实现其亚里士多德式的目标，协调各方的交易，进而维护政治体的正义和平衡。事实证明，迫使人民和国家继续在缺乏货币的情况下继续运转是十分困难的。人们显然需要另一种方式扩大货币存量，因此很快有人提出了一些采纳普遍流通的信用货币的建议。信用货币的概念化最终将彻底改变英格兰——和此后不久全世界——的货币和金融基础，而这些都基于对新亚里士多德主义货币哲学的根本反思。下一章，我将探讨导致金融革命出现的知识背景，并论证，政治经济学家对自然哲学的一系列概念创新的吸收采纳，使货币问题的新思考成为可能。

第二章

信用的炼金术基础

引　言

在整个内战和过渡期，货币短缺问题始终困扰着英格兰。由于新亚里士多德主义政治经济学不能为英格兰的麻烦提供解决方案，这就迫使人们就如何扩大货币存量提出了许多建议。这一时期首屈一指的科学和社会改革团体哈特利布学术团体的成员提出了一些最具创意和有影响力的提案。利用内战期间政治和宗教权威的相对空白，哈特利布主义者提出了激进的全新政治经济学，拥抱了那个时期乐观和进步的时代精神。与新亚里士多德主义强调恢复等级、秩序和平衡的理念相反，哈特利布主义者坚信通过对知识、创新和工业的不断追求，可以取得无限的进步。这种新的进步心态的核心是培根学派和炼金术思想，即人类可以控制自然，以及自然的内在发展可以通过人为干预的方式加速。他们认为，有了适当的知识，人类就可以改变自然、物质，甚至改变人类自身，以达到实用的目的。通过促进农业、园艺、采矿和制造业的创新，并开展基础广泛的教育运动，哈特利布主义者发起了一场改进运动。他们希望这个进程会带来不断增长的繁荣，并为英格兰的政治、社会和经济问题找到最终解决方案。

哈特利布主义者将人类进步放置在社会生活的中心，坚持认为所有人都可以为追求知识做出贡献并从中受益。他们重新将穷人视为生产资源，允许阶级构成在改进过程中不断演变，并坚持历史是一个开放式过程，不断进步是历史的唯一目的。因此，与新亚里士多德主义者注重恢复传统秩序的理念相反，哈特利布主义者展望的是一个不断变化和改进的未来。哈特利布学术团体并没有努力按照过去的形象重建未来，他们坚称人们现在应当被认为在创造自己的历史现实，而且是在一个像宇宙一样缺乏固定界限的自然和社会拓扑结构中，而与此同时，宇宙也被认为是一个不定的或者无限的空间。[1] 正如历史学家莱因哈特·科泽勒克所强调的，在传统观点中，"过去所确定的既定未来影响了国家可采取行动的范围和界限"。但是，随着新的改进思想的出现，"进步开辟了一个超越了迄今为止可预测的、自然的时间和经验空间，并在其自身的动态推动下，引发了新的、超自然的长期预测"。[2]

在这个无限进步的过程中，货币发挥了核心作用。哈特利布主义者认为，通过促进流通和激发生产性活动，货币有能力激活自然界和人类社会中隐藏或沉睡的资源。货币因此与知识和工业结盟，成了自然和社会无限扩张的关键因素。此外，随着商品世界的持续扩大，货币存量必须能够按相应的比例增长，才能使所有的新商品流通。鉴于财富可能是无限的，哈特利布主义者必须找到一种可以无限增加货币存量的方法。扩大货币存量因此不再是为了解决暂时的货币短缺问题，而是要引入一种可以无止境地促进变化和增长的货币机制。

由于他们的整个世界观都深受炼金术的影响，哈特利布主义者第一次扩大货币存量的尝试是通过炼金术的转化也就不足为奇了。

要是他们可以找出神奇酊剂的确切配方或说服许多据称成功的高手分享他们的秘密，哈特利布学术团体最终将能赋予人类控制进而随意扩大货币存量的能力。哈特利布主义者做了很多尝试，但他们的炼制计划都失败了。然而，这个失败并没有结束炼金术对货币历史的影响。在本章中我将论证，启发了哈特利布主义者的全面变革和无限进步计划的炼金术和培根式世界观不仅激发了他们的炼制项目，也为他们的下一次货币创新，即一种普遍流通的信用货币，提供了知识基础。英格兰最初提出的广泛流通的信用货币实际上是在培根和炼金术的世界观中构思出来的，这一事实表明，科学革命在金融革命的发展中发挥了重要作用——一个历史学家迄今尚未充分认识到的意外联系。[3]

许多学者强调，在 17 世纪炼金术思想家看来，炼金术研究背后的精神、哲学和经济动机是相互交织、密不可分的。[4]在将炼金术重新置于 17 世纪的知识形成、精神追求和社会进步的中心地位的过程中，许多历史学家没有将炼金术作为一种赚钱项目来关注。他们正确地指出，大多数严肃的炼金术思想家都鄙视那些为了自己的利益而寻求魔法药剂的人，并且确实非常努力地确保炼金术知识不被这些贪婪的投机者所掌握。[5]然而，我认为炼金术的赚钱潜力不容忽视，因为它不仅能产生私人利润，还能通过增加流通中的硬币数量来达到刺激商业的效果。我将证明，为了促进他们受炼金术启发的精神、社会和经济改进计划，哈特利布主义者坚持扩大货币存量，这种坚持促使他们首先从事金属炼制，然后推进了信用货币的建立。[6]因此，本章的部分内容旨在表明，在被信用货币这一扩大货币存量的首要机制替代之前，金属炼制在整个改进计划中发挥了合理的作用。然而，本章的重点是表明，炼金术思想与培根主义相结合，对新政治经济学的发展做出了重要贡献，在此基础上，英格兰首次提出了信用货币的建议。此外，本章强调了哈特利布学术团体在英格兰政治经济学的发展中起到的核心作用。根据历史学家理查德·德雷顿的说法，这个群体"迄今为止尚未获得足够的历史关注"[7]。

本章开始，我首先探索 17 世纪上半叶炼金术和政治经济学之间的关系。我讨论了炼金术的思想如何引起一些新亚里士多德主义政治经济学家的兴趣，着重于讨论对炼金术颇有好感的杰拉尔德·马林斯。然而，由于新亚里士多德主义的整体世界观和对货币的理解，他们没有接受炼金术传统中的进步和动态特征。只有当炼金术对自然的领悟融入了培根主义的功利主义精神之后，炼金术才开始在政治经济学中发挥重要作用。探索哈特利布主义者的基本哲学基础和他们革命性的政治经济学的发展之后，我会介绍他们雄心勃勃的炼制金属的努力及最终的失败。本章剩余部分探讨了哈特利布主义者提出的一种广泛流通的信用货币的建议。本章大部分讨论集中在哈特利布主义者如何重新构想了政治体及其构成部分上。随着无限的增长和进步成为社会的总体目标，货币现在成了一种保持持续增长的工具。哈特利布主义者也重新考虑了货币的本质，他们坚持认为货币得以流通不是由于硬币的内在价值，只要人们足够信任，由可靠资产提供部分担保的纸钞也可以流通。这些概念创新促成了对货币的崭新认知，使所有商业，无论是私人的还是公共的，看起来都可使用信用货币开展。我认为这个突破对金融革命至关重要。

炼金术和政治经济学

炼金术在 17 世纪的欧洲知识界和政治界享有重要地位。许多自然哲学家认同炼金术对自然的理解，认为它是基本正确的，炼金艺术流行于整个欧洲的厨房、实验室和宫廷中。[8] 在英格兰，王家对炼金术士的支持至少可以追溯到爱德华四世统治时期，他是乔治·里普利所撰写的那个时期最著名的炼金术小册子之一的题献对象。[9]爱德华六世和伊丽莎白一世继续支持炼金术士，后者资助了对炼金术知识在英格兰的传播做出极大贡献的著名博物学家约翰·迪伊。[10]迪伊的继任者凯内姆·迪格比爵士是另一位著名的炼金术知识倡导者，他获得了后来的两位国王詹姆斯一世和查理一世的支持。[11]内战期间，对炼金术的浓厚兴趣在英格兰君主复辟后延续了下来。[12]查理二世在他的卧室楼下建立了仅可通过私人楼梯抵达的秘密炼金实验室。詹姆斯二世既是炼金术的赞助人也是其实践者。

追捧和赞助炼金术的动机多种多样。除了精神、医药和工业目的之外，致力于解决英格兰的社会和经济问题的社会改革者也注意到了使用炼金术扩大货币存量的可能性。如果能找到点金石，不仅货币短缺的问题会一劳永逸地解决，而且商业体系的根基将会改变，人类对商业世界的控制将大大增强。17世纪早期，许多新亚里士多德主义政治经济学家都密切关注炼金术，杰拉尔德·马林斯就是其中的一员。[13]在他关于商业的最具远见卓识的论著《商事法例》中，马林斯应用各种领域的知识，包括盖伦医学、哥白尼天文学和帕拉塞尔苏斯炼金术等，综合分析了货币。

马林斯和他的同时代人可以大量接触到过去累积的炼金术知识。阿拉伯的、伪亚里士多德主义的、文艺复兴时期赫耳墨斯主义的和新柏拉图的哲学为炼金术传统提供了基石，像皮科·德拉·米兰多拉、乔尔丹诺·布鲁诺、科内柳斯·阿格里帕、扬·范赫尔蒙特和帕拉塞尔苏斯这样的人物扮演着特别重要的角色。[14]炼金术士折中地借鉴了各种资源来提高他们的知识、技能和技术。[15]虽然炼金术有多种变体，但基本的炼金术世界观将自然世界视为有机创造物。自然里面的一切都是活生生的和不断成长的，它们永远不完整却不断地追求其终极本性——种子成长为大树，孩子们实现他们作为成年人的潜力，以及贱金属努力变成黄金。[16] 大多数炼金术士都衷心赞同复杂的宇宙学，其中所有社会的、自然的和宇宙的事物都被分层排列。[17] 每个存在，从最高到最低，在层次结构中占据固定位置，具有相应的权利和责任。除了连接层次结构中每个组件的上方和下方的联系，梯级的不同部分之间也有对应的关系。科学史学家约翰·亨利指出，"在七颗行星和七种金属之间，在最高贵的人（即国王）和最高贵的金属（即黄金）之间，在无常的月亮和女人之间，可能都有一个对应"。[18] 他总结说，这些对应催生了这样的信念，即"关于一个事物或控制一个事物的知识，可以通过研究和操控其他事物来一点点地搜集，尽管它们可能像花朵和星星一样相距甚远"。[19]

受亚里士多德影响，17 世纪的自然哲学家认为宇宙中的物质由四大元素——火、气、水和土——按不同的比例组成。矿物质和金属也由四种元素组成，但它们的直接成分是两种蒸发物——尘世的烟雾和水蒸气。这些蒸汽由于热量和压力以及恒星天体的影响在地球深处结合。尘世的烟雾——哲学硫黄——由正在变成火的颗粒组成，而水蒸气——哲学水银——由正在变成气的水组成。[20] 自然界中的一切事物都在宇宙中有相应的对应物，哲学硫黄和哲学水银也是如此。硫黄代表阳刚、太阳和公狮，而水银代表阴柔、月亮和母狮。每当硫黄和水银、男人和女人、太阳和月亮的完美结合出现，最尊贵的后裔——黄金——也就出现了。如果达到完美的过程中出现障碍，硫黄和水银的组合就只能产生一种贱金属。由于金属如自然界中的所有其他事物一样都力求完美，它们最终会克服障碍并按照其固有的目标前进，从而变得珍贵。[21]

在讨论贵金属作为商业灵魂的环境中，马林斯总结了金属的基本成分。他以炼金术一些基本原则的断言开始进行论述：

　　所有的哲学家都已经确定，万物的精子或种子，由四种元
素创造，以秘密的方式在水和土两种元素中进行；大自然不断
地努力生产完美的东西，但在其中受到意外原因的阻碍，那些
是所有事物腐败和不完美的根源，因此我们有了种类繁多的事
物，而这些事物令心灵产生愉悦。[22]

马林斯进一步指出，所有金属都是"植物性物质"：

　　它们从硫黄和水银开始，就像父体和母体一样；它们在大
地的脉络中会合和聚集在一起，通过地区气候的热度和特性，
经过持续炼制，根据它们相遇地的土壤性质，从而生产了具有
不同特质的金、银、铜、锡、铅和铁等多样性的金属；因此，
它们被分配到不同的行星下。[23]

马林斯指出，"太阳和月亮，以及其他行星和星体在万物的产生中
[发挥了重要作用]"[24]。他继续指出：

　　大地呼出的空气又冷又干，而海洋的蒸汽寒冷潮湿，它们
根据自己的性质以适当的比例等量上升和相遇，并落在一些丘
陵或山区地域，在那里太阳和月亮的影响有持续的作用；这是
万物产生的原因，或者更准确地说，是硫黄和水银产生的原因，
它们渗入地球有水脉的地方，凝结成金银，或成为银矿、铜矿
和所有其他金属矿，总是带有或保留着一些最好的混合物；或
者由于上述意外原因而在性质上更好或者更坏。[25]

17世纪，许多受到炼金术世界观影响的科学思想家都认为人类可
以干预自然的成熟过程并加速自然向完美发展的进程。[26]所有事物

都由相同的基本元素组成，因此理论上任何物理物质都可以通过改变主要元素的相对比例而转化为另一种物质。实践中，这需要充分了解物质的组成及其与天体的具体关系，以及对实验室技巧的全面专业的知识。在追求这种复杂而深奥的知识时，炼金术士的最终目的是获得点金石，这不仅能使他们揭示大自然最深奥的秘密，获得万能药水和永葆青春的秘诀，也能将任何物质转化成另一种，包括将贱金属变成黄金。在灵药、魔法酊剂或点金石的帮助下，炼金术士试图利用自然的内在力量，模仿自然的自身进程，以加快其内在进化的步伐。[27] 那些将他们的努力集中在金属炼制上的炼金术士试图在作为人造子宫的熔炉中加速活金属的结合和诞生，并加速将贱金属催熟为黄金的过程。他们密切注意哲学硫黄和哲学水银之间的适当比例，炉子的适当热量，以及天体的最有利位置。一些炼金术士甚至坚持认为真正的行家有必要发展适当的心灵感通，与在炼制中使用的材料融为一体。因此，炼金术士必须同时具备技术和实验能力，以及精神上的理解力和纯洁性，如此才能进入自然与宇宙的联系之中并加速其自然变化。[28]

　　马林斯与 17 世纪的人一样，对炼金术士帮助自然获得其最终完美形态的能力非常乐观。他写道，通过排除偶然出现的障碍，"艺术（通过模仿而成为大自然的模仿者）已经努力演绎出自然由于受到阻碍而不能表达的内容"[29]。然而，他继续说道，如果"没有将圣水或精华投射到金属上，这些操作就无法完成。这就是为什么所有哲学家都致力于研究如何制造他们神奇的点金石，（我承认）这是非常令人愉快和充满期待的"[30]。

　　随后马林斯讲述了他"从一位朋友那里听到的"德意志医生的故事。这位医生成功地完成了一系列炼制，成为一个非常富有的人，"死之前，他在那座城里拥有超过一百套房子"。[31] 他描述了他的朋友如何试图复制这位德意志专家的炼制技术。根据太阳"比整个地球大 166 倍"的普遍看法，他使用了 166 个小药瓶，里面装有不同组合的金属和矿物质，并小心地将它们以正确的角度暴露在太阳下。[32] 虽然马林斯对此表示怀疑，但他的朋友完全相信自己会成功。他回忆说："他和我讨论了很多问题，但他对世上有万能炼金药这件事深信不疑。"[33] 不幸的是，研制点金石需要七年时间，而他的朋友在此之前去世，所以结果永远不得而知。尽管没有亲眼看见他的朋友炼制成功，马林斯仍然坚信炼金术。事实上，他相信，"成功所需付出的代价很少或不值一提，并且如果有人确实在正确的日子开始炼制，可能在七个月内就可以完成"[34]。因此，他似乎对正确利用炼金术来成功创造贵金属这件事信心十足。

许多人与马林斯一样相信炼金术的转化是可行的。的确，17世纪充满了成功炼制金属的报道。[35] 在综合评估了这些报道后，托马斯·赫顿于 1707 年指出："这个大自然的伟大秘密，即物理酊剂或灵丹妙药，在这个世界上已经被少数人所知。……［他们］非常谨慎地使用它，远不及他们本来可以做的那么疯狂；但确实已经利用它起到一些作用。"[36] 他列出了一些已知拥有点金石的人，包括帕拉塞尔苏斯、范赫尔蒙特、爱德华·凯利、约翰·迪伊和乔治·里普利。他声称，他们中的许多人已成功炼制出了贵金属。最著名和最受尊敬的也许当属约翰·施魏策尔于 1666 年 12 月所报告的一次成功炼制的案例。施魏策尔以其别名艾尔维修而为人熟知，他是奥兰治王子的御医。[37] 他讲述了一个陌生人如何给他三个核桃大小的硫黄色鹅卵石，声称是点金石。陌生人告诉艾尔维修，这些石头不只能变成二十吨黄金，还对人的身体和心灵有许多益处。他当着艾尔维修的面进行了一次真正的炼制，后者对这次操作完全信服。艾尔维修恳求陌生人给他留一个样本，但他只弄到了一点丹药，只够进行一次实验。艾尔维修没有耐心召集一组可信的证人，他当天晚上就独自一人做了实验。[38] 然后他带着产出的黄金去见了当地的一位金匠和荷兰的首席鉴定大师，两人都证明这是他们见过的最优质的黄金。著名哲学家斯宾诺莎听说了这个成功的炼制经过，亲自拜访艾尔维修，试图消除自己的怀疑，据称这次拜访让斯宾诺莎完全相信艾尔维修叙述的真实性。[39]

虽然在整个 17 世纪，炼金术通常被认为是一种合法的科学追求，但有很多批评者认为金属炼制存在道德问题。他们指责从业者庸俗化了对大自然隐藏的秘密的崇高探索和对农业、采矿、染色和医药合法应用的追求。这些批评者抱怨说，金属炼制带来的巨额利润诱惑吸引了大量的欺诈从业者，从而危害了炼金术的公众形象。[40]

然而，尽管存在这些批评的声音，仍有很多受人尊敬的自然哲学家不认为金属炼制有任何伦理或实际的问题，他们相信这只是炼金术帮助改善世界的许多方式之一。马林斯的讨论揭示出炼金术思想甫一创立就在政治经济学的论述中占有有利地位。他的《商事法例》仍然是一本受欢迎和有影响力的著作，在 17 世纪剩下的时间里至少出版了 4 个版本（1629 年、1636 年、1656 年和 1686 年）。他关于金属的炼金术理解的著作片段也被萨缪尔·哈特利布在其作品《化学、医学和外科论述》中重新刊载。然而，值得注意的是，马林斯对炼金术的积极看法与一些政治经济学家的看法并存，这些经济学家要么认为炼金术是无关紧要的不可能之事，要么认为它是威胁货币体系功能的危险存在。本书第一章曾提到亨利·皮查姆这位新亚里士多德主义政治经济学家，他将这些寻找点金石的人视为投机者，认为他们的动机只是虚荣和单纯的发家致富。他将搜寻点金石与搜寻金刚字母表*及月球生命做比较，称它们为"形形色色的无用的野火、水务工程、提取物、蒸馏物，等等"。[41] 对于皮查

---

* 金刚字母表（Adamantine Alphabet）是一种虚构的文字系统，通常出现在奇幻小说和游戏中，用于记录强大且神秘的知识或咒语。

姆来说，这种虚假实验的唯一可能结果是失败和个人贫困。

其他政治经济学家表达了对炼金术的担忧，认为它可能会削弱货币作为可靠和不受腐蚀的价值衡量标准的能力。例如，罗伯特·科顿爵士在 1626 年指出，英格兰君主们，特别是亨利六世赞助炼金术士，进一步腐蚀了白银的纯洁性和稳定性，而白银是使货币能准确表示王国财富的必要元素。因此，炼金术促成了"那个长期以来吞噬一切……扰乱货币标准的怪物"的诞生。[42] 赖斯·沃恩，本书第一章中讨论的另一位新亚里士多德主义者，也发起了对炼金术的攻击。对沃恩来说，货币的主要作用是衡量万物，它是所有商品的普遍接入点。因此，他将货币比作炼金术中的"第一原质"，"因为它虽然实际上几乎毫无用处，但潜在上却可用于所有用途"[43]。然而，在认真思考炼金术转化的实际追求时，沃恩完全不屑一顾。他称炼金术士是伪造者们的"养父"，因为他们破坏了公众对货币标准的信心。[44] 因此，炼金术只会造成混乱，而混乱只会使货币短缺问题进一步恶化。[45] 因此，即使迄今为止炼金术士只能证明"摧毁黄金比制造黄金更难"，他们仍然对货币在社会中的基本作用构成了危险的威胁。[46]

哈特利布主义政治经济学的兴起

炼金术知识与弗朗西斯·培根爵士提倡的新进步精神和新科学方法相结合后，炼金术在政治经济学中的作用发生了彻底改变。1640 年代，一群学者、自然哲学家和社会改良者聚集在普鲁士移民萨缪尔·哈特利布周围，推出了一个雄心勃勃的炼金术和培根式的计划，目的是改造、提升自然、社会和人类。受到充满乐观情绪的政治气候影响，并受到关于基督教文明末世即将到来的千禧年思想的启发，哈特利布主义者相信人类即将迎来一个新的繁荣时代。[47]
虽然最终审判的本质是一个神学推测，但精神兄弟会——众所周知，
历史学家查尔斯·韦伯斯特曾这样称呼它们——专注于倒数第二阶
段，即当上帝在世上的王国最终到来，人类在堕落过程中失去的知
识和对自然的掌握会得到恢复。[48]但因为这个即将到来的乌托邦不
会自己实现，人类必须解开大自然的秘密才能充分享受上帝的恩赐。
他们相信炼金术提供了源代码；培根提供了适当的方法。

　　萨缪尔·哈特利布于1628年在英格兰定居并很快开始与欧洲
新教的两位主要人物合作：宗教统一的推动者约翰·杜里和普及教
育的拥护者扬·阿莫斯·夸美纽斯。他们的目标是在自然哲学家、
发明家和社会改革者中宣传和传播知识，使人类能够集中资源，在
相互的突破中发展，将自然哲学转变为以全面变革作为其最终目
标的真正的合作事业。[49]哈特利布设想这个网络将仿照泰奥夫拉斯
特·勒诺多医生成立于1630年代的巴黎资讯办公室，成为一个永
久的、资金充足的机构。用威廉·佩蒂爵士的话说，在哈特利布
资讯办公室，"所有人的需要和愿望都可以为所有人所知，人们可
以知道在知识教育领域中已经做了什么［，］什么是目前正在做的，
以及将来打算做的"[50]。

　　虽然资讯办公室的设想从未完全实现，但哈特利布管理和组织
了一批杰出的思想家和实践者之间的思想交流，也就是后来的无形
学院*。[51]这个世界性的团体不仅囊括了未来英格兰王家学会的名人
会员，如罗伯特·波义耳、亨利·奥尔登堡和威廉·佩蒂爵士，还
包括其他著名的自然哲学家和实验主义者，如本杰明·沃斯利、亨
利·罗宾逊、加布里埃尔·普拉特斯和乔治·斯塔基。哈特利布将

---

* 无形学院（Invisible College）通常指非正式的知识分子或科学家集体，他们在私下交
　流和共享知识，以推动学术研究和科学发现。

伦敦、巴黎、阿姆斯特丹、汉堡和斯德哥尔摩的通信者联系在一起，启动了一个致力于人类普世进步而不是民族主义的赋权和扩张的泛欧项目。[52] 事实上，这个改进计划很快就跨越了大西洋，因为未来的康涅狄格州州长和王家学会成员小约翰·温思罗普在新英格兰实施了一个受炼金术启发的精神和社会改进计划。[53]

除了他们的清教徒信仰之外，哈特利布主义者还有一个共同的受培根启发的炼金术世界观。[54] 他们都精通最新的炼金术知识，并全心投入培根计划，利用知识获得对自然的控制权以实现功利目的。培根对经验方法和实验方法的规范化，在这一时期新知识形成方法的哲学正当性论证中发挥了重要作用，科学史家现在认识到经验方法和实验方法在伊丽莎白时代英格兰本土的科学文化中已经得到了很好的发展。[55] 例如，历史学家黛博拉·哈克尼斯解释了当牛津和剑桥的学者还在忙着争论"古代文献的权威"时，伦敦的博物学家、医生、数学家、发明家和炼金术士们正采用经验和实验方法"建造精巧的机械装置，测试新药和研究大自然的秘密"。[56] 这些活动毫无疑问给培根留下了深刻的印象，但他也发现组织这些工作不足以满足人类进步的任务。在培根看来，当时占主导地位的自然哲学方法存在的问题，就在于炼金术士不受控制的经验主义。他主张建立所罗门之宫取而代之，在那里将所有对知识的系统追求紧密组织起来。一个像大学一样的校园里有图书馆、果园、花园、实验室、矿井、观测塔、医院和机器，由一个受过良好教育的人管理和控制，且他只对君主负责。[57] 如果追求新知的事业是在合适的领导和环境中进行的，那么新的科学方法就能成为"人类支配宇宙的宣传者、自由的捍卫者，以及必然性的驯服者和征服者"。[58]

除了呼吁建立更正式的追求新知识的组织之外，培根对自然哲学总体目标的阐述也影响了哈特利布学术团体。培根为自然哲学注入了新的目的和新的开放性。培根摒弃了仅为其本身或仅出于精神目的而专注于自然知识的传统心态，坚持认为知识必须被工具化并公开。[59] 只有这样，自然哲学家和发明家才能"为人类带来新的发现和资源"，从而稳步提高全体民众的福利并为他们带来便利。此外，传统的自然哲学以知识为导向，着眼于重申传统道德秩序，而培根式的科学追求则强调人类进化和改进的能力。[60] 培根深信他的科学项目有能力产生持续的、影响深远的改进，比任何政治变革都更伟大、更有实质意义。他认为，"新发现的事物的益处可惠及全人类，而政治利益仅惠及特定领域；政治利益不会超过几年，新发现事物的利益几乎可惠及整个时代"[61]。

　　培根主义将经验方法和实验方法与人为改善自然是可能的这个坚定信念结合，强调已被欣然接受了几个世纪的炼金术传统的特征。[62] 哈特利布主义者将培根和炼金术的进步观合二为一，在内战和权力空白期间，由于政治和宗教权威的相对空虚而大肆宣扬。与哈特利布主义者同时出现的，还有各种各样的持不同政见者和激进团体，他们同样利用风纪松弛的这段时间提出了他们自己的改革建议和社会实验。这些群体包括掘土派、第五王国派、浸信会、贵格会、马格莱顿教派、慕道友和喧嚣派，他们都指责国王专制、法庭彻头彻尾的腐败、圣公会不够像新教，以及地主精英对无地穷人缺乏同情心。[63] 因此，清教徒改革团体不信任政治和宗教机构会改善群众的生活，只能靠自己肩负起精神和社会复兴的责任。话虽如此，哈特利布主义者的改革愿景并不一定要颠覆世界。现有的权威结构和财产关系可以与他们倡导的改革项目相安无事地共存。应用新知识和勤奋劳动，而不是增加投票章程的内容或恢复共同耕地，才是进步的正确途径。[64]

　　加布里埃尔·普拉特斯在他简短的乌托邦小册子《记著名的玛卡利亚王国》中首次阐明了哈特利布学术团体的总体改进愿景。[65] 旨在延续莫尔的《乌托邦》和培根的《新亚特兰蒂斯》的传统，普拉特斯勾勒出一个和平、稳定和繁荣的至高无上的理想王国。除了熟练地管理玛卡利亚的畜牧业、渔业、贸易和新种植园之外，政府最关键的作用是鼓励新思想和新技术的创新。他看到了无处不在的进步和发展的机会：土壤、蔬菜、畜牧业、金属、儿童、穷人，等等。普拉特斯尤其认为，最近在炼金术知识方面取得的突破为人类提供了一个新宝库，其中蕴藏着可以付诸实施并从中获益的新的实用理念。新炼金术对物质基本成分的见解尤其令人期待，因为它们带来了改变物理世界的可能性。在早期的作品《无限宝藏的发现》中，普拉特斯探索了所有物质的共同属性，他问道："谷物和水果是最为丰产的，但它们难道不正是大地肥沃的结果吗？不正是雅各受到的祝福因太阳的热浪而升起，在世界宇宙之灵的帮助下变成了蒸汽，然后被种子和植物的顽强不屈的美德吸引在一起，就这样凝结成相同的形态吗？"[66]他补充说，甚至黄金，"那位伟大的指挥官，也不过是地球的富饶，经由上述宇宙之灵升华，在净化之后凝结成那灿烂的物体"[67]。普拉特斯认为，通过不断地推进知识和系统地寻找实际应用，"月下天体的嬗变"有能力使物质财富急剧增加，从而使"王国可以维持比现在多一倍的人口，并且他们能享受比现在更多的富足和繁荣"。[68]

普拉特斯相信，炼金术知识是"使这个国家成为世界的天堂"的关键。[69]他专注于"地球的富饶"，它构成了"宝藏，实际上是世界上所有的财富和宝藏的喷泉"，因为它可以"按照工匠的意愿转化为任何形式"。[70]这些"富饶"存在于空气中，也存在于水中，"鱼量无穷无尽的增加就是明证；还存在于大地中，因为它不断地产生取之不尽、用之不竭的宝藏"。[71]然而，由于这种肥沃同时在陆地和天体存在，找到完全正确的组合是关键。如果天体的部分不足以"提升地球的部分，则其不能产生果实［并且］……如果天体部分的力量不能使另一部分凝固硬化成有益的果实，那么一切都会变成烟雾"。[72] 普拉特斯因此宣称"所有的技艺都在于正确混合这两种物质，在许多场合，这种混合出奇的简单，就连普通人也能做到"，从而将单纯的"农夫变成了哲学家"。[73] 通过将对知识的探索转变为一个合作项目，哈特利布主义者使每个人都获得做出贡献并享受新知识果实的能力／权力。同样对改进过程至关重要的是，创新者找到了传播他们研究成果的方法。普拉特斯建议道："与建造了英格兰所有慈善招待所相比，一个人找到了用石灰或泥灰给土地施肥的途径（尽管是偶然的）并公布这个方法是更大的善举，因为前者只能给少数饥饿的人和赤身裸体的人喂食穿衣，而后者则能使无数人自给自足并帮助他人。"[74]

普拉特斯提出了许多用炼金术知识"改善地球"的可能方法。[75] 他的清单包括改善动物饲料、粪便、灌溉、草地、牧场、干草场和果树的建议。[76] 他认为，某些简单的方法，像正确种植和嫁接果树，每年能让国家有 200 万英镑的富余，如果他的所有建议都被实施，随之而来的将不只有一场革命性的财富扩张。他提出的改进不仅会给国王、教会、地主、农民和商人带来极大的影响，而且它们对穷人和赤贫者尤其有益。他指出，"工作的穷人可能会在这些新的改进项目中得到雇用，这样一来，他们的生活会比现在好一倍；不仅如此，他们的劳动可能产生的好处会为无能力的穷人提供足够的保障"。[77]

专注于大自然的丰富和人类工业所带来的无限进步，普拉特斯和哈特利布主义者反映了新宇宙学对宇宙无限和没有边界之特性的关注。他们加入了乔尔丹诺·布鲁诺和亨利·莫尔等思想家的行列，更多地宣传地球和人类不再被一个封闭的宇宙所束缚，而是作为无限空间和无限世界的一部分存在。15 世纪的人们，正如历史学家亚瑟·洛夫乔伊所描述的那样，"仍然住在有围墙的宇宙以及有围墙的城镇"中，而新宇宙学打破了中世纪宇宙的外墙，并主张"物理宇宙实际是无限的"。[78] 这个革命性的新理解对人们的想象产生了深远的影响。人类现在存在于一个没有中心、形状或理性规划的宇宙中，"一种无形无序的世界聚合体，不规则地分散在难以想象的宇宙空间里"。[79] 对大多数人来说，这肯定是令人困惑的，但哈特利布主义者关心的是这种世界观如何为人类开辟了新的可能性。[80] 如果上帝拥有无限的力量并创造了无限的宇宙，他们设想其中的一切肯定都具有潜在的无限性。因此，挑战在于如何释放自然、社会和人类的无限创造力，而要做到这一点，最好的办法就是持续不断地提高知识水平，不停地发展工业，以及不断地扩大货币存量——这一点很快就会体现出来。

普拉特斯实现培根的伟大复兴的呼吁迅速得到了哈特利布学术团体其他成员的响应，他们向改进思想的池中贡献了大量的想法。除了对知识的基本性质——方法、语言、逻辑和学习——的兴趣之外，他们还提交了关于如何提高经济所有领域生产力的建议，包括对采矿、排水、蒸馏、火药、航海技术、渔业和医学的新见解。[81] 然而，他们的主要关注点是找到提高植物和畜牧业生产力的方法。他们传播关于农业各个方面的想法，包括种子细化、土壤改良、耕作、种植、施肥、灌溉、收获和保存。[82] 他们也参与了关于土地所有权的辩论。作为改良所有可用土地（包括沼泽、废地和森林）的倡导者，他们认为牢固的财产权是必要的。[83] 英格兰土地的产出甚至没有达到"私人或公共部门所能获得利润的¼"，因此围垦和土地开荒的步伐应该加速。[84]

哈特利布学术团体的大多数成员也致力于寻找根除失业和贫困的方法，它们被广泛认为是社会不稳定和不和谐的最大来源。[85] 但是与同时代的许多人相反，他们并不满足于只是为穷人提供就业机会。就像他们相信可以通过适当的方法改变自然那样，他们相信可以通过改变穷人的习惯、举止、性格来改变穷人。通过向穷人介绍影响个人进步的主要因素——工业、宗教和教育——从而"改造他们不敬虔的生活",哈特利布主义者希望民众能够变得对民众自己和共和国都更有用。[86]哈特利布与约翰·杜里、威廉·佩蒂等人合作,就如何提高教育质量和扩大教育范围提出建议。[87]从改革教授语言和数学的方法到普及儿童教育,他们讨论了一切,强调儿童一旦到了工作年龄,就应该掌握实用技能,为他们和国家服务。[88]

此外,哈特利布希望济贫院发挥更积极的作用,将乞丐、流浪汉和闲散者及其家人从街上迁走并改造他们的举止。[89]他的座右铭是:"使诚实无助的穷人过得舒适。使顽固不敬虔的穷人得到改造。"[90]济贫院应该成为穷人的大学,他们将在其中接受清教徒福音的指导,学习基本的行业技能,以及接受适当的职业道德培训。如果济贫院未能改造闲散的穷人,哈特利布提出不驯服者应该被逮捕并强行送进教养院。或者,他们可以受雇于北海的渔船或被运往大西洋殖民地。[91]对于愿意工作但找工作有困难的穷人,有人提议建立一个信息交流中心,使潜在的工人和雇主可以在其中适当匹配。[92]

哈特利布主义政治经济学
和用炼金术解决货币短缺

哈特利布学术团体的成员相信,只要发扬恰当的勤奋和创新精神,人类能超越它可能面临的任何问题,因为有"无限的救济和安慰的手段,可以应对在自然界和秩序井然的社会中找到的各种灾难"。[93]然而,哈特利布学术团体也意识到,即使人们汇集所有可用的知识来改变自然和社会,他们的改革项目的可行性最终还是依赖商品和货币的健康流通。为了加快土地改良和开展各项农业、园艺、采矿和制造项目,就有必要"让人们知道在哪里能够以低息获得股票，并在他们中间分配足够数量的流动资金"。[94] 根据哈特利布主义者的说法，持有货币的唯一原因是将其作为一种交换手段和买卖之间的价值储存，因此货币数量的增加无疑会刺激商业。"一个国家的钱越多，"他们争论道，"那么所有那些通常用来使用金钱的手段也必然更活跃。"[95]

　　不再认为世界由有限的财富和静态等级制度组成且货币在其中的作用是平衡和维持正义，哈特利布学术团体开创了关于社会以及货币所扮角色的另一种理论构思。他们转向另一种世界观，认为唯一不变的是不断的变化、增长和改进，自然和社会各组成部分的作用和责任也随之改变了。因此，主要挑战不再是为平衡目的而维持适当数额的货币，而是以扩大货币存量作为激活隐藏和休眠的自然和社会资源的一种方式。由于哈特利布学术团体相信资源最终能够产生无限的财富，为了让货币能够在不断扩大的商品世界流通，对于可能会随着时间的推移而增长的货币存量就不能设下严格限制。因此，遵循金属本位的约束而运作成为一个主要障碍。为了吸引货币，英格兰"必须放弃如此多的他们最好的大宗产品，以便从那个伟大的金银商人西班牙国王那里购买他们想要的金银"。[96] 除了地缘政治上的弊端，通过从国外吸引实物硬币来结束货币短缺的更大障碍是"没有（至少目前还没有）足够数量的［黄金或白银］，来供应所有国家实现贸易的增长，更多的贸易需靠更多数量的货币（如果有的话）来实现"[97] 这个事实。

　　尽管从国外吸引资金存在障碍，亨利·罗宾逊和本杰明·沃斯利（他们都是哈特利布学术团体的核心成员）仍然认为除了其他可能的策略之外，政府应该努力保持贸易顺差。[98] 罗宾逊认为，如果适当地采取一些措施——例如减轻关税、降低利率、提高汇票的可转让性、成立更多的商业公司和鼓励新的制造商——英格兰将能够利用世界的资源，将其财富翻许多倍。[99] 他向读者保证，如果他的提议都得到了采纳，"我想，我们似乎不仅会突然找到足够的货币来推动目前的交易，而且有能力进一步成为全世界最富有的国家"。[100] 沃斯利还将全球贸易作为英格兰最重大的战略利益，并呼吁实施更多激进的贸易政策。他认为，挑战荷兰经济繁荣的最佳方式是阻止他们为其航运和海军工业进口战略商品，以及阻止荷兰生产的商品向国外销售。他承诺，这样做将使荷兰人变得贫穷和衰弱，从而允许英格兰建立更大的殖民势力。[101] 虽然罗宾逊和沃斯利提出了一些具体策略来改善贸易差额，但他们都承认，他们的建议并没有超出新亚里士多德主义者已经提出的观点的范围。

哈特利布主义者首次尝试建立一种方法来扩大货币存量就是运用他们的炼金术知识将铅炼制成黄金。他们所信奉的炼金术是约翰·鲁道夫·格劳伯和迈克尔·森迪沃吉斯的炼金术。受哈特利布思想影响的约翰·法兰希曾在《蒸馏的艺术》中翻译并将这些知识综合在一起，为许多其他成员提供了相关信息并产生深远影响。他在书中详细概述了金属的成分和专家可以改变或提炼它们的基本方法。与普拉特斯类似，法兰希描述了四种元素如何在地球的中心产生精子，然后让精子分布到全球的不同区域。他写道："万物的种子和精子只有一个，但它产生各种各样的东西。……精子在中心时，它相对所有其他形式都是中性的。……［它］可以像产生金属一样容易地生长出一棵树，像产生石头一样容易地酝酿出灵药，而且一种比另一种更珍贵，这取决于地方的纯度。"[102] 故而，精子或潮湿的蒸汽不仅是金属的来源，也是所有物质的起源。因此炼金术士必须研究的是，这种蒸汽穿过地球的不同地层时是如何变成不同的金属的。当泥土是精细、纯净而潮湿的时候，蒸汽或"哲学水银"就变成了金子；如果泥土是不纯或寒冷的，最终的结果就是产生贱金属。如果可以从黄金中去除所有杂质，炼金术士最后将得到的是留下的灵药本身。法兰希因此总结道："长生不老药，或贤者酊剂，不是别的东西，就是被提炼到最高程度的黄金。"[103] 这意味着"在娴熟大师的技艺加持下——他们知道如何促进大自然将这些硫黄和土壤杂质从黄金中分离出来"，获得一个可以无限繁殖的黄金种子是有可能的。[104]

法兰希对炼金术的潜力充满乐观，很高兴它终于获得了应有的尊重。"我很高兴，"他写道，"就像在经历了漫长的乏味的夜晚之后看到黎明的曙光，看到这孤独的'炼金术艺术'在长久以来不应受到的指责阴云中发出光芒。"[105] 对他来说，炼金术的可能性是无穷无尽的。炼金术士"可令铅成金，令枯死的植物变丰硕，令病者转为健康，老年转为青年，黑暗转为光明，还有什么是不能做到的"[106]？他还向那些怀疑这种技艺的恶意批评者发话，他们质疑，如果点金石已经被发现，为什么却没有无数富有的炼金术士。法兰希的回答是哲学家透露秘密是太危险的事。他问："一个总是随身携带价值一万英镑的珍宝金银四处游历的人，能够做到安然无恙而不被抢劫吗？"这位行家难免会被某个王侯绑架从而成为"他们奢侈和暴政的工具"。[107] 他还认为真正的哲学家对物质财富不感兴趣，而是被他自身对揭示未知事物的热情所感动。

普拉特斯早些时候就为炼金术士尚未生产大量黄金一事提供了不同的解释。[108] 他指出，有抱负的炼金术士追求炼金技能是没有意义的，因为"他非但得不到收益，反而要为自己的学习付出代价，最终遭受损失"。[109] 炼金术就性价比而言根本就不划算。[110] 当然，他自己的炼金术项目除外。在《对炼金术士的警告》一书中，他宣称所有其他炼金术士都徒劳无功，他是唯一拥有成功所需知识的炼金术士。"我不但发现了点金石，"他声称，"而且也发现了一个确定和可靠的、能让英格兰和世界快乐的方法，这比点金石还好一万倍，将最大限度激发上帝的赞美。"[111] 在向议会发表讲话时，他宣布他很乐意将他的知识献给国家，如果议会愿意为他提供一个实验室，"类似于在威尼斯城的实验室，确保在那里他们可以秘密工作"，因为除了下葬以外，没有人会出于其他任何原因离开实验室。[112]

尽管法兰希和普拉特斯已就与炼金术相关的成本和障碍提出了警告，哈特利布学术团体仍推出了自己雄心勃勃的金属炼制项目。管理该项目的责任被分配给了哈特利布最亲密的合作者本杰明·沃斯利，他也是1644年普拉特斯突然去世后哈特利布的主要技术顾问之一。如前所述，他不仅是经济事务辩论的积极参与者，还是一位炼金术士，翻译了格劳伯作品的重要部分，推动了一个大型硝石项目。[113] 1648年，沃斯利被派往阿姆斯特丹与哈特利布在欧洲大陆的同事磋商，并获得化学、农业、泵、磨坊、镜片制造等方面的知识。然而，沃斯利此行的主要目的显然是获得格劳伯的信任，以便他能透露尽可能多的炼金术知识。尽管格劳伯是一个有争议的人物，但包括哈特利布在内的许多人仍认为他是世界上最杰出的炼金术权威之一。[114]

与哈特利布的另一位合作者，在阿姆斯特丹经营业务的德意志商人、医生和炼金术士约翰·莫里亚恩协作，沃斯利成功从格劳伯那里辛苦收集到了重要的信息。然而，最后，他对格劳伯感到沮丧，因为后者不情愿揭示进行炼制必需的所有成分和技术。一些人认为，格劳伯开始逐渐担心自己被视为一个自我致富的黄金制造商和售卖炼金术秘密的商人，怕这个名声越来越响亮。莫里亚恩确实承认格劳伯有商业意图，但他补充道，只要能与社会进步的愿景整体兼容，赚钱没什么错。[115] 最终，沃斯利1649年回到伦敦之后，与格劳伯达成了一项财务协议，后者承诺将解释如何从铅中提取黄金。莫里亚恩随后为该项目成功争取到资金，哈特利布学术团体终于可以开始生产黄金。

大约在同一时间，这一时期也许是最受尊敬的炼金术专家加入了哈特利布学术团体。神秘人物乔治·斯塔基，又名艾任纽斯·菲拉勒忒斯（Eirenaeus Philalethes，和平真相爱好者），在 1650 年从新英格兰到了伦敦，据说带来了一种灵药配方。在到达英格兰国土后，斯塔基迅速崛起成名，启发和教育了许多重要的科学思想家，例如约翰·贝克尔、罗伯特·波义耳和艾萨克·牛顿爵士。[116] 哈特利布做了最大努力，鼓励斯塔基加入正在进行的——到目前为止似乎成功的——炼制项目，参与项目的人现在包括沃斯利、莫里亚恩、约翰·锡伯图斯·柯福勒和一个简称为奥瑞法博或"金匠"的人物。[117] 在 1651 年的一封信中，哈特利布描述了"沃斯利、莫里亚恩和奥瑞法博如何正在艰难地从事着将含锑银转换成黄金的工作。还要从锡（他们为此创建一个庞大的工作项目）和铁中大量提取黄金"。他补充说："[斯塔基]现在只是小打小闹地提取少量黄金，而如果他加入，他必然能从中获得巨大的收益。"[118] 然而，尽管哈特利布和沃斯利数次邀请，斯塔基仍拒绝加入黄金制造项目。他承认，他虽然认识一位拥有制造银和金两种金属的灵丹妙药的炼金术士，但拒绝打破他对这位行家的承诺，无论受到多么强烈的恳求，他仍然坚持保守秘密。[119] 在给波义耳的一封信中，斯塔基表达了他对沃斯利一再示好的恼火："有些先生乞求我跟随他们一起从［锑］和［铁］中提取［金］和［银］，其中沃斯利先生是一位独具匠心的绅士，他做了很多说服工作。"[120] 斯塔基在解释拒绝的理由时透露自己不愿意放弃对大自然最深奥的奥秘的追求来换取黄金制造的生活，这种生活"与那独角兽在轮子上日复一日地绕圈奔跑相似，明天我可能还是会做同样的事情"。[121] 斯塔基还透露了他对那些通过出卖秘密破坏炼金项目的人的厌恶，这些秘密最终有可能落入错误的人手中。在提到著名的炼金术士托马斯·沃恩时，斯塔基宣称"他欺骗了各种贪婪地渴求黄金的人，从而获得两千多迈纳（Mina，古代埃及和希腊等地的计重单位），他在宣誓保持沉默的情况下向他们透露了他的秘密来换取货币，现在，他的欺诈行为被识破了，成了一个臭名昭著的人"。[122] 他还责备格劳伯，部分原因是他愿意出售炼金术秘密，部分原因是他缺乏炼金专业知识——在看过格劳伯的秘方之一后，斯塔基称它一无是处，是一个"荒谬的、可怕的、令人震惊的、十倍严重的谎言"。[123]

在成功提取白银后，据称有 20 位精炼商和金匠确认情况属实，有人向斯塔基出价 5000 英镑换取他成功的秘密。斯塔基再次拒绝了这个提议，声称在这些事情上他宁愿保持克制，守住一个秘密"对我来说比任何外在的财富更能满足我"。[124] 然而，有一个目的能让斯塔基愿意分享他的炼金术秘密。斯塔基强烈反对围绕在他周围发展的商业社会。他讨厌那种货币带来的权力，并相信私有财产和货币在以危险的方式破坏道德和宗教。[125] 为此，他有兴趣分享他那如何使黄金倍增的知识，前提是这会瓦解整个货币体系！斯塔基在谈到白银时写道："我希望并期待再过几年后货币会随处可见，这个反基督教的怪物的支点就会归于尘土，因为民众都疯狂了，整个种族都为拥有这种无用的重物而非上帝而发疯。这难道不是我们即将到来、期待已久的救赎的前兆吗？"[126]

法兰希和斯塔基都以各自的方式明确表示，在炼金术的世界里，保密是最首要的。[127] 如果找到了魔法酊剂，为了维护炼金术士的安全和货币体系的可靠性，炼金术的钥匙就必须保密并且仅将访问权限授予享有最高声誉和最可靠的人。正如著名科学家罗伯特·波义耳在二十年后所指出的，如果黄金制造的配方被广泛使用，炼金术"会大大扰乱人类的事务，为暴政提供支持，带来普遍的混乱，扭转世界，颠倒乾坤"。[128] 从事炼金术必须保密的另一个原因是自亨利四世以来，用炼金术冶炼金属一直是一项重罪。

无法从斯塔基那里套取秘密，又因与莫里亚恩的合作进展不顺而灰心，沃斯利开始怀疑他们的实验的可行性。莫里亚恩在一封信中回忆道："沃斯利先生不再相信金属炼制。"[129] 沃斯利在给哈特利布的一封信中写道："我已经把关于化学方面的所有考虑都搁置在一边，因为我们能做的事并不比实验员或强水蒸馏器多多少，除非我们能找到要诀，清楚完美地知道如何打开、发酵、净化、腐蚀和破坏（如果我们愿意的话）任何矿物质或金属。"[130] 该项目唯一能够取得成果的方法是找到作用于金属的要诀。如果找不到，哲学家就沦为一个单纯的实验员或实验室工人。[131] 虽然沃斯利后来重新对炼金术产生了兴趣，但他目前对金属炼制幻想的破灭足以终结哈特利布学术团体最雄心勃勃的生产黄金的尝试。[132]

从炼金术到信用货币

炼金术未能为人类提供一个杠杆以控制货币存量，从而解决货币短缺问题，这促使哈特利布学术团体的成员专注于另一个有望产生与炼金术相同益处的权宜之计。他们将注意力转向寻求建立一种广泛流通的信用货币，通过成立银行或重新配置私人信用工具的现有网络使信用货币能更广泛地流通。除了为同样的问题提供解决方案之外，金属炼制和信用货币共享相同的基本理念，就是利用货币存量的扩张启动一个经济持续变化、改进和增长的进程。因此，对哈特利布学术团体来说，通过金属炼制或信用来赚钱的想法都根植于同一个炼金术和培根式的世界观，是同一个全面变革计划的一部分。

哈特利布出版了两本几乎完全相同的小册子，其中一本由切尼·卡尔佩珀爵士撰写，另一本由威廉·波特撰写，二者都鼓吹信用货币的好处，理由是信用货币"使这个国家致富的能力在某种程度上变得无限"[133]。卡尔佩珀和波特都深受炼金术和培根思想的启发。卡尔佩珀是富有的地主和议员，他从事自己的炼金术实验并翻译了格劳伯的一些重要著作，此外他还与哈特利布、沃斯利和柯福勒等人合作并交流炼金术思想。[134]大家对波特知之甚少，但他在《致富之钥，或改善贸易的新方式》中提出了关于信用货币的最为系统的建议，展示了他的炼金术基础知识。在炼金术术语中，"钥匙"指的是将一种物质转化为另一种物质所需的知识，因此暗示了信用和点金石之间明确的相似性。

卡尔佩珀和波特宣称所有形式的货币本质上都是信用。货币作为"人们在出让商品时所获得的一种担保，是对将来能够以其他商品形式得到偿还的希望或保证的基础"[135]。历史上，黄金和白银曾作为"通用信用或商业媒介"流通，但近来这些金属自身的不便性变得越来越明显。首先，如前所述，这个世界上就没有足够的黄金和白银来协调快速扩张的世界经济中的所有交易。其次，由于西班牙国王拥有世界上大部分的贵金属，英格兰为了获得所需数量的贵金属就不得不舍弃他们最好的商品，从而使竞争对手得到更多的舒适和便利。再次，以金银为货币迫使人们不断评估他们过手的所有硬币的真实完整性，从而使他们被制造伪币的剪裁者和伪造者操控。贵金属的使用也给了小偷和强盗持续的诱惑。这些不便使情况变得十分明确，"就我们目前的状况而言，能接收并让这片土地已衰败的贸易翻倍的唯一可行方法，就是在商人中建立并扩大一些可靠且公认的信用交易体系"[136]。

正如我们在前一章中看到的那样，英格兰已经发展出完善的私人信用工具网络。然而，由于法律制度没有能力处理票据、债券和质押的流通，这些工具无法作为货币的替代品。[137]在欧洲大陆，银行已经克服了缺乏优质硬币所带来的劣势。成立于1609年的阿姆斯特丹银行为荷兰共和国的贸易商提供方便安全的纸币。但是，由于纸币完全由金库中的硬币背书，阿姆斯特丹银行不会增加整体货币存量，至少不会以显著的方式增加。位于威尼斯、热那亚和佛罗伦萨的意大利储蓄银行也向它们的客户提供无需使用金属硬币而进行交易的便利和安全的途径。需要为购买的商品付钱给另一个商人时，在银行开户的商人可以通过指示银行将资金从他的账户转移到供应商的账户来完成交易。在某些情况下，支票或存款收据也被用来向银行传达指示，但这些工具很少（如果有的话）进入全面流通。银行还经常为商户提供信贷额度进行交易，使他们的支付金额能够超出他们的存款额。因此，尽管严格来说，这些银行并没有发行纸币，但它们仍然增加了流通中的货币数量。

包括亨利·罗宾逊在内的一些哈特利布主义者对他们在欧洲大陆银行看到的各种做法表示赞赏，并主张在英格兰成立类似的企业。[138] 例如，罗宾逊建议必须对法典进行调整，以使债券和票据能够"不可撤销地从一个人转让给另一个人"，这将"实际上使这个国家的［货币］存量翻倍"。[139] 他还提倡成立一家商业银行，这"能够使国家的货币存量倍增，对无穷无尽的交易来说，简而言之，这就是灵丹妙药或点金石"。[140] 然而，其他人指出这样的银行"只是对目前困扰英格兰的各种不便的一种蹩脚和短暂的补救措施"。[141] 除了将它们的服务限制在商人身上之外，白银作为担保物存放在银行的金库中给国内外的君主们带来了强大的诱惑，他们会破坏银行的独立性并侵吞它们的资产。然而，现有银行的功能不足以应对当前挑战的主要原因仅仅在于它们无法产生"任何新的商业媒介"。[142] 虽然这些银行中，有些确实创造了部分信用，但哈特利布主义者对这种信用扩张的程度并不满意。他们认为银行其实没有其他任何功效，"只不过是让人们典当或存放他们的货币以获得流通信用的地方，因为（在银行）他们可以以较少的风险保管货币，也更容易转让给他人"。[143] 尽管提倡建立这样一家银行，罗宾逊也承认其相对来说没什么效果，宣称它"只不过是整个王国中一个规模更大的现金保管人"。[144]

为了使人类福祉的根本改善成为可能，必须推广使用一种更加灵活的信用货币。波特认为，人们愿意放弃他们的商品换取货币的唯一原因是他们以后能够用这笔钱获得其他商品。[145] 钱因此被视为"标识或票证"。铸造的金币和银币已经被证明能够很好地扮演货币的角色，而波特相信信用货币可以发挥同样的作用。关键是该货币有可靠的担保支持，从而"在所有方面都和金属货币一样好"。[146] 信用将能够解锁通往社会"财富仓库"的大门，从而使自身成为"真正的财富种子"。[147]

波特的提议是让少数拥有"知名度和足够信用"的商家联合起来共同创造一种新的货币。参与的商家将印刷一系列价值 10 英镑且可支付给持票人的应付票据，会员在提供良好担保的情况下，可以免息借入，并可用于交换货物和服务。虽然只需要少至 10 到 20 名受人尊敬的商人参加，该合作事业就可以启动，但它有能力迅速扩张至涵盖大部分人口，至少是那些有足够财力的人。参与者承诺在需要时共同用现金赎回这些票据。为此，波特提出了一系列规则。首先，商人必须建立一个办公室来组织票据的赎回。当票据持有人希望换取金属货币时，他们可以将票据提交给办公室，办公室将在六个月内签发付款保证。办公室会每月一次向成员寄送支付凭证，通知他们提呈赎回的票据数目。然后每个成员都有责任在四个月内向办公室支付一笔银币，数额按照他们最初借款票据数额的比例计算。为了防止信用在借款偿清后收缩，参与商家收到的票据金额与他们的付款金额等值，这样他们可以用作现款。因此，信用会因赎回而收缩的唯一可能情况是，如果商人无法以现金支付他的份额，就不得不没收他一开始贷款时提供的担保资产。

波特争辩说这些纸币和金属货币一样安全。借款人只在有最安全的担保物的条件下才能够获得票据，这意味着如果商家没有现成的货币来偿清票据，他们总是可以出售他们作为担保物的财产并获得足够的货币来支付票据持有人。在不太可能出现的情况下，如果商家的担保物被证明一文不值，那么偿清票据的责任将落在其他商家身上。这本身不会造成很大的不便，因为责任将分散在许多商人之间。尽管如此，为了防止这种情况可能成为负担，波特建议这些票据应由单独的公司承保。这家保险公司对所有票据收取 1% 的保费，以赎回资不抵债的商人的份额。保险公司也将在票据借贷中拥有"否决权"，形成另一层监督，确保只有拥有良好担保物的人才能被允许借得票据。[148]

尽管票据的发行比较保守，也并没有什么能阻止商人获得等于其全部财产价值（包括房屋、船舶、货物和土地）的票据。通过获得免息信贷，他们将能够扩大他们的业务，并大大增加他们的资本，这反过来甚至又会让他们获得更多的信贷。虽然信用机制可以由少数商人建立，但波特坚信，一旦社会上的其他人认识到这个系统的好处，他们就会大胆加入。事实上，竞争压力会迫使他们加入，因为参与的商家将能够以比其他所有人都更低的价格出售他们的商品。[149] 随着越来越多的人或者说所有人加入该系统，参与者将他们更多的资产货币化，潜在的无限经济扩张就可能会启动。更准确地说，波特估计信用计划有能力每两年将英格兰的资本翻一番，这意味着 1000 英镑将在二十年后增长到超过 100 万英镑，在四十年后增长到 10 亿英镑。[150] 波特在《致富之钥》中的这些想法强大到足以推动哈特利布主义者正在追求的那种全面变革。

通过在这样一个土地改良、渔业和全球贸易的条件都如此优越的国家推出一种安全且可普遍交换的信用货币，哈特利布主义者声称财富的增长幅度将"远远超过货币增加的比例，而与此同时又不提升商品的价格"。[151] 货币的增加会促进产业发展并激活未使用的资源，因此价格不会出现上行压力。虽然波特最初将其计划的好处比作发现了一座"金矿"，但后来他修改了自己的说法，并宣称他的信用机制实际上远比金矿有利。[152] 首先，金矿的存在将危及英格兰国家安全，因为它让其他国家有强大动机合谋针对英格兰。其次，经营金矿和生产金币成本高昂，包括保护费、挖掘费和铸币费，而他的信用体系可以避免这些成本。然而，最重要的是，事实上从一个矿山中挖出来的黄金并不总是能满足经济条件的要求，金矿最终会枯竭。但有了波特的信用货币后，英格兰可以获得对其货币存量的操作控制权，从而能够按需创造更多的货币，无穷无尽。有了波特的计划后，人们现在可以独立于当局——铸币厂、议会和国王——和眼下贸易差额的影响而自主扩大货币存量。因此，该计划体现了反威权主义的精神，与哈特利布主义者的理念不谋而合，他们倾向于在传统权力范围之外发起和实施有机的社会改进过程。

波特预言他的计划将带来革命性的改变。通过大力发展贸易、渔业和农业，英格兰不仅会有很多便宜的商品，而且很快就会垄断整个欧洲的贸易。快速增长的关税和消费税收入、更多可以方便地为海军的需要而被动员起来的贸易船只、适当奖励士兵的能力，以及因拥有需要保卫的巨额财富而产生的更强烈的爱国主义，都将大大增强英格兰的地缘政治实力。但是，和其他许多与哈特利布学术团体有关的社会改革者一样，波特似乎对政治体的道德和社会改革特别感兴趣。虽然经济的指数级增长将使社会各阶层变得富裕，最关键的还是对穷人产生的变革性影响。他们所遭受的周期性粮食歉收的风险，现在可以通过设立紧急粮仓而得以消除。他的信用计划也有可能为穷人行为特征的转变做出贡献。通过极大地创造更多的就业机会，"流浪汉和闲散者，……［将被］纳入某种秩序和纪律"，他们的恶作剧尝试和频繁制造公众骚乱的行为也就不复存在了。事实上，许多最具威胁性的穷人——流氓、残酷无情者和强盗——很快就会消失，因为繁荣将消除那些鼓励他们开始犯罪生涯的条件。波特如此满意于自己的计划所提供的承诺，他发出如此之问："如果……金子可以不费什么大成本而用纸制成，那又有什么世俗事情是不能安全进行的呢？"[153]

波特还提出了一个建立土地银行的建议，这与卡尔佩珀的想法惊人地类似。既然"建立在最好担保物基础上的信用与货币是一回事"，那么关键就是建立一家银行，使用与贵金属不同的资产作为担保来支持信用货币。[154] 土地被认为是当时最实在的和最稳定的商品，因此在诱使人们以商品作为交换方面没有比土地更好的担保了。通过抵押土地——"作为同样好或更好的担保物"，土地银行创造了一种信用货币，它"就像黄金和白银一样具有真正的内在价值"，不仅可以在商家之间交易，而且可以在全国范围内交易。[155] 此外，这一方案使英格兰可以将其货币存量扩大十倍或更多，而不必放弃国内生产的任何商品。黄金和白银不再需要"躺死"在银行的金库里的事实也意味着贪婪的君主们的威胁被消灭了，黄金和白银的全部库存都可以进入流通。[156] 土地银行的另一个好处是，新货币一旦被创建，就不会退出流通，因为新货币本身没什么内在价值，这就打消了人们将其出口到国外或囤积它作为价值存储的所有动机。[157] 这样做就可以确保货币存量的增长是可持续的，货币短缺问题不会再次出现。正如卡尔佩珀总结的那样，"很明显，消除贫困、减少税收和缓解大多数公众的不满，并使这个国家拥有丰富的财富、贸易、城市、航运、人民和声誉，既非不可行，也不困难"。[158] 因此，在信用方面，哈特利布主义者发现了一种类似于点金石的灵丹妙药，但其开发所需的精力和费用要少得多。[159]

著名医师彼得·张伯伦是哈特利布学术团体的成员之一，他提出了另一个信用计划，希望能推动英格兰实现繁荣。就在查理国王被斩首之后仅几个月，张伯伦撰文指出，他认为目前的政治不稳定使议会有必要迅速确立其权威和声望。他向议会建议，最紧迫的问题是为穷人提供支持新统治的令人信服的理由。"养活穷人，"他宣称，"他们也会养活你。摧毁穷人，他们也会摧毁你"[160]。张伯伦不仅争辩说穷人有能力破坏新政府，还声称穷人掌握着国家富足和安全的关键。"每个国家的财富和力量都在穷人身上，"他争辩说，"因为他们做着所有伟大的和必要的工作，他们是军队的主体和力量的来源。"[161]

张伯伦提议应该通过出售保王党的土地、房屋和动产来创建公共储备金。[162]此外，应该把所有未开采的矿山，以及公地、荒地、森林、荒野、湿地和沼泽都圈封起来改良以提高产量。张伯伦设想，公共储备金将能够在许多方面服务国家，包括偿还议会和国王分别在十年和二十年内累积的债务；取消除关税以外的所有税收；支付欠款并提供武装部队的所有必需品；维持政府管理；建立一家类似于阿姆斯特丹银行的公共银行；为所有需要帮助的人提供食物和衣服；为所有有能力的人提供就业机会；保证所有小偷和强盗在济贫院有一个位置；以及为贫困家庭的孩子提供学院教育。[163]这些措施将稳定政体，恢复繁荣，并启动使穷人变得"文明"和"更容易接受所有职责和命令"的长期进程。[164]通过"改善从未改善过的土地，以及雇用那些并非毫无用处而是由于懒惰或缺乏就业机会而成为负担的人，并将他们转变为优秀的国民"，这些消除贫困的计划将使全国受益。[165]由于这种公共资产有可能促进社会的全面变革，他称其为"最好的灵丹妙药：点金石"。[166]

哈特利布主义政治经济学的政治学意义

那一时期新科学思维所产生的新世界观，使得哈特利布学术团体对货币和信用开创性的重新构想成为可能。借鉴炼金术和培根思想，哈特利布主义者认为自然、社会和人类可以不断地和无限地改进。在举例说明人类能动性对促进进步的重要性时，卡尔佩珀写道，自然哲学家是一种手段，通过他们，"自然或自然的精神得以在我们看到的大自然创造的所有循环中运转，真正的艺术家可以反复施加这种手段，使大自然能够进行其无法自发进行的反复运动"。[167] 这种非常的精神渗透了哈特利布主义政治经济学的各个方面。

哈特利布主义政治经济学家和新亚里士多德主义政治经济学家都将商业和金融视为系统。新亚里士多德主义者认为世界存在于一个封闭的、有限的宇宙中，自然和社会的各个方面都在其中占据应有的位置。为了保持和谐与平衡，为了维护传统的等级制度，每个人和每个阶级都必须固守自己的位置并发挥各自的作用。货币在这个系统中的作用是协调人与人之间的关系，包括在社会阶层体系中不同阶层内部和阶层之间的关系。作为衡量价值的一种手段，货币使质量不同的商品具有可公度性，因此人们能够交换任何和所有东西。只要货币的质量和数量保持不变，货币就能够履行其作为价值衡量标准和交换媒介的作用，从而有助于形成一个公正的社会。

哈特利布主义者采用了另一种系统，其中各部分彼此之间以及与整体之间的关系都不相同。虽然他们也从等级的角度思考自然和社会，但他们的专注点与其说是保持平衡和秩序，不如说是改进每个组成部分，无论是自然的、政治的还是经济的。也就是说，与静态和有限的新亚里士多德主义体系相反，哈特利布体系是动态和有弹性的。因此，货币在这个系统中的作用也截然不同。对哈特利布主义者而言，货币不是一种平衡工具，它有能力唤醒并激活自然、社会和人类隐藏或未充分利用的资源。科学会解开大自然的秘密并消除进步的障碍，而有弹性的货币则是支持社会不断扩张的财富流通的必要条件。

这两个思想学派在构想政治体的过程中分道扬镳，他们以不同的方式将社会秩序理论化。如前所述，新亚里士多德主义者优先维护传统的等级制度和道德秩序。这意味着社会阶层的每一层级应该享有固定份额的社会财富，因为只有这样，每个阶层才能履行其社会责任。相反地，哈特利布主义者虽然本身并不提倡社会流动，却促进了社会各个阶层的进步和改善。他们相信通过鼓励创新、增长和进步，社会各阶层之间的紧张关系可以得到缓和，繁荣可以改善所有人的生活条件。同时，全面变革的过程也有可能改变传统的道德秩序和相关的社会阶层体系。对精英，尤其是对地主阶级来说，"改进"被认为是对他们地位和特权的威胁。哈特利布主义者则试图向他们展示，社会中下阶层的转型实际上对大家都普遍有益，从而缓解他们的焦虑。他们没有使用传统的政治（身）体隐喻——贵族是胃，国王是向身体的其他部分提供养料的心脏。相反，波特设想了一个所有人都相互依赖的政治体。[168] 他写道："[政治体的] 任何成员都无法独立存在，而是必须为整个身体提供服务并从中获得充足的营养。"他继续写道：

> 没有哪个工匠或商人能够仅仅依靠在某一行业中的勤劳，就获得舒适生活所需的一切。他们必须将自己努力所得成果中过剩的部分传递给该政治共同体的其他成员，并从他们那里获得相应比例的剩余劳动和商品。[169]

每个人生产得越多，商品的"数量、质量［和］分配流通"就改善得越多，因此所有人都将变得更加富裕。

彼得·张伯伦补充说，中产阶级的富裕度增加是国家繁荣的必要条件和必然结果："商人越多，交易就越多，商人就越兴旺。"因此，任何限制商户数量的尝试都应该被贬低为"魔鬼、贪婪和嫉妒的建议"。[170]

哈特利布主义者最关心的那部分需改善的人口是穷人。他们希望他们的各种措施将促使穷人转变为受人尊敬的、文明的、有礼貌的市民。事实上，他们为贫困和穷人引入了一种新的理解。[171] 穷人不但能被转变成为高生产力的社会成员——这个想法将着重点从摆脱过剩人口转移到利用他们的生产潜力上，而且可以想象，作为一个阶层的"穷人"可能完全被消除。经过艰苦的工作、教育和适当的宗教指导，穷人的礼仪、习惯和习俗方式得以改变，最终使社会中最不富裕的人群能够超越贫困及其相关行为。因此，虽然哈特利布学术团体并没有像一些更激进的清教徒改革团体所提倡的那样，试图颠覆世界，但他们确实对他们提倡的改进过程可能带来的社会阶层体系的变化持开放态度。

新亚里士多德主义者在如何看待政治权威与货币之间的关系方面也与哈特利布主义者不同。虽然马林斯认为政治体受制于君主的权威，因此纠正货币机制的任何问题都是国王的责任，但孟则认为货币机制在相对独立于政体的情况下才能发挥最大作用。事实上，他不认为有任何人能够获得对货币机制的操作控制权。与之相反，哈特利布学术团体设想了一种情况：任何勤劳诚实的人都可以创造货币。他们争辩道，任何需要钱进行交易的人都应该能够通过将其资产货币化来创造货币。无论是通过土地银行、伦巴第银行或债务工具的一般可转让性，人们都将获得对货币存量的部分操作控制权并能够随意扩大（或者至少与他们的财产成比例地扩大）货币存量来利用商业机会，从而为社会的富裕做出贡献。

当然，哈特利布学术团体认识到人们不可能完全控制货币存量。他们和他们之前的乔治·斯塔基同样意识到，无限制地获得信用（或点金石）肯定会破坏整个货币机制以及社会本身。信用必须随时接受商业条件和其所得到的社会信任度的制约。哈特利布主义者普遍蔑视政府权力，因此他们将君主和政府完全排除于任何管理货币体系的责任之外。他们认为，为了让一个有机的增长和改进过程积蓄动力，有必要在贸易、政治和信仰问题上消除一切形式的专制权威。卡尔佩珀抓住这一精神，在给哈特利布的一封信中写道：

> 垄断商人公司可能很快会找到理由，为他们过去侵犯臣民自由的行为辩护。而且，事实上，当被正确理解时，贸易垄断将被证明是这个王国中的大弊病，仅次于国王所主张的那种权力垄断。相信我，现在我们正在拆除这些垄断，会发现许多还隐藏在背后的问题，但是首先必须拆除最大的垄断；接下来是贸易垄断、对公正的垄断（此事现在开始被关注到），以及对良心和圣事的垄断（一个非常显著的垄断），所有这些以及更多的垄断都会被追查，一只猎犬漏掉的，另一只也会发现，于是巴比伦就会逐渐崩塌、崩塌、崩塌、崩塌。[172]

结　论

哈特利布学术团体在 1650 年代末期逐渐解散，王朝复辟后就不复存在，他们的著作与内战激进主义有所关联，因此不再受到当政者的青睐。[173] 然而，由于许多哈特利布主义者加入了新成立的王家学会，他们的改革项目以不同的形式幸存下来。[174] 哈特利布主义政治经济学也继续影响着政治辩论中的改良派。哈特利布思想在有关英格兰金融问题和货币的未来的辩论中特别有影响力。除了威廉·佩蒂等哈特利布学术团体的成员继续倡导创建土地银行和信用货币的发行之外，后来许多就信用的未来进行辩论的写作者在很大程度上也都依赖哈特利布学术团体所贡献的概念和理论，下一章将会讨论这些。[175] 因此，在确定信用货币被构思和辩论的知识框架时，哈特利布主义政治经济学为金融革命铺平了道路。在这个意义上说，对炼金术的追求促成了信用货币的出现，就像弗朗西斯·培根，尽管他公开批评炼金术的许多特征，但他也看到了炼金术可能具有的意想不到的好处。他写道：

> 不可否认，炼金术士发现了不少东西，给人们带来了有益的发现。他们和这个故事相当吻合：一位老人给他的女儿们留下一些金子埋在葡萄园里，却假装不知道具体地点；结果他的女儿们在那个葡萄园里勤奋地挖掘；虽然并没有找到金子，但是耕作的收成更加丰富。[176]

虽然炼金术的炼制未能消除货币短缺问题，但通过启发和影响一种普遍流通的信用货币的发展，炼金术思想最终为找到解决问题的方法做出了贡献。

第二部分　死刑与信用

第三章

信用的认识论

引　言

　　哈特利布学术团体对货币的重新思考引发了一场关于如何设计英格兰信用货币的激烈辩论。在论证广泛流通的信用凭证的可行性并强调其对现代化社会的重要性时，哈特利布主义者仔细考虑了信用在促进自然、社会、人类全面变革方面的潜力。然而，尽管他们系统性地重估了货币和信用，却未曾深入研究可能是信用最重要的因素——信任（trust）这一概念本身。后续的很多 17 世纪政治经济学家，如威廉·佩蒂爵士、尼古拉斯·巴本和查尔斯·达文南特，强调信任——他们认为信任属于某种意见看法（opinion）——对信用货币功能的重要性。例如，佩蒂将信用描述为"建立在公众对世界的良好看法之上"；巴本指出，"信用是由看法支撑起的价值"；达文南特宣称信用"取决于看法"。[1]

　　哈特利布主义者坚持认为，货币的可兑换性取决于人们对货币在市场交易中充当质押和担保物的能力的信任程度。因此，他们背离了新亚里士多德主义者的传统，后者将硬币视为商业的媒介，因为它体现了与被交换的商品相同的内在价值。相反，哈特利布主义者认为人们愿意接受货币来换取他们的商品，是因为他们相信货币稍后将使他们能够购买同等价值的其他商品。因此，货币的价值更多地取决于未来，而不是过去或现在。一枚足值硬币可以成功作为质押物，因为实际存在于硬币中的白银提供了极好的担保。事实上，被用作质押物时，硬币的价值往往高于其中所含的银，特别是当硬币是由一个受人尊敬的国家铸造时。根据威廉·波特的定义，支持交易媒介的担保物不必实际在场，也不必包含贵金属。[2] 事实上，由信誉良好的机构发行且有可观资产（无论是贵金属、土地还是商品）背书的纸钞，也可以提供与全重硬币相同水平的信心。因此钞票与硬币一样具有协调商业的能力；但是因为钞票并不像贵金属那样短缺，它们可以很容易地加倍发行以解决新亚里士多德主义者的货币短缺问题或推动哈特利布主义者的无限进步计划。

创造新货币面临的主要挑战是弄清楚如何让公众信任银行的记录账本或一张纸在可预见的未来仍具有可兑换性。这与两个半世纪后的社会学家格奥尔格·齐美尔专心致志地研究的众所周知的问题相同。[3] 就像波特一样，齐美尔在他的《货币哲学》一书中指出，只有在"人们相信一个经济共同体有能力确保为换取临时价值（硬币）而付出的价值能够被毫无损失地替换"的情况下，货币才能令人满意地运作。[4] 信任对于货币是如此重要，齐美尔认为，"如果没有信任，货币交易就会崩溃"。[5] 事实上，人们永远无法完全确信他们持有的钱确实会使他们未来有权获得一定数额的商品和服务，这"证实了货币仅仅是一种信用的特性"。[6] 齐美尔继续说道："因为信用的本质就在于，实现信用的概率永远不会是百分百，无论多么接近。"[7] 齐美尔的结论是，因为硬币和钞票在概念上是相同的，所以"从物质货币发展至信用货币并不像最初看起来那样激进"。[8]

17 世纪的政治经济学家考虑了许多制度设计来丰富信用的适

当类型并提升信任水平。可靠的安全性、便携性、合法流通性、廉洁的管理以及透明度（仅举几例）都被认为对信用货币的广泛流通至关重要。另外，大多数评论家都关注如何找到有效的方法防止因剪裁、伪造和假冒而引起的不信任。这确实是一个关乎生死的问题。如果不能充分保护人们对货币和信用的信任，使其免受此类货币犯罪的侵害，英格兰社会的根基将岌岌可危。因此，人们认为有必要将任何破坏货币信任的人判处死刑。我在本章指出，大多数政治经济学家都强调死刑在增强对信用的信任方面的重要性，而我也在第四章表明，1690 年代货币动荡期间，绞刑架确实在捍卫信用的战争中发挥了核心作用。

本章的第二个目的是从信任和意见的角度来阐明自然科学与政治经济学之间的有益互动。有一段时间，整个欧洲的自然哲学家们都认识到，在生活的大多数领域，很少有无可争议的知识。然而他们从商人、银行家、律师、农学家、外科医生和炼金术士处理事务的方式中了解到，意见、信念和概率知识为他们的决策提供了宝贵的指导。在英格兰，像托马斯·霍布斯和约翰·洛克这样的哲学家，充分认识到意见在人们日常生活中的中心地位，因此开始系统地研究意见的认识论内涵。[9]霍布斯和洛克基于对商业社会中信任和意见运作方式的分析，为政治经济学家提供了研究信用货币可行性的有用框架。

本章首先探讨 17 世纪的概率论思想，重点关注霍布斯和洛克是如何理解信任和意见的。接下来，我研究了政治经济学家如何运用概率认识论来设计保障信用信任的制度。尽管我描述了 17 世纪下半叶提出的每个信用计划的一般目的和逻辑，但我的重点是叙述培育公众对信用票据持续流通的信任与信心的各种机制是如何设计的。[10]

信用的认识论基础

政治经济学家在讨论信用时所采用的定性概率推理方式直到最近才正式确定下来。17 世纪的自然哲学家越来越觉察到寻找绝对真理基本上是徒劳的，他们后来意识到最好努力寻找在极度不确定的世界中航行的方法。如此，科学、知识、确定性与意见、概率、表象之间的严格界限破裂了。[11] 哲学家们现在对探索和评估形成知识主张的不同实践产生了兴趣，这些实践在许多不同领域已经使用了很长一段时间。科学史学家洛林·达斯顿、伊恩·哈金和芭芭拉·夏皮罗指出了 17 世纪生活中概率思维应用特别普遍的三个领域：法律推理、射幸合同和新实验科学。[12] 根据达斯顿和夏皮罗的说法，在证据不充分的法律案件中，法律理论家坚持认为应密切关注所提供事实的内在可信度和证人的外在可信度。一旦所有可用的证据都得到妥善权衡，就会根据有罪的定性概率形成意见，为判断提供依据。

包括年金债券、保险和博弈游戏在内的射幸合同的发行人也运用了概率思维。他们小心翼翼地考虑了死亡、事故和中奖概率，确保赔率对他们有利。法律思维更容易受到定性概率的影响，而射幸合同则很适合数值计算。然而，达斯顿指出，一直到 18 世纪晚期，数学概率对年金债券、保险和彩票的交易条款都几乎没有什么影响。[13] 因此，早期的概率推理几乎完全是定性概率推理。

哈金将概率推理的出现归功于新科学领域。他认为将经验证据置于权威证词之上是使意见在认识论上受到重视的关键因素，哈金着重讨论了他所谓的低等科学（包括炼金术和医学），认为其是日益流行的概率思维的源头。由于由炼金术士和医生进行的经验性和实验性研究很难直接获得直观的或演绎性的知识，这些实践者被迫发展出其他证明模式。这引导他们将注意力集中在作为他们观点依据的迹象上。尽管由此产生的对世界的理解从未达到早期自然哲学家所追求的确定性水平，炼金术士和医生依然成功地将他们对证据的概率评估转化为理解和转变世界的务实方式，这启发了其他许多领域，这些领域的人欣然接受了他们的方法去研究。哈金总结道："毫无疑问，这项由原始化学家设计的技术影响了人类的行为，但对新文明具有持久重要性的真正影响可能是人们对他们所做之事的思考方式。"[14]

　　托马斯·霍布斯是最早探索概率推理的英格兰哲学家之一。尽管对用数学和三段论推理为科学提供论证性知识的前景仍保持乐观，他仍然承认人们被迫基于自己的意见做出许多日常决定，并且这些意见通常必须建立在其他人的证词基础之上。[15]事实上，大多数看似在日常生活中通过经验和实践所获得的知识，根据霍布斯的说法，仅仅是一种意见。例如，当推测过去或未来未观察到的事件时，人们做出的推定永远不会超出他们的意见。关于善恶的道德论述也只能产生意见。事实上，只要论述不是基于公理或感官印象，而是基于"一个人的其他思考"，绝对的知识就是不可能的，我们只能依靠主观意见。[16]当我们基于"他人的某种说法"[17]做推理时，情况变得更加微妙。在这种情况下，讨论"与其说是关于物，不如说是关于人；正式的决定被称为信念（BELEEFE）和信仰（FAITH）：信仰在人，而信念则在于人以及他所说的话的真实性"。[18]因此，对于霍布斯来说，信念由两种意见组成，"一种是对人所说的话的看法；另一种是对人的品德的看法"。[19]最终，他得出结论："当我们相信任何事物时，如果所根据的理由只是作者及其著作的权威，那么无论他们是不是上帝派来的，都只是对人的信任而已。"[20]对霍布斯来说，证人的诚信和声誉对于他们的可信度而言是必不可少的。

尽管大多数哲学家都怀疑证言的真实性，知识形成的实际过程仍然很大程度上取决于其他人提供的信息。正如科学史家史蒂文·夏平所指出的，自然哲学家和实验家经常思考应该在多大程度上审慎地相信他人的证言。[21] 由于关于世界的知识在某种程度上不可避免地依赖其他人的证言，获取提供此类证词的个人的信息来判断是否能够信任他们变得很重要。夏平认为，要确定一位证人的可信度，尤为重要的是考核该证人的社会和经济状况。绅士阶层的成员在这方面排名最高，因为人们相信他们体现了不同层次的荣誉和美德，这根植于他们的社会化过程、受过的教育和免受经济限制的自由。[22] 在科学圈子里，比如王家学会，绅士们也因此被认为比社区其他成员更值得信任。[23] 夏平还指出，除了证人的社会地位外，证词的真实性价值还取决于证人的知识、技能、诚信、无私、令人信服的品质，以及信息的合理性、多样性、一致性和即时性。[24]

关于真理的集体判断和共同意见秩序的形成，正如西蒙·谢弗指出的那样，还取决于"稳定社区的构建"[25]。形成了共同的文化和思想参照点的群体，在从宇宙学到信贷的所有研究领域，都能更好地产生稳定的知识主张。

霍布斯把注意力转向信用时，再次强调了能够信任他人的重要性。[26] 然而，他也提出了一个著名的观点：要信任人们的宣言和证词的诚意几乎是不可能的。他指出，"光靠言语不足以充分表达一个人的意愿，因此其他表示意愿的迹象可以赋予指向未来之词语与指向现在之词语同等的力量"。[27] 为了克服语言作为承诺机制的不足，霍布斯建议人们可以通过遵守契约来传达自己的意图。他在《论公民》一书中指出，当人们就未来的表现达成一致时，契约是必不可少的，例如在信贷方面。他指出："当其中任何一方或双方都受到信任时，受信方承诺以后会履行义务；这样的承诺被称为协议。"[28]

在被信任的一方作为协议的一部分接受利益的那一刻，他便承诺将在未来某个日期做出回报，这就在认知层面上提升了该承诺，仿佛这是一个现时的权利转让。然而，因为人们会食言，信任永远不可能是彻底的。因此，霍布斯认为，必须对那些不遵守协议的人施以某种形式的惩罚，才能使信任得到普遍应用。他总结说："因为第一个履行承诺的人无法保证另一个人也会履行承诺；因为言语的约束力太弱，不足以遏制人们的野心、贪婪、愤怒和其他激情，除非有某种强制性的力量来威慑他们。"[29]

　　霍布斯的观点发表几十年后，约翰·洛克对意见在人类知识中的作用做了更系统的研究，被一些现代学者认为是第一个被完全阐明的概率哲学。[30] 虽然洛克认为直接感知得到的直观知识和通过公理推理得到的证明性知识在认识论层面上等级最高，但他也承认，人类往往无法获得无可争辩的知识。他声称："我们思考、推理、讨论，甚至采取行动所依据的大多数命题，都是如此，我们无法获得关于它们真实性的毫无疑问的知识。"[31] 世界的复杂性，加上人类理解的内在局限性，要求人们在现有证据的基础上形成自己的判断。事实上，不依靠信念和意见在世界上行事几乎是不可能的。他警告说："如果因为无法确切知道一切事情就否定一切，那么我们将会像那个因为没有翅膀飞翔，便不用他的腿，宁愿坐以待毙的人一样。"[32] 为了避免陷入怀疑绝望的瘫痪状态，形成关于世界的意见并给予其不同程度的信心是有必要的。"思维对这类命题的接受"，洛克称之为"信念、同意或意见"。[33] 对涉及人类能动性的事物形成的意见，不可避免地存在着不确定性：因为对另一个人的意图和动机的了解永远不可能是完整的，人总是有一定程度的自由来违背我们的预期。[34] 但是，既然我们无法预见未来，那我们就专注过去，并尽可能尝试描绘出自然、社会或其他人的行为方式。然后，借助观察和证据，概率会帮助我们评估我们的信念是否合理。

　　洛克提出了一个宽泛的意见范围，上至"完全确信和充满信心"，下至"猜想、怀疑和不信任"。[35] 某个意见在这个范围内所处的位置取决于一个人对某一命题的真实性所赋的概率。因此，当确定性不存在而人们只因"某种动机而接受它们的真实性"时[36]，概率就成了衡量命题的指标。考虑是否信任的问题时，洛克认为人们倾向于根据以下两点来形成他们的意见：（1）这个命题与他们自己的知识、观察和经验有多相符，以及（2）其他人的证词告诉他们什么。[37] 如果相关命题似乎与这个人已经知道或观察到或经历过的很符合，那么这个人对自己意见的信心程度"与更大概率的占优证据的强度成比例"[38]。这种概率是可以定量的，但在洛克思考的大多数实例中，概率评估是定性的。根据洛克的观点，当人们依靠别人的信息来对自然、法律定罪、银行的偿付能力或者一个人的信誉等命题做出判断时，他们的信任程度取决于提供证词的证人数量、诚信程度和他们的技能。[39] 也就是说，如果能够尽可能地接触大量诚信无可挑剔的经过专门训练的证人，那么意见的可信度就会更高。然而，洛克坚持认为，作为信息来源，证词永远不如个人观察或经验可靠。

　　洛克对知识和意见的认识论划分并不是什么新颖的言论；中世纪和文艺复兴时期的许多思想家都赞同类似的区分。然而，洛克对意见进行评估的方式反映了弥漫欧洲的新自然哲学精神。对于托马斯·阿奎那等中世纪思想家来说，意见是证词和权威的产物，而不是证据的产物。正如哈金所认为的，"证词和权威是首要的，而事情只有在与观察者亲眼所见和书籍的权威相似的情况下才能算作证据"[40]。尽管洛克承认证词在影响意见方面很重要，他仍强调说，最重要的不是证人的权威，而是他们传达知识、观察和经验时借助的技巧和诚信。[41] 因此，经验证据既是知识的基础，也是意见的基础，这表明洛克认为知识与意见之间有高度的关联。[42]

　　根据相关的定性概率的程度，洛克提出了四种基本的意见。最高的概率程度是"就其所知，所有时代、所有人的普遍共识，与一个人在类似情况下的一贯经验相一致"[43]。在如此明确的情况下，经验证据和证言结合起来，共同将意见提升至接近确定知识的水平。洛克将具有如此高水平的确定性的意见称为保证（assurance）。下一级的概率程度范围对应于这种情况："我根据自己的经验以及所有提到过此事的人的一致意见得出结论，这种事情在大多数情况下都是如此；而且有许多无可置疑的目击者可以为这一特殊事件作证。"[44] 同样，第一手观察和经验加上他人的证言，可以产生基于高度概然性的意见。洛克认为，以这种可能性支撑的观念可以被称为信心（confidence）。下一个级别的概率仍然足够高，以至于人们判断证据时几乎没什么自由裁量空间，即"任何特定的事实被无可疑虑的证人们彼此一致的证词所证实"[45]。在做出判断的人无法直接观察手头事情的情况下，例如，事件发生在几个世纪前——明智的处理做法是依靠最可信的证人，在这种情况下也就是最有信誉的历史学家。虽然仅基于他人证词的意见不如基于第一手观察或经验的意见那样可信，但明智的思想家没理由不理会唯一可用的信息，特别是如果信息来源有良好的信誉。[46] 在这个概率级别以下，意见往往太弱，无法作为行动的准确指南。当证词与共同的经验相互矛盾，以及"历史报告、目击者的报道与自然的正常过程相冲突或矛盾"时，这种情况就会发生。[47] 在如此情况下，最重要的是"类似情况下的共同观察，以及特定情况的特定证词"[48]的可信度。由于观察和证词受众多不同的情况和资格的影响，由此产生的概率通常很难评估，这会引发一系列不同的思维活动，包括"相信、猜想、猜测、怀疑、动摇、不信任、不相信等"。[49]

　　虽然洛克并没有完全忽视他人的证词，但他认为，对证词的依赖越大，一个意见对应的可能性或可信度就越低。最不可信的意见因此是从与"实物和事物本身的存在"相距最远的证言中得出的。[50]用洛克的话来说:"一个可信的人为他所知[原始真相]作证是一个很好的证据;但如果另一个同样可信的人通过上述(别人的)报告来作证,那么这个证据就变弱了。"[51]洛克在此质疑那些"认为意见会随着年龄的增长而获得力量"的人。[52]他对用道听途说的观点作为证据这一做法的贬低与他对公众舆论的不尊重是联系在一起的。他认为公众舆论是出了名的不准确。"没有比这更危险而不可依靠的东西了,也没有比这更误导人的东西了;因为在人与人之间,伪善和错误要比真理和知识多得多。"[53]因此,正如本书第五章将要讨论的那样,舆论是一个备受争议的现象。

总而言之,霍布斯和洛克的认识论讨论体现了新知识分子的思维模式,"几乎标志着17世纪从事哲学、自然研究、宗教、历史、法律,甚至文学的英格兰人的努力"[54]。我将在下文说明,这种形式的定性概率思维在那些思考意见、信任和信用的政治经济学家中也很流行。在亚里士多德主义者的世界中,财富是有限的,道德秩序是传统的,等级制度是固定的,财产是以有内在价值的货币为中介的,政治经济学正在离开这种确定性的世界,进入一个无限进步和增长的世界,其中象征性的货币被委托来促进社会财富的流通。由于在这个新的商业和金融世界中无法获得绝对的知识,一个可以对信任和意见进行评估的框架对政治经济学家特别有帮助。因此,概率推理加入了融合培根思想和炼金术思想的哈特利布理论,形成了哲学-科学话语,17世纪下半叶开展的关于英格兰信用未来的争论就是在这种话语中展开的。在探讨这一时期提出的各种信用计划之前,我要简述一下当时的历史环境。

英格兰信用体系的未来

总体经济状况

在经历了 17 世纪上半叶的艰难时刻（在此期间不断上升的失业率造成了无数的社会问题，毁灭性的内战导致约 6 万人丧生），王政复辟之后，英格兰的命运开始变化。[55] 最重要的是，土地改良运动开始显著提高产量。[56] 额外的土地被圈封，作物轮作被取消，种子经过精心培育，种植方法和技术得到改良，歉收问题缓解，粮食价格有下行压力。[57] 粮食不再需要进口，在某些情况下甚至禁止进口，这是为了防止国内价格下跌太多。事实上，为了稳定价格，政府有时会向土地所有者提供补贴，让他们出口丰收作物。[58]

制造业的扩张和多元化也为英格兰的日益繁荣做出了极大贡献。1666 年伦敦大火后的重建为首都带来了急需的经济活动，王室为确保王家海军不再被沿着泰晤士河航行的外国船只羞辱而开展的雄心勃勃的行动也是如此。无论从就业人数还是提供船舶、风帆、武器装备和其他补给品的企业发展规模来看，海军正成为增长型行业。[59] 随着制布业和炼铁厂等传统产业复苏，英格兰制造业的种类也在不断增加。[60] 受食物价格下降带来的生活水平提高刺激，国内的、大陆的和殖民地的非必需品的消费在此期间迅速增长。[61]

17 世纪下半叶，英格兰的对外贸易也快速增长。[62] 克伦威尔政权致力于扩大英格兰的殖民势力，查理二世继续推行这项政策，扩大殖民地数量并对英格兰的领地实行更直接的政治控制。查理国王修订了《航海法》，挑战荷兰在大西洋的贸易统治地位，希望借此将伦敦转变成欧洲殖民贸易的首要集散地。由此产生的贸易扩张极大地促进了英格兰制造业基地的多样化，使英格兰不再那么依赖布料出口。[63]

食品价格下跌和制造业不断发展促使人们改变了对穷人的看法。穷人之前被视为负担,现在则被重新配置为一种潜在的生产资源,如果使用得当,可以对英格兰的财富和权力做出极大的贡献。[64] 穷人可以解决海军和英格兰商业舰队的人员短缺问题,并为不断增长的制造业提供急需的劳动力。因此,鼓励富余人口移民到殖民地的做法就此结束了,重点转移至哈特利布计划,即致力于将他们转变为国内的生产性资产。[65]

英格兰政府继续重新安排其财政管理,以履行其日益增长的财务义务。为了支付内战费用,议会引入了消费税和土地税这两种新税,与关税一起在可预见的未来将提供政府的大部分收入。消费税是对大众消费品,例如啤酒、肉、盐、肥皂和纸等物品征收的税,因此是比最近铲除的垄断更为有效的资金筹集方式。[66] 虽然这项税收贡献了财政收入的最大份额,绅士们现在也第一次被迫通过缴纳土地税为增加财政收入做出重大贡献。[67] 然而,当查理二世复辟登上王位后,议会迫于压力减少了对土地税的依赖,再次将大部分税负放在了关税和消费税上。在接下来的几十年里,商业的发展加上政府决定不再将关税和消费税的征收权委托给私人承包商或特许经营者,确保了这两个收入来源能够为政府筹集大量资金。然而,由于查理国王的开支远远超出了他的能力范围,他不得不向金匠银行家大量借贷,而这些银行家很高兴获得如此有利可图的业务。[68]

尽管在 17 世纪下半叶货币仍然被认为是短缺的,但这种情况现在得到了一定程度的缓解。富裕人士能够利用不同种类的信用机制来推动他们的交易,而较贫穷的人则能够使用贸易代币购买商品。[69] 金匠银行家和文书人员成为国家权力空白期的重要贷款来源,虽然他们发展自身的业务已经有一段时间了。[70] 著名的银行家如托马斯·维纳爵士、爱德华·巴克韦尔、约翰·科尔维尔、耶利米·斯诺和梅内尔兄弟等发展了大规模的银行业务,向地主绅士、商人和政府提供服务。[71] 除了放贷之外，金匠银行家和文书人员还提供汇票贴现和兑换外币业务，以及签发支票（现金票据）和本票。[72] 后者很快就会在商人之间广泛流通，一些历史学家甚至认为它们应该被视为货币。[73] 然而，无论这些金匠钞票的流通范围有多广，它们的流动性和普遍性还不足以结束这样的观念，即英格兰需要更有弹性的货币供应。很少有政治经济学家（如果有的话）相信英格兰已经配备了足够复杂的货币体系来应对其快速扩张的商业需求，也很少有政治经济学家相信照搬欧洲大陆的银行计划就足够了。[74]

信用货币提案

从查理二世复辟到英格兰银行建立，关于如何最好地设计信用货币的提案相继发表。这些提案中的许多（但不是全部）都受到了哈特利布思想的影响和启发。不过，即使他们没有接受哈特利布主义政治经济学的每一个原则，他们也都同意信用工具有可能产生足够的信任而作为货币流通。虽然以下讨论的一些小册子的写作时间相隔了三十年之久，因此它们是对截然不同的经济和政治状况做出的直接反应，但在许多情况下给人的感觉是，这些建议是在相互交流的过程中写成的。

超越现有的私人信用网络而转向普遍流通的匿名信用工具系统，政治经济学家们寻求摆脱社会学家尼克拉斯·卢曼所说的个人信任而进入系统信任，或者摆脱安东尼·吉登斯所说的面对面的承诺而进入非面对面的承诺。[75] 一些信用支持者认为系统依赖某个特定人的诚信和技能是一种优势，而其他人则将其视为劣势和不稳定的根源。一些小册子作者宣称发现了一种产生系统信任的方法，任何拥有信用货币的人不必信任其他任何特定的人。因此，这种信用货币的运作方式与现代货币类似。正如卢曼所描述的那样："任何信任货币价值稳定性以及持续拥有大量花费机会的人，基本上都假设有个系统正在运行，并且他信任的是这个系统的功能而不是人。"[76] 尽管如此，在最后，大多数拟议的计划都以这种或那种方式依赖对特定个人的信任。

因此，关于信用的大部分讨论都集中在人们的声誉、技能、举止、品格、美德和诚实的重要性上。但由于人们并不总是能够直接衡量他们决定信任之人的声誉，礼节和美德的标记或标志——例如财富、教育和绅士风度——就会格外被强调。然而，正如霍布斯和洛克所指出的那样，由于受信任的一方始终拥有误导、撒谎或食言的自由，重要的便是政府愿意并且有能力追诉那些破坏信任的活动，例如腐败、超额发行、伪造、假冒或其他欺诈行为。这一时期几乎所有的信用货币提案都会使用死刑来威慑人们不去操控信用。因此，尽管 17 世纪的政治经济学家相信，通过设计一个具有无可挑剔的安全性的透明机制，由享有最高声誉的人管理，可以让人们对信用货币产生信任，但绞刑架仍然是形成信任的重要因素。

可转让债务工具。最直接的建立信用货币的方法就是让私人债务普遍可转让。如前所述，修改国家法规可以将所有私人债务货币化。约翰·布兰德将自己描述为"国家及其繁荣的祝福者"，他在王朝复辟之前宣称，为了"滋养、改善和加强"商人队伍，有必要使债券和票据完全可转让和可流通。[77] 直到 18 世纪初，都只有最初的债权人才有权起诉债务人。因此，关键的法律变革是允许票据的任何持有人起诉最初的债务人。只有这样，债务工具的持有者才能确信他们可以将票据或债券转换为最初作为贷款担保物的货币或商品。[78]

私人债务可转让将产生许多好处。通过将债务货币化，商人不必等待收回款后才能将其资本再投资，这就提高了资本周转率。商人的资本也将变得更安全，因为他们不再面临非同步现金流的风险。正如一名提倡提高票据和债券可转让性的匿名小册子作者所宣称的：

> 商人靠信用生存，以信任为基础采购，他们有义务在特定日期付款，如果他们不能在这些日期付款，他们就会丧失信用；当基于信用采购时，他们也必须基于信任销售：即使他们信任的人没有在限定的时间付款，他们也有义务准时向信任他们的人付款，因为信任他们的商家的信用便依赖于此。[79]

然而，将私人债务货币化的最重要的好处是扩大了货币存量，一些与货币短缺问题相关的社会和经济弊病可能被消除。[80]

约翰·布兰德补充说，为了让债务工具广泛流通，除了变革所需的法律外，人们还必须承诺"极其准时地付款"来维护"票据的声誉"。[81]然而，即使人们变得更加守时，票据的真实完整性仍处于危险之中，因为布兰德发现英格兰人普遍不太诚实。他问道："在这个国家，人们如此乐于模仿、伪造他人笔迹，我们应采取什么措施来防止这种恶作剧呢？"[82]首先，他建议提高透明度，确保所有票据和债券都是标准化的，这样就会更容易发现伪造和假冒品。其次，原始债务人应强制在公证人的监督下发行信用工具，确保所有票据和债券由能动用财产的真人背书。再次，布兰德补充说，对假冒伪造行为的惩罚必须更加严厉以反映犯罪的严重程度。他坚持认为"伪造书写任何人的任何票据、债券或其他契据，并作为真实的契约、票据或者债券提供，应被定为最高程度的重罪"[83]。他还指出，如果伪造者"没有受到死刑惩罚，至少要为此失去他的手，这将是严厉的惩罚，无疑会阻止所有人通过这种欺诈方式为自己谋取利益"[84]。因此，运作良好的信用机制的关键要素是诚实守信的声誉、透明度和严厉的惩罚。这些要素共同作用，将有助于形成一个让人们能够克服怀疑和焦虑的环境，并建立适合新货币流通的适当形式和程度的信任。

河流工程师兼农业改良家安德鲁·亚兰顿也主张让私人债务工具可兑付。他坚持认为只要英格兰的整体诚实水平得到提高，此类票据就可以广泛流通。亚兰顿在其雄心勃勃的著作《英格兰在海上和陆地的改进，超越荷兰人，不战而屈人之兵》中提议英格兰必须建立一种新的诚信文化，使所有协议都可以被信任，这让人想起哈特利布主义者的全面变革计划。他认为在"世界上所有依赖贸易的王国和联邦中，普遍的诚实都是必要和必需的，就像军队纪律一样，如果一个王国或联邦缺乏诚实，那么贸易就会离它而去"。[85] 他进一步呼吁政府致力于诚实守信。"因为对所有政府而言，诚实决定了它们的财富；它们的荣誉、诚实和财富如何，它们的力量也将如何；它们的荣誉、诚实、财富和力量如何，它们的贸易也将如何。"[86]

除了提倡诚实和信任文化，亚兰顿还提出了五项改进措施，他认为这将增强英格兰的经济和地缘政治的实力——最直接的就是让英格兰战胜荷兰，而无需第四次英荷战争。在五项必要的改进中，只有一项——使所有河流均可通航——涉及雄心勃勃的工程项目，而剩下的创新，本质上是为了增强对信用的信任。亚兰顿认为英格兰应该为商人建立一家类似于阿姆斯特丹银行的公共银行、一个作为穷人当铺运作的伦巴第银行，以及一个迅速解决所有索赔和分歧的商人法庭，还要对所有土地和房屋做公共登记。对亚兰顿来说，建立公共登记册尤为重要。土地和地产只有在所有权得到明确界定和充分保障的情况下才能有效地作为担保发挥作用，但目前还做不到。拥有土地的绅士们经常无法以他们的土地做抵押向文书人员借钱，因为"没有人可以通过书面文件确定土地所有权，有太多方法可以暗中给土地埋下隐患"，亚兰顿对这一事实深感遗憾。[87]事实上，没有正式登记谁拥有一块土地、地产或房屋，意味着即使是拥有巨额财富的人也不得不指定一个愿意为贷款担保的第三方。

亚兰顿认为，荷兰人之所以能在人口不多和资源有限的情况下取得如此巨大的商业成功，有两个主要原因：一是他们的土地登记制度，所有土地和房屋的销售都要公开登记。二是其法律制度支持信用工具的流通，这允许荷兰人可以轻松地以其财产为担保来借款，并方便地交易由此产生的债务工具。亚兰顿宣称："读者们请注意，［荷兰共和国］七省的每一英亩土地都可以在世界各地进行交易，它们就如现金一般好用。"[88]因此，如果英格兰向荷兰学习创建一个公共登记制度，允许转让所有票据和债券，那么土地和房子就能"在任何时候都与现成的货币等值"[89]。这个改革不仅会加速贸易并极大地促进英格兰的繁荣和实力，也可能阻止英格兰与荷兰的持续不断的战争。因此，与布兰德类似，亚兰顿强调了建立新的诚信文化的必要性，也强调了改善信用凭证担保物的真实完整性和透明度的重要性。

伦敦银行。伦敦商人萨缪尔·兰贝也从英格兰的地缘政治利益出发，建议建立更复杂的信用体系。他辩称，在权力空白期间，为了在经济和军事方面与荷兰人并驾齐驱，除了建立信用货币，英格兰别无选择。[90]他建议一些知名商人联合起来创建一个伦敦银行，有权接受存款和发放贷款。董事应从伦敦的大商行中平等地选拔，包括"东印度、土耳其、商业冒险家、东郡、莫斯科维亚、格陵兰和吉恩诸公司"，但最重要的是，他们必须是"拥有不动产和信用的人"，这样才能向公众灌输信心。[91]受意大利商业银行的设计启发，伦敦银行的主要目的是促进商人之间的交易。[92]这家银行将接受商人的存款，然后商人的大部分交易都可通过资金转让来完成，这就省去了"很多收款和付款的麻烦"。[93] 除了存入的钱之外，商人还可以利用安全性良好的银行所授予的信贷额度交易，金额可达商家存款额的两到三倍。[94] 有了此类银行资金，商家不仅可以使交易更加安全方便，还可以在其流动资金之外进行投资和交易。即使银行不会发行任何实物纸钞，这也将有效地扩大流通中的货币数量。[95] 这种实物货币的替代品将会消除"使用伪造的和被剪裁的硬币进行的欺诈性付款，或由错报货币数额、纠正账目错误而引起的法律诉讼，或因怀疑钱财存于此处便出现的盗窃和破门拆屋，以及在公路上抢劫放牧者、承运人或其他在商业集市上携带钱财之人的事件"。[96] 消除这些焦虑、不安全感和犯罪的根源，再加上货币存量的扩张，将"极大地增加各种贸易方式"。[97]

为了确保伦敦银行创造的"想象中的货币"被广泛接受，兰贝规定了一些确保人们信任银行及其发行货币的措施。首先，如上所述，银行的管理者得是拥有"不动产和信用"的人，这意味着理想情况下他们是声誉无可挑剔的地主绅士。反过来，他们也有责任选择审慎的管理人员按照严格的规则来管理银行事务。只有聘请有品格的人，才能使人们信任经理关于银行状况的证词。为了确保管理者不被滥用或贪污钱财所诱惑，兰贝坚持认为董事们必须制定"应被认为是适当的严厉处罚"以遏制管理者的不当行为。[98] 此外，兰贝还建议由银行管理人员负责编制银行账目，并至少每年向公众公开一次。与洛克注重个人观察的观点一致，人们希望能够亲眼看见信用货币是如何被设计出来并确保安全的，从而形成更可靠的意见。公布账目不仅是为了向公众通报公司的业务状况，也是为了表明银行的规范性、专业性和诚实性——这些品质可以告诉公众银行是安全可靠的。[99] 因此，透明的会计反映了银行家们的品格，而不仅仅是银行的财务状况。

兰贝对"想象中的货币"这一术语的使用遵循了悠久的传统，可追溯至中世纪，当时这个术语被创造出来指代只存在于银行家账户中的货币。虽然 17 世纪"想象"的含义通常表示某事只存在于人们的头脑中，但它也有不同的含义。对霍布斯来说，想象是一种"不断衰退的感知"。[100] 他认为人类头脑中的每一个概念都源于感官印象。物体脱离了我们的感官后，我们仍然保留着该物体的图像。根据霍布斯的说法，这就是我们的想象，是对个人观察或经验的记忆。[101] 因此，对霍布斯来说，想象与幻想或心理构建无关，而是指感官印象如何储存在人们的头脑中。霍布斯的定义与兰贝"想象中的货币"这一概念非常吻合。硬币或钞票有实体存在，在人们手中进进出出，对人们的感官产生持续的影响，与硬币或钞票不同的是，想象出来的货币只存在于人们的头脑和银行账户里。正是出于这个目的，兰贝坚持采用透明会计规则，以便人们可以察看账目，从而形成生动的想象。

流通政府债券。兰贝希望通过设计一个仅需要获得公众信任的银行计划来降低信用交易的复杂性，而政治家、投机者、查理二世的财务顾问和小有成就的剧作家威廉·基利格鲁爵士，则提出了一种将所有信任集中于国家的信用机制。受到荷兰年金债券（*renten*）和可转让债券（*obligaties*）的启发，他在查理国王复辟三年后提议，政府应发行价值 200 万英镑的债券，并通过每年 30 万英镑的税收来偿还利息，最后逐步还清贷款。[102] 那些愿意贷款给政府的债权人将获得一张债券，"债券上写有他的名字，或者留空，写上应付给 A.B. 或付给持票人……最后这个最好，因为这样便意味着可以转让"。[103] 债券将以 5 英镑到 100 英镑不等的面额发行，小面额优先，因为它们更容易流通。为进一步提高流动性，政府将保证债券"不仅是可转让的，而且可以作为货币在所有支付中使用，甚至进入国

库"[104]。因此，政府是整个机制的焦点。这些债券不仅为国家筹集资金，而且国家还提供主要的担保。国家将维持保证其可转让性的法律框架，并通过自身征税权确保债务的安全。因此，人们对这些债券的持续可兑换性产生的信任主要来自征税和惩罚的权力。

基利格鲁补充了其他一些措施，旨在确保债券的真实完整性。首先，他建议应该通过一项法律，若银行官员发行议会授权之外的债券就构成叛国罪。他将此类欺诈比作货币贬值，即抢劫货币持有者的钱财，他希望严酷惩罚的恐惧可以阻止官员过度发行债券。他还建议每份债券都应由秘书和三位专员签署以减少欺诈的可能性。为进一步减少官员使用自由裁量权来偏袒某些投资者的现象，基利格鲁建议债券利息应始终按发行顺序支付，付款的优先顺序应记录在官方账册中。通过这些措施，基利格鲁试图减弱可能会破坏信任的无原则管理风险的影响。

基利格鲁设想这些债券将比硬币更具流动性并且更安全。由于所有债券都会被编号和登记，任何丢失、被盗或烧毁的债券都可以找回来。根据法律，这些票据在任何地方都能被接受。实际上，基利格鲁希望将拒绝以债券支付任何债务或契约的行为定为叛国罪。他还提议伪造债券应该被定为死罪，以便最大限度地减少公众对债券真实性的怀疑。如果所有这些安全措施都得到实施，他断言：

> 这些债券将优于黄金和白银，因为这些债券不会因伪造、丢失、盗窃或烧毁而无法追回；它们将成为一种新的实物货币，在我们的国库中不断增加，黄金和白银却不会增加，反而有许多不便之处，例如盗窃、剪裁货币、伪造货币、清点造成的时间损失，以及携带大量货币所需的额外成本。[105]

基利格鲁坚持认为他概括的这些措施将带来足够的信任，使他提出的货币得以广泛流通。他自豪地宣称："全人类都必须承认，以坚实可靠的担保作为基础的信用，如果它能够流通，那不仅和货币一样好，甚至还更好。"[106] 估计当时的英格兰货币存量的流通量没有超过 700 万英镑，基利格鲁确信将货币存量增加 200 万英镑会极大地扩大国家的贸易和就业。这也将缓解国家的财政压力，并为王家海军筹集必要的资金提供便利。

与 17 世纪下半叶提出的许多其他计划相反，基利格鲁倡议方案的某种变体在 1660 年代实际上得到了实施。由于对金匠银行家作为国王的主要债权人所享有的权力不满，财政大臣乔治·唐宁爵士引入了"国库令"（Treasury Order）作为王家借款的另一种手段，以此来规避他们的影响。[107] 国库令与基利格鲁的提议几乎无异，它们在法律上可以被转让并按严格顺序兑换现金。这些证券的持有人随后可以决定保留它们直至到期或将它们出售给贴现商——通常是金匠银行家。大多数投资者都选择了后者，这导致到了 1672 年，大部分国库令都掌握在少数银行家手中。因此，唐宁的计划无意中进一步强化了金匠银行家作为公共债权人的地位。

1672 年初，英格兰的金融体系因查理国王决定暂停偿付大约一半的债务利息而受到广泛关注。虽然他累积的债务总额高达 300 万英镑，但停止付款的决定并不是因为他实际上无法偿还未偿债务。相反，他之所以暂停偿还债务，是因为他预计与荷兰人的战争将再次耗费巨资。虽然查理国王停止偿还债务的计划是暂时的，但议会拒绝准许他使用额外的收入来偿还旧债务，这一决定让许多储户感到紧张，不敢将钱存放在金匠银行家处——许多金匠银行家都背负着不良债务。随后的几个月里出现了大量的提款，最终迫使一些银行倒闭。[108] 这一系列事件不仅破坏了现有的银行体系，还损害了国王的借贷能力。王室不得不再次依赖企业机构如东印度公司、伦敦金融城，以及新兴的年金制度来筹集资金。然而，对查理国王来说，幸运的是，国家蓬勃发展的商业带来了飙升的消费税和海关收入，从而减少了他的借贷需求。尽管如此，国库停止付款还是暴露了英格兰金融体系的落后，呼吁建立普遍流通的纸币和国家银行体系的声音越来越大了。[109]

信贷办公室。基利格鲁关于发行流通政府债券的提议和兰贝为伦敦银行设计的计划都受到批评，因为他们过于依赖对特定人员，即经理、董事或公职人员的信任。这不仅导致对某些特定关键人物的危险依赖，比如当他们去世或离开政府时就会出问题，而且还使这些方案面临着受信任之人备受赞誉的技能、谨慎和得体程度最终让人失望的风险。为了避免对任何特定个人的依赖，在查理二世统治时期，人们萌生了成立信贷办公室或信用银行的计划。休·张伯伦——英格兰王家学会会员、著名的宫廷医师、财务问题小册子的积极写作者——是其最早的支持者之一，他将信贷办公室描述为阿姆斯特丹银行和伦巴第银行的混合体。阿姆斯特丹银行发行了由硬币背书的钞票，伦巴第银行允许人们以财产为担保借钱，而信贷办公室将发行以货物和商品为担保物的票据。张伯伦将此办公室描述为"一个通用仓库，接收所有各方货物，并将票据交付给他们"[110]。他将其与"弗吉尼亚、巴巴多斯和其他种植园的常见做法"相提并论，在那里"种植园主（在没有船舶的情况下）将烟草和糖运送至仓库并收到一张票据（没有货币）；虽然仓库管理者只是一个普通人，但只要在他声誉所及范围之内，人们便可以用这张票据购买其他任何商品"。[111] 一旦商人和制造商积累了货物库存，他们可以将货物运到他们的仓库，在那里获得相应的信贷额度。这样，商家们就可以有效地将他们的商品货币化，并在出售库存前使用他们的财富进行再投资。这加速了商家的资本周转，从而使商人和国家都富裕了。

在建立信任方面，张伯伦的建议所面临的挑战与之前的信用货币支持者不同。为了减少对信用的焦虑，张伯伦将人们的注意力从信贷发行过程中潜在的腐败等人为因素转向强调信用担保的物质基础。他将信用定义为"诚实的声誉、能力，或事物的内在价值"，如此便强调了后者的重要性。[112] 他指出："这个办公室始终都有足够的具有内在价值的质押物，以满足全部信用余额的需要。"[113] 事实上，该办公室发放的信贷完全由仓库里的商品背书，这意味着商品在建立信任方面发挥了积极作用，而办公室仅在信贷发行中扮演了被动角色。"存放在办公室的货物，"他辩称，"才是真正的债务人，而持有这些货物的信用证（即使经过一百次转让）的人才是债权人。"[114] 存放在该办公室仓库中的担保物远远多于存放在拟议中的伦敦银行的担保品，而伦敦银行永远不会随时有足够的可用担保物来兑现所有未清偿的债权。该办公室实际上保持了超过全额储备金额的质押，因为它只对存入仓库里的部分商品发放信贷。因此，即使仓库中的货物价格突然下降，办公室仍然可以在市场出售商品并赎回所出示的票据。

为了减少价格严重波动的风险，张伯伦建议大多数货物在仓库中的存放时间不应超过一个月。在商品由办公室保管期间，商人完全可以接触货物，允许他"照看它们，并防止任何可能发生的损害"[115]。此外还有一些雇员，他们会收取少量费用，"使用一切手段来保存货物：防霉、防蛀、防腐、防锈、防鼠、防虫、防斑、防污、防湿、防尘、防腐烂，等等"[116]。如果到了约定的时间，存货商户没有通过归还最初的信用工具，而且没有使用其他票据、债券或硬币来赎回货物，这些货物就会被出售。如果货物的售价高于发放的信贷价值，商人将获得减去少量手续费后的全部额外收益。这意味着无论谁持有最初的信用工具，现在都能够将其兑换为现款，信用凭证的持有者可以始终确信票据有足够的担保。

由于他提出的信用机制有非常充足的担保，张伯伦自信地预测"在未来就不需要信任了"[117]。他争辩道，信用对信任产生依赖是因为货币短缺迫使人们依赖个人票据和债券，而这些往往缺乏足够的担保。只要参与其中的每个人都承诺准时付款，由此产生的私人信用链就会一直运转良好。然而，"一个行动缓慢或不诚实的人，由于［没有按时支付所欠款项］……就足以阻碍一百或更多人的贸易"，因此这条不稳定的链条总是伴随着极大的焦虑。但是，由于该办公室只会在可靠的担保基础上发放信贷，商家没有让自己面临任何明显的风险，也就不需要发展信任文化。[118]

张伯伦对他提出的计划非常乐观，列出了一长串该计划能带来的私人和公共利益。首先也是最重要的是，他相信贸易将得到巨大的推动，增长 20 到 40 倍。这将为渔业、制造业、土地改良、种植园和所有领域的创新提供巨大的刺激。富裕阶层会进一步富起来，穷人现在能够找到工作从而获得稳定的收入。所有这些商业活动还将进一步降低商品价格，从而让英格兰成为"欧洲甚至世界的商品集散地"。[119] 政府也会受益，因为来自消费税和关税的收入将稳步增长。除了增加货币流通的数量之外，新的交换媒介也将提高货币的质量。商家不再需要仔细清点和评估各式各样、破破烂烂的硬币，也不会因可能收到伪造和被剪裁的货币遭受损失而烦恼。坏账和与之相关的诉讼也会减少，而且关押在债务人监狱中的人很快就会大幅减少。

马克·刘易斯是英格兰国教牧师和受哈特利布主义影响的学校校长，也支持成立信贷办公室。他声称信贷办公室的信用凭证"与货币一样好"，有可能"增加国家的财富和荣誉，超越西属印度群岛所能做到的任何事情，如果我们拥有这些票据就好了"。[120] 他预测，唯一会对引入这种新货币感到遗憾的选民是"小偷、掮客和贪婪的高利贷者"。[121] 刘易斯向他的读者保证，该办公室既不会

受到伪造的影响，也不会被君主征用。他坚持认为，"伪造、窃取
票据，或通过武力试图违反这些银行中的任何一家的规定，均构成
判处死刑且不能通过宗教裁决免除的重罪"[122]。虽然君主可能会受
到诱惑而滥用权力，但刘易斯相信，该办公室可能给君主和国家带
来的许多好处最终会让他望而却步。君主不会有兴趣破坏正常运转
的信用体系。正如他不可能会放弃点金石，如果真的能找到它的话。
事实上，如果君主获得魔法酊剂，他理想的做法是像一个正常运作
的信用体系调节货币供应一样使用它。刘易斯解释说：

> 任何君主使用这样一块石头（如果真有这东西的话）的最
> 佳方式，就是把它交到可靠的人手中，让他们制造出足够多的
> 金银，以满足他自己的日常和特殊需要；同时，为他的人民
> 提供尽可能多的存货以促进贸易、改善畜牧业、兴办各类工
> 厂；如此洗礼过的人民，就能更好地保卫他们的君主和他们
> 自己，并打击他们的敌人；这好过让黄金如石头、白银如沙
> 子那般普遍；因为如果那样做的话，每个人都变得软弱无能，
> 因为身边的财富而成为邻国的猎物。[123]

1680 年代关于设立信贷办公室的许多提案中，最有说服力的
主张可以说是匿名小册子《银行信贷：或银行信贷审查的有用性和
安全性》。[124] 这本小册子以一位商人和一位绅士之间的对话为舞台，
戏剧性地描述了一场辩论。在这场对话中，前者试图并最终成功说
服后者相信信贷办公室的安全性。作者同样关注为信用背书的商品
的安全性和拟建银行的董事的廉洁。他认为，如果银行总是遵守其
章程，并规定银行发放的信贷额度永远不会超过存入仓库的商品的
全部价值，那么信贷永远都是绝对安全的。当然，银行董事或高级
管理人员可能会违反规定并发放超出仓库担保物价值的信贷。然而，

商人向这位先生保证:"我非常肯定的是,银行高管被发现签发任何不总是有资金保障其偿付的信用票据时将面临巨大风险。"[125] 官员们不仅"在他们的誓言下忠实地履行职责、提供担保",也收到了明确的命令去维护"银行董事们的荣誉、信用和利益,而这些董事的财产和在世界上的声誉使他们远离此类欺诈所为"[126]。因此,对于管理者来说,作为有品格的人,保持声誉比获取任何临时的货币收益更重要。

虽然这位绅士向商人承认"你已经让我满意了",但他很快就继续询问有关假币的问题。假币威胁票据的安全,仓库中的货物和廉洁的官员对此都无能为力。那位绅士补充说,如果商人能够解释清楚这种风险如何规避,"就会让大多数人满意了"。[127] 与大多数小册子所提倡的对货币犯罪施加严厉惩罚相反,作者的重点是通过发行几乎不可能被操控的钞票来杜绝伪钞。他建议在账单上印上"凹陷花纹"和"标记",这样伪币就很容易被发现。若伪造者想继续这么做,那唯一的办法是获得银行使用的防伪技术。然而,即使是银行官员也无法"接触到任何印戳、印章、模版、压痕仪器或纸张……那些东西始终被三把锁锁着,钥匙由那些有声誉的人持有,只有银行董事们都在场时才可获得"。[128] 看来这位先生很满意,他宣称:

> 我完全相信,如此伟大而美好的事业值得并且将会得到所有谨慎、勤奋的好人,总之,所有对公众繁荣有价值的人,或考虑自身私人利益的人的掌声和帮助。[129]

英格兰银行。1688 年的光荣革命从根本上改变了英格兰的财政和金融体系。詹姆斯二世统治期间,关税和消费税收入大幅增长,这允许他独立于议会进行统治,在他的短暂执政之后,威廉三世被迫接下严格的财务安排。议会批准君主的年收入为 120 万英镑，这个数字远远低于对法战争平均每年 550 万英镑的花费。这一资金短缺迫使威廉频繁召集议会，从而确保他必须与议会共同执政。为了支付战争费用，议会增加了一些新税，对土地税的依赖也增强了。然而，由于贸易低迷，关税和消费税收入都减少了，总收入仍然远远低于总支出。为了弥补差额，政府发行了更多债务凭证，并从伦敦城额外借款。[130] 财政部还推出了三种新机制，即彩票、唐提式联合养老保险和年金，这些为英格兰的第一个长期借款系统打下了基础。[131]

最终使英格兰能够在不破产的情况下对路易十四发动战争的金融创新是英格兰银行。1694 年的一项议会立法允许银行筹集股本 120 万英镑并全额借给政府，以钞票或密封票据而非硬币的形式支付，以此换取债务凭证。作为回报，政府承诺每年从对航运和酒类征收的新税中拿出 14 万英镑支付给银行，这足以支付认购者 8% 的股息（10 万英镑以现金和国库令支付），同时向银行支付管理费（4000 英镑），并允许银行通过收购年金来提高其储备金的回报。[132] 十天之内，银行的资本就被大约 1300 人认购，然后银行迅速开始运营。[133] 除了向政府借出有息票据，银行还贴现汇票、接受存款和发放贷款。储户可以选择开设账簿或者接受银行的记名 / 不记名可转让票据。银行还向以银器和珠宝之类为担保物的借款人发放纸钞。[134] 到 1696 年，银行向财政部借出 124 万英镑密封票据，并发行了 88.7 万英镑钞票给私人客户。该银行的钞票可按需赎回硬币，这是通过保留一部分由认购人支付的硬币以及银行手头上的部分存款作为准备金来实现的。银行钞票从一开始就按面值流通，这标志着英格兰和欧洲第一个广泛流通的信用货币的到来。[135]

除了新的政府借贷类型和新的货币之外，股份公司的爆炸式增长和组织得更好的证券市场的形成也有助于 1690 年代金融革命中心的建立。[136] 丹尼尔·笛福将这一时期称为"投机时代"*，这十年的前半部分，公开交易的股票数增加了至少一百只。[137] 王家交易所最初是证券交易的场所，活跃的商品贸易也在那里进行，但由于围绕股票交易的争议加剧，交易所开始限制曾经欢迎来此进行交易的买卖方和经纪人的数量。不久之后，股票交易员就被大量驱逐。[138] 交易随即转移到咖啡馆，最著名的是乔纳森咖啡馆和加拉维咖啡馆，它们位于康希尔街与伦巴第街之间，距王家交易所仅一箭之遥。

流动证券市场的创建，使长期债券可以与公司股票和各种衍生品一起交易，降低了政府的借贷成本，也极大降低了投资者的风险。由于新债券的未来收益期较长，政府实际上不必偿还贷款本金，只需要操心偿还贷款的利息。因为贷款给政府已变得更安全，所以支付的利息现在更少了，贷款人也能更灵活地出售债券，从而自行决定是否不再做政府的债权人。

英格兰银行是威廉·帕特森的智力结晶，他是出生于苏格兰的投机者、西印度群岛商人，后来成为灾难性的达里安计划的发起者之一。[139] 感叹于英格兰没有一家银行可以"促进货币流通……贸易因此受到极大的阻挠和障碍"，帕特森提倡建立一家银行，发行由部分白银储备背书的钞票。[140] 帕特森坚持认为，不以金属货币为担保基础的银行没有真正的生存机会。白银起到了价值标准的作用，他认为，"没有建立在普及的金银实物硬币基础上的信用，［因此］是不切实际的"。[141] 他甚至补充说，没有硬币担保的信用是"假冒的和伪造的"。[142] 但如果金库里有足够数量的白银——帕特森指出 15%—25% 的储备金就足够了——那么银行发行的钞票将是完

---

* "Age of Projectors"指的是一个经济投机和创新企业急剧增加的历史时期，"projector"是一个旧时的英语词，用来指代那些设计和推动商业计划或者项目的企业家（投资者或者发起人）。

全安全的。[143] 银行通过商业运作获取的利润进一步增加了钞票的安全性，与其他任何公司一样，银行通过商业运作"很有可能"获得"很好的"利润，最重要的是，来自政府的收入流"不可能失败"，因为有征税权保障。[144] 帕特森指出"该银行的安全……将清晰可见，并且各方面都与基督教世界最好的银行不相上下，甚至有过之而无不及"。[145] 不像许多其他信用货币的建议，帕特森没有强调银行经理和董事的品格和声誉。[146] 相反，他关注的是金库中白银的安全性，以及放心地知道政府有必要的权力筹集足够的收入来保证履行其对银行的义务。

在促进银行安全方面，帕特森也消除了同时代人的担忧，人们当时认为在君主制国家建立银行的风险过大——当时的财政止付令更是加剧了这种疑虑。帕特森认为这种担心没有根据。事实上，他声称财产在英格兰比在其他任何地方都安全。鉴于威廉已同意与议会联合执政，在帕特森看来，唯一的危险是英格兰成为詹姆斯党人威胁的牺牲品。他辩称，由于"在基督教世界中，过去的几个世纪里，尽管我们进行了各种革命，但没有一个国家比英格兰更能神圣和安全地存有财产，所以除非发生征服战争，否则任何情况都不会影响这一基础——这是必然的"。[147] 帕特森由此将银行的成功与新君主的存亡联系起来，更重要的是，将银行的成功与英格兰国家安全及其长期以来的财产和自由的理想联系起来。[148]

帕特森还强调了该银行将如何改善国家的财政健康并为国家商业做出巨大贡献。他宣称："没有人能够合理地预料这一设计会给政府和国家带来任何后果，但它将使资金充足，使贸易轻松安全，提高土地价格，让金银实物硬币流入普通人的手中。"[149] 他认为，银行促成的长期借贷远远比最近推出的年金和彩票更有利。事实上，如果将分配给彩票的钱投资于银行，同样的资金将为政府产生超过双倍的回报，对社会带来的实质影响就会大不相同；这笔钱会变成

"有利于国家贸易和工业的资金；而其他资金则完全相反，它们是懒惰的温床，是虚荣的诱饵，使人们陷入某种慵懒和轻率，并且让他们怀有有害于福利和未来发展的不切实际的期望"。[150]

帕特森的合伙人、伦敦金融家、葡萄酒商人和该银行第一副行长迈克尔·戈弗雷也贡献了一本为银行辩护的小册子，称其为"有史以来为王国的利益而建立的最好的机构之一"。[151]戈弗雷同意帕特森的观点，即银行能降低公共和私人借贷的成本，这将鼓励"工业和进步"，以及提高土地价值并促进商业的扩张。[152]戈弗雷指出，现在所有持有良好担保物的英格兰人在需要钱时终于"知道去哪里可以申请并获得贷款"。[153]还有那些在银行存钱的人"可以随意支配他们的钱，就好像它是存在金匠手中，或者存在他们自己的现金箱里"。[154]戈弗雷还试图赢得地主的支持，指出英格兰的土地价值将增加约1亿英镑，从而补偿他们为资助战争而缴纳的所有土地税。他还消除了地主精英的担忧，他们担心银行将使君主在财政上独立，从而使光荣革命产生的财政安排无效。戈弗雷向他们保证事实并非如此。银行向王室提供的资金不能超过议会立法规定的数额，而且增大君主的权力肯定不符合银行的利益，因为向银行提供安全保障的是议会。

与帕特森一样，戈弗雷也坚持认为，银行钞票之所以能够顺畅流通，是因为它们可按需兑换成银币。除了白银，由其他任何东西（例如土地或商品）背书的钞票都不可行；它将"很快陷入混乱"。[155]钞票在兑换成除白银以外的任何东西时都会产生成本，因此这些钞票在交易时总是略有折价，这最终会侵蚀该货币的价值。他认为银行钞票很快就会在国际上流通，与此相反，其他任何形式的票据不仅无法在国外流通，还会向全世界散播英格兰不再有足够的货币来进行战争的消息。

英格兰银行成立后，支持者不断开展宣传银行及其钞票的活动。包括汉弗莱·麦克沃斯爵士在内的许多人纷纷为银行辩护。麦克沃斯爵士是工业企业家和人脉广泛的政治家，还是道德改革团体促进基督教知识协会的联合创始人 。他注意到英格兰已经拥有高度繁荣和强大的地缘政治实力所需的所有自然、经济和人力资源，于是认为随着银行的成立，国家现在能够利用这种潜力。"我们的国家，"他声称，"在丰产和创造力方面，一切都得到了如此的祝福，［银行的］一点帮助就会使它成为世界上最辉煌的地方，使陛下成为基督教世界中最有权力的君主。"[156] 他认为该银行是第一个解决"大问题……［即］如何筹集一笔能够获得所有人信任的股本或资金"的机构。[157] 银行钞票可依法转让并由议会征税权力担保的事实，确保了钞票会保持其价值，从而能够在市场交易中作为质押物使用。[158] 麦克沃斯认为，提供这种新的货币"将使国王变得伟大，绅士变得富裕，农民变得富足，商人也可以开展贸易，船舶将增加，海员会获得就业，新工厂将拔地而起，同时还会鼓励传统工厂再创辉煌。这样一个国王，统治着如此勇敢的民族，能成就些什么，又能做些什么呢？这个民族的勇气不逊色于其他任何民族，毫无疑问，当他们发现自己拥有比其他所有人都鼓的钱包时，他们的精神就会更加昂扬"。[159]

另一本小册子将该银行与在欧洲大陆相对应的银行做了正面比较，声称该银行有能力以与阿姆斯特丹银行完全不同的规模来扩张信用。小册子的匿名作者指出，荷兰的银行有两个部门：一个是主要业务部门，负责发行以存入的硬币和银器为基础的纸钞；另一个规模小得多的伦巴第分部，以财产为担保负责向客户提供贷款。由于只有后者有效地提供了信贷，作者指出"阿姆斯特丹银行只是一个现钞存款、担保贸易和为冲销账目提供便利的机构，而不是支付机构"。[160] 因此，作者认为，阿姆斯特丹银行的发钞部门不应被称为银行。另一方面，伦巴第，或借贷部门，确实通过向那些可以提供良好担保的人提供贷款而扩大了货币存量。但与英格兰银行相比，阿姆斯特丹银行扩大信用的能力微乎其微。英格兰银行不仅向储户和借款人发行钞票，还借出了超过 120 万英镑钞票给政府。随着这些钞票进入流通，银行显著地促进了货币存量的扩张，估计增加了15%。所有这些好处促使作者热情地宣称："在经历了如此多的困难以及恶意和无知的反对之后，我们看到英格兰银行不仅达到了某种程度的完美，而且还取得了如此辉煌的成功，不仅在国内令人惊讶，而且足以让整个欧洲惊叹不已。"[161]

土地银行。英格兰银行成立后不久，议会中许多地主对银行违背传统国家价值观感到不满（这些价值观包括权力集中、以土地作为权力本质、地主自带道德优越感等）。[162] 一位历史学家指出，在国家领导层"看来，由政治集团领导、商业寡头控制的金融集中化，比绝对君主制好不了多少"。[163] 此外，地主们对现在增加的土地税感到不满，这迫使他们为新的政治行政埋单，而与此同时，他们自己的政治影响力却逐渐减弱。这些不满导致人们热切期望建立一个可以与英格兰银行相媲美的国家土地银行。

威廉·波特在 1650 年代提出的土地银行计划引发了英格兰关于广泛流通的信用货币的全面争论，该计划从未完全从人们的思考中消失。爱德华·福特爵士曾是保王党军官，也是著名的液压设备发明家，他在大瘟疫和伦敦大火发生后不久，以及灾难性的第二次英荷战争的最后阶段撰文，呼吁彻底改造金融架构以帮助重建英格兰。他辩称，既然"票据、债券、账簿记录，甚至口头承诺"已展示了它们协调交易的能力，那么就没有充分的理由可以证明拥有良好担保的信用不能完全替代硬币。由于信用更加方便，并且"与货币一样能够提供足够的供给以及满足我们的需求"，福特认为信用货币的优势很明显。[164] 他问道："如果一个人确信一根稻草或一张纸在任何时候都能为他带来和一百镑一样多的价值，那么谁不愿意用这根稻草或这张纸取代一百镑呢？"[165]他赞成创建许多不同的信用货币，每种货币都针对特定人群来设计。他首先建议创建一个土地银行，因为"土地担保显然是最可靠、最令人满意的，土地所有权是清晰的，没有伪造的危险"[166]。接下来，他建议政府发行有息债券，由未来的税收收入背书，类似于早些时候讨论的国库令。这些债务工具将顺利流通，因为"没有任何货币比议会的征税行为更可靠"[167]。最后，福特还主张成立一家伦巴第银行，该银行将以个人财产为担保向穷人提供贷款。这会允许穷人以远低于他们经常被迫支付的 40%—60% 的利率来借钱。

同样是在王朝复辟初期，商人弗朗西斯·克拉多克也曾撰文向查理二世提供了一种方法，该方法能够发现"比任何西班牙国王所拥有的更丰富的矿藏；就财富而言也不比所罗门所拥有的一切荣耀逊色多少"。[168]概述历史上使用的不同类型的货币后，克拉多克得出的结论是，货币不是"由于金属的形态或外形、固体或粉末状态，而必然能够流通，而是其价值的确定性和安全性使它可以从一个人手中流通到另一个人手中"[169]。对克拉多克来说，土地是理想的担保，因为它"是一种像银器或其他任何由个人自己标记或制造的商品一样确定无疑的安全担保物"[170]。而且，由于英格兰所有土地的价值是所有硬币价值的 20 倍，土地银行能够发放的信贷远多于使用贵金属作为担保的银行。

英格兰银行的一位支持者承认土地银行拥有强大的信用创造能力。然而，他认为这非常不稳定。作者指出，如果拟议的土地银行成为现实，他们将有能力将货币存量增加到 2000 万英镑至 8 亿英镑之间。根据一位著名的英格兰糖商、著名政治经济学写作者约翰·卡里的估计，英格兰消费者、商人和政府当局，每年的支出加起来也不过 10 亿英镑，如此巨大的货币存量扩张将带来彻底的混乱。[171]"中国的投机者,"克拉多克建议道,"正在求万能药;德意志和欧洲其他地方的投机者几乎已能制造炼金术之石或点金石;而英格兰的投机者却在设想着超越月球的银行;如果他们都达到了预期,那么这个问题就应该是,哪个能造成最少的伤害,而不是哪个能带来最多的益处。"[172]与这些雄心勃勃的项目相反,匿名作者认为英格兰银行提供了恰如其分的安全性和灵活性组合——足以促进所有商业活动,为政府运作提供资金,并限制肆无忌惮的金融家,使他们无法利用绝望的借款人。

　　然而,克拉多克坚持认为,土地银行发行的货币是最安全的信用形式。正如许多信用货币支持者已经指出的那样,关键是要建立土地登记制度,这可以消除几个世纪以来财产制度更替所造成的围绕土地所有权的混乱,确保两个人不能用同一块土地作为两笔不同贷款的担保。通过将银行和土地登记制度结合起来,土地和房屋的所有者将能够持续获得信贷,他们可以什么都不做,也可以用信贷购买商品和服务。确保人们信任银行信贷的关键是确保土地和房屋登记的准确、透明和负责任。为此,土地登记计划应在所有城镇宣布,在从英格兰到威尔士的所有堂区教堂宣读,并向"所有海外种植园总督、驻外国大使、领事或其他公使"传播。[173]登记本身应由来自每个堂区的"十二个最有能力的诚实人"执行,他们不仅要梳理每个人对土地所拥有的合法所有权,同时也要估算土地的价值。为了确保透明,或者说确保"所有事情在登记册中可以简单且容易地找到或看到",克拉多克呼吁各银行用一致的方式记录所有权和交易记录。一旦土地上的所有产权负担都已得到澄清——这一过程大约需要一年时间才能完成——银行就可以开始发行信用凭证。任何土地所有人都应有权获得相当于其财产价值一半的信贷,如果是"有名望的、知名的、诚实的或有能力的人"[174],则可获得更高的信贷。银行会向借款人开放一个可借款的最大金额,并收取 3% 的

利息，而这些利息需要以硬币形式支付给政府。为了降低银行资金
受到损害的可能性，克拉多克指出，"任何人不得冒充他人在银行
获得信贷，也不得伪造任何票据或公章，违者处以死刑"[175]。

克拉多克坚持认为这一举措将带来诸多好处。除了发展贸易、
渔业、制造业并增加商业便利性的好处之外，克拉多克强调，土地
银行将为国王提供极好的收入来源。查理二世不仅能够从所有的贷
款中收取3%的利息（预计每年至少200万英镑），也能够以远低
于目前金匠银行家收取的利率获得可贷资金。[176] 土地银行可以带
来大量的私人和公共利益，克拉多克由此得出结论——这里逐字引
述波特（没有署名）的说法："很明显，消除贫困、减少税收和缓
解大多数公众的不满，并使这个国家拥有丰富的财富、贸易、城市、
航运、人民和声誉，既非不可行，也不困难。"[177]

许多土地银行提案显然受到波特和哈特利布主义者的影响。他
们不仅沿用了波特清楚解释的基本设计，而且哈特利布主义者关于
信用作为无限进步工具的一般理解也激发了很多关于土地银行的思
考。例如，医生、建筑商、保险商和著名的经济写作者尼古拉斯·巴
本，用无限扩大商业的想法来挑战托马斯·孟的正统信念，后者认
为国家应走俭朴、节俭和禁奢法令的道路来实现富强。[178] 巴本写道，
虽然对于一个"财产有限的"人来说节俭和朴实可能是有利的，但
对于一个资本可能无限的国家来说，情况并非如此。[179] 他又说道：
"无限之物，既不能因节俭而增加，也不会因挥霍而缩减。"[180] 相
反，他认为人们永不满足的欲望应该被视为经济无限扩张的关键动
力。[181] 虽然身体的基本需求是有限的，因此可以相对容易地满足，
但巴本坚持认为："心灵的需求是无限的。"[182] 他继续说道：

> 人自然地有向上进取的倾向，随着心智的提升，他的感官
> 也会变得更加敏锐，更容易体验到愉悦；他的欲望也会随之膨

胀，他的需求也随着愿望的增加而增加，他希望得到一切稀有的事物，可以满足他的感官，装点他的身体，并促进生活的舒适、愉悦和华丽。[183]

在巴本看来，人类对精致、享受、奢侈的渴望主要表现在时装领域。在华丽的审美享受之外，永远衣着优雅的巴本宣称，人们对着装的追求不断升级，这是因为"身体的装饰……是人与人之间的差异以及优越性的标志"[184]。同样推动经济无限扩张的还有建筑贸易，这也是巴本特别感兴趣的领域。他认为，随着建筑物的兴建和城市的发展，不仅时装消费会增加，炫耀性消费也会延伸到其他领域。他写道："人性本就是雄心勃勃的，生活在一起，就开始效仿，这表现在服装、马车和房屋家具的互相竞争上。"[185] 因此，对商品和服务的需求永无止境，一部分是因为人们有享受的需求，一部分是因为人们渴望获得在社会中相对于他人的地位。

　　巴本将他的无限欲望驱动无限经济的想法与对货币存量应该保持适当稀缺的坚持结合在一起。使用现在通用的货币定义，巴本声称货币是"所有其他事物价值的担保物"[186]。尽管巴本认识到黄金和白银作为交换的担保物特别受欢迎，因为它们更难伪造，但他基本上对使用其他任何东西作为货币都持开放态度，只要这种东西能够保持稀缺。[187] 这就是追求炼金术总是无果而终的原因。他问道："那些正在寻找点金石的先生，如果他们最终碰巧找到它，该会有多么失望呢？"[188] 他继续说道："因为，如果他们制造出的金银的数量，与他们和他们的前辈们为寻找它所花费的金银数量一样多，那么金银将变得泛滥，价值也会大幅下降，以至于他们因此而获得的额外收益是否足以支付他们将金属变为金银的成本，也可能变成了一个问题。"[189]

　　然而，巴本坚持货币应当保持短缺并不意味着货币存量应保持固定。事实上，巴本是土地银行的狂热支持者，甚至与一位在金融和神学问题上颇为多产的写作者约翰·阿斯吉尔一起，在 1695 年筹建了当时一间最引人注目的土地银行。[190] 阿斯吉尔认为，土地银行会比英格兰银行更有利、更安全，因为土地提供了更有弹性却也更安全的担保。他认为土地对创造的信用规模有明确的控制，而英格兰银行发行的信贷更加难以预测。最重要的是，由于银行的安全部分取决于其银行业务的利润，它可能会出现巨大的变化。因此，银行的安全性"与私人交易商所享有的信任或信用几乎没有什么不同，无论好坏，这取决于他们是幸运还是不幸"[191]。反之，土地银行建立在土地的稳固性之上，土地价格相对稳定，因此它所面临的风险程度不像英格兰银行那样高。因此，土地银行既能保证资金的安全，又能通过扩大货币流通量来促进无限的经济增长，从而实现哈特利布主义者梦想中的全面变革。

　　休·张伯伦曾是信贷办公室的坚定倡导者，他在 1690 年代加入了土地银行运动，并于 1695 年推出了自己的土地银行计划，与巴本和阿斯吉尔的银行分庭抗礼。[192] 在一系列小册子中，张伯伦指出，现在世界上大部分的商业活动是在信用的帮助下进行的，但遗憾的是这种信用还是建立在商人的私人信任基础上，即"能在繁荣的贸易过程中赚取巨额利润的声誉和评价"。[193] 他认为，通过建立土地银行，英格兰可以在财富和繁荣方面超越竞争对手，从而可以通过"建立在比其他任何国家都更真实、更实质性的资金基础上的信用"来改善"缺乏足够货币储备"的问题。[194] 因此，与他之前的干预措施类似，张伯伦认为，坚实的担保可以超越依赖信任和意见的需求。他总结道："这样以土地为基础，以法律为保障，以及以无法伪造的形式制成的信用票据，它将成为一件极好的工具或贸易媒介，在所有方面与黄金和白银相同，并在很多方面都优于它们。"[195]

　　1690 年代，唯一能与张伯伦在对土地银行的热情支持和多产上

相媲美的写作者是商人和企业家约翰·布里斯科，他也在 1695 年
开展了一个存活时间很短的土地银行项目，名为国家土地银行。[196]
他坚持认为"货币短缺"是如此顽固，以至于英格兰必须"创造一
些新的实物货币"以避免商业的严重衰退。对于布里斯科来说，土
地是支持信用的最佳资产，因为这是"最可靠的担保物"。[197] 通过
将货币植基于土地，货币不仅得到了一种最稳定的商品的背书，而
且土地银行也使"英格兰的土地，或者更确切地说英格兰本身成为
贸易和商业的媒介"。[198] 国家的本质——它的土地、土壤和景观——
就这样被集结起来支持新的货币。

　　虽然大多数土地银行倡导者认为他们已经令人信服地证明，作
为担保物，土地远远优越于其他事物，但他们仍然必须找到确保经
理和董事充分廉洁的方法以保证人们的信任。布里斯科承认："要
说服群众将他们的一切托付给他们并不了解的人，并不是一件容易
的事，他们会怀疑这些专员或代理人是否诚实，或者是否有能力。"[199]
克服这一疑虑的关键是确保董事和经理都是经过精心挑选的地产绅
士。地主精英高尚的美德、道德和爱国主义的声誉将给土地银行带
来稳定性及信誉。既然银行会以土地为担保物发行信贷，这就意味
着土地拥有者将成为信用货币的主要接受者，也意味着进入社会的
新资金将会由与土地银行领导层一样具有相同的高尚道德的人投
资和使用。因此，与土地所有权相连的美德与土地实物结合，为
信任的发展创造了最佳环境。最后，布里斯科对伪造的危险表示
担忧。和其他大多数人一样，他的解决方案是让刽子手来解决这
个问题。但与将叛国罪的指控限制在实际的钞票伪造者身上的做
法相反，他建议，应将惩罚扩展到任何"明知货币是伪造的却仍
用其支付"的人身上。[200]

　　就土地银行的首选设计进行了简短但激烈的辩论，并经历了多
次失败后，议会于 1696 年成立了土地联合银行。该银行被允许向

土地所有者筹集 250 万英镑实物硬币，作为回报，认购者每年可获得 7% 的红利，并有权以其土地所有权为担保物借款。银行每年将贷出 50 万英镑抵押贷款，并向政府提供大量贷款。[201] 然而，银行在吸引认购者方面却惨遭失败。虽然国王承诺认购 5000 英镑，但银行只从公众那里筹集到 2100 英镑。[202] 这次失败的原因有很多，包括英格兰银行宣传活动的成功，土地银行的董事们缺乏成熟的土地金融经验，1696 年威廉国王遇刺事件后的政局不稳定，以及硬币大重铸运动造成的流通银币匮乏，等等。无论如何，这都是对托利党首次尝试建立一个有利于其政治、社会和经济理想的金融机构计划的毁灭性打击。托利党主要成员之一、土地银行的支持者罗伯特·哈雷很快又提出了另一项金融计划，旨在挑战英格兰银行并支持该党的利益。

土地银行的失败使英格兰银行得以加强其地位，将其股本再增加 100 万英镑，并获得对某些类型的银行活动的垄断特权，将它的特许经营期一直延长到 1711 年。在经历了 1707 年的另一次挑战之后，银行特许经营期又延长了 21 年。该银行还协助财政部发行国库券——新一代的国库令。计息国库券发行面额为 5 英镑和 10 英镑，这为政府提供了一条筹集更多资金的出路，并扩大了流通货币的数量。1697 年，当票据首次贴现时，银行迅速采取行动，为这些票据提供支持，使它们恢复到票面价值。

结　论

主张建立信用货币的倡导者一致同意信用有潜力开创一个繁荣和有力的新时代。关键的挑战在于设计一种机制，使人们信任信用工具会无限期地流通。查尔斯·达文南特是这一时期在政治经济学方面更具反思性的写作者之一，他探讨了信任对于货币流通的重要性：

> 相互之间的信任和信心是将人们连接和团结在一起所必需的；就像服从、爱、友谊或语言交流一样。当经验告诉每个人，他仅仅依靠自己是多么软弱时，他就会愿意帮助别人，并寻求邻人的帮助，这必然会逐步让信用恢复正常。[203]

因此，只要建立了牢固的信任文化，信用就总能从危机中反弹。达文南特补充道："信用，虽然可能暂时被掩盖，并面临一些困难，但只要底部有一个安全而良好的基础，它在某种程度上仍然是可以恢复的。"[204]达文南特因此加入了支持英格兰新信用文化形成的大合唱。

当英格兰进入 17 世纪最后十年时，人们对信用最大的担忧是伪造者和造假者带来的威胁。问题是，一旦债务工具进入流通，发行人就不再拥有对工具的控制权，因此无法保护钞票和票据的真实完整性。这种焦虑在 1690 年代中期达到顶峰。当时英格兰银行钞票刚刚进入流通，公众不仅要信任钞票的真实完整性，还要相信支撑钞票的银币的坚固性，这一点绝对至关重要。过去几十年硬币被严重剪裁并且经常被伪造的事实——这一趋势在 1690 年代愈演愈烈——威胁到了对新纸币的信心，也进一步威胁到了金融革命和光荣革命两者的成功。由此产生的国家危机引发了一场关于如何解决这个问题的激烈的小册子辩论。我将在下一章讨论这场辩论，特别是死刑在捍卫信任中的作用。

第四章

捍卫信用的死刑

引　言

　　1694 年英格兰银行的成功成立揭开了货币史上的新篇章。英格兰银行的纸钞——由银币的部分储备、银行业务的利润和政府支付的一系列利息作担保,构成了欧洲第一种广泛流通的信用货币。尽管该银行的股本立即被认购,其发行的钞票顺利进入流通,但该银行的成立恰逢一场严峻的货币危机。伪造票据、剪裁硬币和制造假硬币已大幅减少了英格兰硬币中的银含量,以至于这些硬币无法按面值流通。尽管此类货币操控几个世纪以来一直令人烦恼,但硬币银含量的减少一时间突然成为严重威胁英格兰实力和繁荣的一大因素。[1] 例如,约翰·洛克在 1696 年给爱尔兰哲学家威廉·莫利纽克斯的一封信中写道:"我们的货币业务已几乎让我们走向毁灭……这是每个人都谈论的话题,也是每个人内心的不安。"[2] 洛克甚至建议,这些钱币剪裁者和伪造者对英格兰安全构成的威胁比路易十四强大的军队更甚。[3] 对法战争期间,劣质银币的负面影响尤其有害,使得英格兰难以向在非洲大陆作战的部队汇出资金。然而,尽管为战争提供资金是一个至关重要的问题，但我认为，伪造票据、剪裁硬币和制造假硬币会在这个特定时刻对英格兰构成如此严重的威胁，是因为它破坏了人们对新生的金融革命的信任。由于议会选择建立一家以银币为担保来发行信用凭证的银行，而不是用土地或商品等其他担保物，让硬币一直不被伪造和损害便比以往任何时候都重要。为了使银行钞票能够广泛流通，人们不仅要信任钞票的真实性，也必须信任为它们提供支撑的担保物。因此，剪裁和伪造已构成哲学家乔治·卡芬特齐斯所谓的认知犯罪（epistemological crime），它们"给我们的现实和想法带来了不断加深的模糊性"[4]。如果对硬币的信心消失了，那么银行钞票的成功乃至银行本身的未来都将处于危险之中。更糟糕的是，如果金融革命失败了，光荣革命也必将失败，英格兰势必会面临第二次斯图亚特王朝复辟，天主教势力将不可避免地得到加强。因此，硬币的真实完整性得以恢复是至关重要的事。

令人惊讶的是，很少有学者研究过金融革命和硬币大重铸运动两者之间的关系；他们研究的重点往往只是其中之一。[5] 我在本章中论证了，通过探讨金融革命与硬币大重铸运动之间的相互关系，我们会对英格兰历史上最动荡的十年之一产生新认识：推行这些措施以及制度创新的这类政府不仅是现代的"财政-军事"国家，也是早期现代的"死亡统治"（Thanatocratic）国家。[6] 通过这样的分析棱镜，我们会对政治经济学家如何认识、解释和促进信用货币起源，以及国家如何积极而暴力地监管新金融体系有一个新理解。

虽然在1694年至1697年的货币危机期间，有关英格兰货币体系的争论焦点明显转移到了铸币上，但我认为，信用仍然是争论的主角。政治经济学家们在1690年代出版了数百本小册子，探讨了货币和信用的哲学及运转良好的货币体系的基本特征，为关于英格兰货币未来的持续讨论做出贡献。[7]一些理论家专注于强调完好的铸币对于英格兰繁荣商业和在大陆进行一场成功的地面战争的重要性。然而，越来越多的评论家认识到信用和硬币现在交织在一起，不可能在忽视一方的情况下研究另一方。例如，小册子作者詹姆斯·霍奇斯在危机末期撰文指出，他认为"由于货币普遍短缺，信用目前已经陷入困境"，信用恢复的唯一途径是"由自由的货币存量来滋养……随时准备满足其所有需求"。[8]与他的前辈类似，他将信用视为一种概率论框架内的意见，霍奇斯总结道，由于"信用的本质是一种信念，它的存在完全来自自由的和令人满意的信念，即授予信用时所承诺的事情将会被执行"，所以作为纸钞的一种担保保障，硬币的真实完整性始终得到维护是绝对重要的。[9]

同时代的绝大多数人一致认为：解决货币危机的办法是全面重新铸币——收回所有硬币并使用最新技术重新铸造。但他们在关于重新铸币的时机和标准方面存在分歧：是立即重新铸造，还是等待战争结束？是每枚硬币采用旧标准的银含量，还是重新铸造时减少20%的银含量以反映所有尚未重铸、仍在流通的硬币都已被剪裁的事实？无论如何，他们都同意有必要让剪裁和伪造硬币变得更加困难。在多大程度上限制剪裁者和伪造者的灵巧双手接触硬币被认为是至关重要的。正如我们在上一章中看到的那样，在提倡操控货币应该被视为叛国罪的悠久传统基础上，许多政治经济学家坚持认为，对剪裁和伪造硬币的行为判处死刑是货币信任形成的基本要素。因此，刽子手担负着防止货币操控者继续犯罪的责任，要么通过物理方式将其从世界上移除，要么阻止他们未来的行为。死刑的实施也向广大公众保证，信用是建立在健全铸币基础之上的，政府将全力以赴保护它，希望届时公众能够打消疑虑，对王国硬币和英格兰银行钞票的真实完整性都形成正面的意见。

然而问题是，即使几个世纪以来，伪造和剪裁硬币一直是死刑罪，但死刑仍不足以阻止人们参与这种可能有利可图的工艺。不仅很难查出谁真正使用了剪刀、锉刀和锤子在国家的硬币上动了手脚，而且许多剪裁者和伪造者都被赦免或无罪释放了，因为陪审团经常认为，对于这种许多人认为并没有特定受害者的罪行来说，死刑过于严厉。[10] 因此，许多小册子作者建议采取毁容和苦役等相对较轻的处罚，因为陪审员更有可能达成有罪判决。

此外，起诉不能成功的另一个原因是陪审团经常低估证人的证词，因为他们认为证人是受成功定罪的告密者将获得的 40 英镑奖励的驱使才来作证的。被定罪的重罪犯也可以获得赦免，如果他们提供的信息导致至少另外两人被定重罪。因此，评论家坚称司法系统必须更加严格、更加认真地对货币犯罪行为进行定罪。为了增强死刑的威慑力并提高司法系统的公信力，约翰·洛克、财政大臣查尔斯·蒙塔古与威廉·帕特森、迈克尔·戈弗雷一起组成了英格兰银行背后的主导力量，招募当时著名的自然哲学家艾萨克·牛顿爵士担任造币厂的新典狱长。牛顿因此负责调查、侦查和起诉针对货币的犯罪行为。通过引入一个如此完美正直和才智无与伦比的人，政府打算向公众传达他们对确保货币安全和金融革命成功的严肃态度。在第三章中，我展示了政治经济学家如何采用已经发展起来的自然哲学的各种方法来建立信任。在本章中，牛顿加入造币厂的例子就是 1690 年代的方法和实践从自然哲学向政治经济学转移的例证。

朗兹、洛克和重新铸币的辩论

历史背景

1690 年代对于英格兰来说是动荡的十年。不仅"光荣革命"面临挑战和不确定性，而且威廉三世决定让英格兰与他的宿敌路易十四开战。[11] 英格兰现在面对的是一个人数是其四倍、拥有更多资源并且陆战经验更丰富的敌人。[12] 为了保护光荣革命、新教和英格兰长期以来所珍视的自由，胜利，或者至少是一种光荣的和平，被认为是绝对必要的。失败肯定会导致斯图亚特王朝复辟，从而加强英格兰国教和罗马教皇之间的联系。虽然上个世纪英格兰已经成功奉行远洋战略，但国家武装部队现在正同时在海上和陆地上与来自荷兰共和国、奥地利、西班牙和萨沃伊的士兵并肩作战。这场战争需要大规模的投入。平均而言，英格兰雇用了大约 4000 名水手和 7.6 万名陆军士兵，代价是平均每年 550 万英镑。[13] 除了为所有士兵购买面包、啤酒并提供肉类之外，还需要巨额开支维持外交联盟、支付外国雇佣军的费用，以及为船只和军队配备适当的武器装备。

考虑到英格兰主要经济领域的不良状况，打一场代价如此高昂的战争尤其具有挑战性；战争造成了羊毛需求下降，"小冰河时代"又导致了连续歉收。[14] 除了战争早期英格兰向其盟友汇款所带动的小幅贸易繁荣之外，战争导致欧洲和欧洲以外地区的贸易迅速下降。封锁和私掠活动干扰了贸易路线，船只和水手被海军征用，年轻人由于害怕臭名昭著的征募队而离开港口城镇，以及与莫卧儿人的武装敌对行动，这些都导致了英格兰长途贸易的停滞。[15] 商业经济低迷导致海关收入下降，并结束了英格兰长期以来一直享有的贸易顺差。糖、烟草、染料、丝绸和棉花曾经推动了英格兰再出口贸易，但现在已无法依靠它们的增长来支付战争费用并维持造币厂的运转。考虑到英格兰的大部分白银已经被运往国外汇款支付，以及投机者正在将银币熔化为银锭出口，英格兰迟早会面临白银的严重短缺和随之而来的货币短缺。[16]

这些严峻的经济状况迫使英格兰在财政上发挥创造力。借鉴了半个世纪关于新信用体系最佳制度设计的辩论，议会最终在 1694 年建立了英格兰的第一家国家银行——英格兰银行。[17] 考虑到在"1680 年至 1790 年间，没有哪一个十年经历的危机会比 1690 年代更多"，该银行的成功给许多历史学家留下了深刻的印象。[18] 例如，R.D. 理查兹惊叹于英格兰银行在"金融混乱、战争、歉收、糟糕的铸币状况、'黄金'彩票、互相竞争的银行项目、'泡沫'公司、托利党的对抗以及詹姆斯党人的'阴谋诡计'等诸多困境中仍能蓬勃发展的能力"[19]。

然而，尽管英格兰银行在早期取得了成功，但国家新兴的金融基础设施仍然脆弱。因此，为了保护银行，所有旨在保护其钞票的机制都必须得到适当的维护。最重要的是，银行的信用凭证是以银币为背书——帕特森顺便提到储备金比率应该在 15% 到 20% 之间，而据一位历史学家估计，这个比率实际上是在 2.8% 到 14.2% 之间——因此，关键便在于人们能否完全信任硬币的真实完整性。[20] 事实上，流通钞票不像在阿姆斯特丹银行那样在金库中有一对一的硬币支持，就已经挑战了人们的信任能力，如果再加上对少数实际可用于兑换的硬币的真实完整性存在怀疑，那么这将是一个更大的障碍。

关于重新铸币的辩论

尽管在 1690 年代之前，英格兰的铸币情况就已经因为剪裁和锤击而受损，但仍然能继续差不多按照面值流通。[21] 但随着硬币被剪裁的速度越来越快，以及银行成立加强了对硬币的审查，人们对银币的信心迅速消失。[22] 现在，现金交易越来越不方便。[23] 如何最好地制止硬币到处被操控的问题引发了政府官员和政治经济学家的激烈辩论。几乎所有辩论参与者都同意英格兰必须回收它所有的硬币并使用新技术重新铸造，让剪裁和伪造变得更加困难。这包括使用机械设备生产出有精确厚度和周长的硬币，以及使用马力驱动的压力机将政府的印章深深地印在所有硬币身上。然而，最重要的创新是硬币的边缘。为了确保容易检测到剪裁，硬币的边缘要么刻有凹凸不平的装饰性花纹，要么刻有"Decus et Tutamen——'装饰和保障'这一字样"[24]。财政大臣威廉·朗兹乐观地认为新技术足以消除问题或至少可以把问题最小化。他指出，"剪裁的行为从未在边缘刻有凹凸的装饰性花纹的硬币上行使过，并且我认为永远不可能这么做，因为它的厚度和边缘使其无法被切割"。[25] 后来他补充说，虽然不可能完全防范伪造，但新刻纹的货币是如此精密，以至于"每做出或企图做出一个被伪造的机器刻纹货币，就有一千多个锤打制成的货币不只被伪造，而且进入流通而被强加于人民"[26]。

　　朗兹的提议是重新铸造国家货币，采用最先进的技术，但每枚硬币的银含量减少 20%。他认为最快捷的选择是重新铸造硬币，使其银含量反映出几乎所有流通硬币都被严重剪裁的事实。他承认这种重新铸币的做法可能会伤害一些人，特别是那些将获得硬币偿付的债权人，他们得到的硬币的银含量会比合同约定的更少。然而，对于恢复硬币的真实完整性和避免硬币数量急剧下降（按照旧标准以全重重新铸造硬币就会出现这样的结果）来说，这只是一个很小的代价。[27] 如果允许目前的货币混乱局面继续下去，除了"国王的臣民们每天都会在集市、市场、商店和王国的其他地方发生的巨大争论之外，……许多交易、生意和往来也都会被完全阻止和搁置"[28]。他认为稳定且标准化的货币最终将有利于所有人，因为它既能促进现金交易也能发展信用合约，如"抵押贷款、债券、各类合同或其他合法证券"[29]。

在按照朗兹的建议采取行动之前，大法官邀请了一个杰出的知识分子专家小组回应朗兹 1695 年的提案。[30] 该小组由政治经济学家查尔斯·达文南特、建筑师克里斯托弗·雷恩爵士、自然哲学家艾萨克·牛顿爵士、著名商人乔赛亚·柴尔德爵士和吉尔伯特·希思科特爵士组成。[31] 不过，该小组最有影响力的成员是约翰·洛克。他最关心剪裁和伪造硬币问题的根本原因在于他担心货币操控者削弱了货币作为商业协议（包括现金交易和各种信用安排）通用标准的能力。在洛克看来，朗兹的重新铸币提案只会加剧危机。因此，洛克认为，按照旧标准重新铸造硬币是至关重要的，因为只有这样，国内外人民才能信任和尊重英格兰货币体系的可靠性。这是正确保护金融革命架构，进而保护他坚决捍卫的光荣革命的唯一方法。

洛克对重新铸币的立场是以他的货币理论为基础，这是他经过几十年发展起来的一套时常被认为复杂而微妙的思想体系。他在《政府论》有关财产的著名章节中对货币的论述表明，他认同这样的传统观念：货币根据其内在价值流通；人们放弃他们的商品是因为他们得到了等值的银币。[32] 然而，这个概念只代表了洛克货币思想的一部分。除了内在价值观念外，他还赞同这样的观点：人们接受白银是因为他们拥有一种信念，即它将来可以交换其他商品。因此，货币的可兑换性取决于"人们对［白银的］价值的默契"[33]。换句话说，一旦人们"同意对黄金和白银赋予想象中的价值……［他们］就已经通过普遍同意将它们用作共同的质押物，从而保证人们可以在交出它们时获得与他们为任意数量的这些金属付出的同等价值的东西"[34]。因此，通过给白银赋予一定的"想象中的虚幻价值"并使它与所有其他东西一样等值，白银就凝结成硬币的内在价值。[35] 白银因此成为"世界上所有文明和贸易地区商业的工具和衡量标准"[36]。任何使硬币中银含量减少的行为都会剥夺它所商定的价值，因而破坏了维系社会的纽带。洛克认为，这心照不宣的真实完整性对于社会稳定至关重要，因此大多数国家政府都会通过在硬币上盖印章来宣布对协议的支持，担保"这样面值的一块硬币有这样的重量和这样的纯度，即里面有这样多的白银"。[37] 因此，政府的所有权威被组织起来捍卫货币的可兑换性。这意味着当剪裁者和伪币制造者操控硬币的银含量时，他们不仅抛弃了"人们签订的契约中的白银数量"，同时也破坏了"公共印章的权威"，从而也破坏了"公众对政府的信任"。[38] 这种违反信任的行为"使强盗行为升级为叛国罪"，从而使肇事者配得上死刑。[39]

洛克认为，降低硬币银含量的政府决定——朗兹的这一提议，与私人剪裁硬币一样具有破坏性。[40] 剪裁硬币本质上是在没有公共权力的情况下——或者说违反了公共权力的情况下——贬低了硬币的价值，而政府"通过在相同面额的硬币中加入比以前更少的银来改变标准，是在通过公共权力做同样的事"[41]。因此，朗兹减少20% 白银重新铸造国家货币的提议实际上意味着政府会违反所有私人契约并损害其自身的权威，没有哪一位威廉派辉格党的支持者会同意这一决定。

公开更改硬币质量的影响会被立即感受到，而剪裁硬币则是一个渐进的过程，硬币的交易价值在很长一段时间内不受影响，从而延迟欺诈行为的影响。然而，在某个时刻，事情会达到一个关键的临界阈值，此后，缺少白银的硬币将不再按面值流通。[42] 由于无法预测硬币的交换价值何时会下降，承诺长期信用合约的人们特别容易面临这种风险。正常情况下，"如果白银的数量在固定和合法的面值下发生变化，人们可以免除履行合法合同的责任"，但由于不可能在硬币价值下跌之前就使所有已达成的合同无效，洛克坚持认为保持商业协议真实完整性的唯一方法就是立即停止剪裁硬币和贬值硬币。[43]

　　洛克经常坚持认为健全且不可侵犯的标准对商业度量和协调是必要的。[44]他声称："人们根据标准进行估算和签订合同，假设自己将收到良好且合法的货币，即全重的货币。"[45]朗兹强调一种在任何特定时点所有硬币都是标准化的健全铸币的重要性，而与此相反，洛克坚持认为该标准如果不能随着时间的推移保持固定，则无法维持其作为标准的地位。为了让人们能够放心地进行信用交易，随着时间的推移，保持金属含量标准的稳定尤为重要。因为"信用不过是在一段时间内对货币的预期"，洛克的结论是，必须有健全的"货币，否则信用就会失败"。[46]因此，英格兰货币体系若要运转良好，就必须有足够的优质货币流通，以便"维持土地所有者、劳工和经纪人的信用"，以及政府的信用。[47]

　　如果白银含量降低，无论是通过朗兹式贬值还是纵容剪裁硬币的行为继续下去，收到硬币或签约未来付款的人们将得到的价值都会低于预期，因此受到欺骗。地主和债权人将受到特别严重的打击。[48]收取租金的土地所有者和收取利息及本金的债权人会收到少于他们合同约定的白银，这就破坏了对任何市场经济都至关重要的两种类型的交易。在土地所有者中，国王和教会损失最大，而在债权人中，由于贷款规模巨大，英格兰银行将遭受最大的损失。推而广之，英格兰银行的认购者也会遭受损失，因为他们依赖银行的固定股息支付。这也会对洛克本人造成伤害，因为他是最初的认购者之一，他首先投资了500英镑，这是个不小的数字，然后又追加至1100英镑。[49]

　　值得注意的是，尽管洛克投资了英格兰银行，而且作为关心光荣革命成功的辉格党人，他一直心系银行的生存，但他的私人日记透露出对银行的某种犹豫。[50]在评估信用的前景时，洛克使用了许多在银行成立前的辩论中就已经使用过的相同标准（第三章中已探讨），他首先也是最关心的是银行的安全。鉴于银行通过放贷赚取利润，他质疑银行是否会严守纪律并始终保留足够的准备金来按需赎回其钞票。而且，如果银行真的抵抗住了发放更多贷款的诱惑并将大部分资金留在金库，那洛克又问道："如果海员为了工资哗变，或军队为了钱而在银行门前大声吵闹，说银行扣留了他们的钱，银行该怎么办？"[51] 这里的问题是银行的透明度。这与金匠银行家正好相反，金匠银行家"是自己账簿的主人，并且对一切都保密，而银行的账簿必须向大众公开"。[52] 事实上，任何人都可以随时查明银行金库里有多少现金。虽然这个设计的初衷是通过允许公众成员亲自观察银行账目来建立对银行的信心，洛克担心"看到眼前堆积如山的宝藏可能会让许多人手指发痒"[53]。最后，洛克与其他大多数评估信用前景的政治经济学家一样，还质疑了银行经理的"技术和诚实"。虽然表示相信目前的经理们（其中许多是他的朋友）都具有"公正的品格"，但他补充说，人们可能永远无法确定"谁接替他们……能确保延续他们的技能和诚信"[54]。

然而，尽管对银行感到担忧，他仍然想保护它免受硬币剪裁者和朗兹的重新铸币提案的影响。[55] 如果政府确实要提高硬币的价值，那么所有合同将会受到损害，而金融革命赖以建立的信任基础将会动摇。长期借款，无论是通过附用彩票的抽签公债筹款还是通过英格兰银行，都将变得更加困难，这会再次迫使政府依赖昂贵的短期贷款。洛克表示，这样的重新铸币"将削弱（即使不是完全摧毁）公众的信仰，届时，所有信任过政府，并在"百万大冒险"（the Million Lottery）*、[英格兰] 银行法，以及其他贷款上为了满足我们需要而提供过帮助的人，都将被骗走这些议会立法所担保款项的20%"[56]。事实上，朗兹的提案将同时破坏旨在确保英格兰银行钞

---

* "百万大冒险"是英国第一个国家彩票，由政府于1694年推出，目标是给财政部筹集资金。

票流通安全性的两个主要机制，即政府的权威和银行金库里的硬币。

　　有了洛克的可怕警告，得到英格兰银行支持的辉格党政治联盟（Whig Junto）成功说服足够多的议员投赞成票立即重新铸币，这与洛克的提议非常相似。[57]收回国家硬币并按照旧标准重新铸造的决定使许多现代学者感到困惑。鉴于英格兰曾在一个世纪或更长时间因货币短缺而遭受如此多的苦难，议会居然会同意这样一个将大大减少（可能减少了一半）流通中的硬币的解决方案，这确实令人惊讶。[58]大多数历史学家认为朗兹的提议更为合理，因为流通中的货币将大致保持不变，可以避免货币数量下降造成的经济混乱。然而，我认为正是因为英格兰长期以来一直在缺乏货币的情况下苦苦挣扎，议会才选择了洛克的计划。尽管他的重新铸币计划会减少流通中的硬币数量，但议会议员之所以愿意接受其所带来的暂时的商业和地缘政治的劣势，是因为他们相信银行已经展现了解决货币短缺问题的能力。因此，他们拼命想拯救银行，并期待最终解决货币短缺问题。

　　乔伊斯·阿普尔比等人指责洛克使用只会带来"愚蠢和灾难"[59]的过时论据。因为洛克无疑知道执行其计划后的灾难性的经济后果，所以她认为除了眼前的经济环境之外，洛克一定还有其他动机。根据阿普尔比的说法，洛克试图提出一个意识形态观点，即政府在经济上缺乏权威。[60]她认为，这是洛克对"任意的、无限的权力"的圣战的一部分。[61]尽管洛克的货币理论在他更大的意识形态理论中肯定发挥了重要作用，但我相信，像洛克这样一位兢兢业业的公仆不太可能会为了达到意识形态上的目的而如此公然无视掌玺大臣萨默斯给他的任务——为当前货币灾难找到解决方案。[62]除了洛克可能并不相信重新铸币必然会导致硬币流通量减少——如果有足够的金银器皿被送到造币厂就可以避免的——的事实之外，更有可能的是，为了一劳永逸地结束货币短缺（这个问题困扰英格兰太久了）问题，洛克愿意接受临时商业衰退的风险。[63] 对洛克来说，现在不是为了宣扬他自己的意识形态而忽视英格兰的麻烦的时刻。这是一个需要采取严厉措施来拯救硬币、捍卫金融革命，以及保卫光荣革命的时刻。

阿普尔比还批评洛克过分关注受朗兹启发的重新铸币的分配效果。根据洛克同时代的一些人的评论，阿普尔比指出，洛克的重新铸币计划和朗兹的计划一样，最终也会对土地拥有者和富裕阶层的利益造成同样的损害，因为他们最终会支付大部分的税赋用于承担重新铸币所需要的成本。[64] 我的观点恰恰相反，我认为洛克并不关心分配后果本身，而是关心如果现在的债权人被骗走了 20%，公众对信用——特别是政府信用——的信任会发生什么变化。[65] 因此，尽管洛克长期以来可能对金融界的某些人（尤其是金匠银行家）存在偏见，但他意识到如果要让新的信用文化有机会存活下来，那就必须尊重信用合约，维护债权人和债务人之间的公正。事实上，虽然阿普尔比指出"如果洛克写到货币时只关注他的定义的政治含义，那么他的读者们阅读其著作时则着眼于银行计划"，但我相信洛克很可能也将目光投向了新信用体系的稳定性。[66]

硬币大重铸运动和金融革命

重新铸币的争论最直接地集中在国家的金属货币上，而对金融革命的担忧却鲜有缺席。不仅有许多评论家强调了硬币真实完整性和信用稳定性两者之间的关联，还有不少人认为信用货币实际上可能有助于恢复硬币质量。还有一些人试图利用货币危机来倡导对国家信用体系进行彻底改革——土地银行支持者的呼声尤其高，这一点也不足为奇。

在为评估朗兹的提议而召集的小组会议上，有许多与会者支持洛克的计划，特别是如果在重新铸币期间可以使用信用货币来增加货币存量的话。例如，博学的克里斯托弗·雷恩爵士支持洛克的重铸计划，并重申必须不惜一切代价维持货币标准。他认为，如果我们将一个国家视为脱离了其他贸易世界的孤立的存在，那么任何物品——包括任何重量和纯度的银币——只要由政府发行并盖章，都可以作为货币使用。不过，世界当然不是这样运转的。"我们并不孤立，"他争辩说，"相反，我们的海洋，看似将我们隔开了，实际上却使我们联系得更紧密并使我们成为商业世界的一部分。"[67]因此，地处大西洋贸易活跃地区的英格兰不得不遵守国际标准，否则其硬币将无法流通于世界各地。他相信，按照旧标准重新铸币尽管可能会造成一些暂时的困难，但仍然是最佳策略，特别是在政府发行足够的可转让钞票来补偿硬币流通量减少的情况下。他补充道："我承认这是一种转变，就像针对消耗性疾病使用鸦片，为治疗措施的实施赢得时间；但这是必要的，可让人民安心，并阻止疾病的发展。"[68]

评估朗兹提案的另一位专家组成员查尔斯·达文南特也更喜欢洛克的计划。他也把注意力集中在保护英格兰货币在海外地位的重要性上。[69]与雷恩一样，他相信信用货币可以用来解决英格兰目前的麻烦。事实上，他认为信用货币已经在当前危机期间成功替代了硬币，这已经足够了，没有必要立即重新铸币从而使战争陷入困境。回顾最近的情况，他认为"实物硬币的缺点……使信用规模急速扩大，我们几乎感觉不到货币的缺乏"。[70]他继续说："正如在一些蛇的脑袋里有一块能治疗毒素的石头那样，硬币的这种缺点在某种程度上制造出了疗愈它自己的补救措施。"[71]纸质信用不但证明了它在所有重要的交易中几乎都可以替代硬币，而且也充当了支持硬币的堡垒。达文南特认为，由于信用凭证以旧标准的硬币计价，通过用这种钞票支付大多数采购，硬币的价值就得到了维护。如果目前的情况持续下去，"实物货币几乎不产生什么影响……硬币在零售业流通的价值完全取决于法律规定和习惯"[72]。从英格兰硬币的汇率可以看出，信用有能力保护货币价值。英格兰的硬币在战前一直处于平价，而现在的汇率已经下跌了 20% 到 30%。然而，他声称，"汇率上的差异还没有达到我们的劣质银币所应得的程度……实际上，考虑到我们银币的重量，这个差异应该接近 50%"[73]。达文南特由此得出结论，国家的硬币与约 4000 万英镑的纸质信用相结合，足以支撑国家度过当前的战争，从而能够推迟不可避免的重新铸币行动。[74]

同样支持信用货币有能力拯救英格兰这场危机的还有约翰·布莱克威尔，一位著名的克伦威尔主义政府官员，后来担任宾夕法尼亚副总督。注意到硬币的质量状况令人难以忍受，布莱克威尔坚称国家的硬币必须按照旧标准召回和重新铸造。与雷恩类似，布莱克威尔认为由此产生的硬币减少可以通过增加信用凭证的发行来补偿。英格兰将"通过这种信用票据媒介，加上我们的货币储备"，实现"财富和权力的巨大增长"，与此同时也能够高效地打"这场昂贵的战争"。[75]布莱克威尔毫不怀疑这些钞票会"与实物货币一样有效地满足我们的预期"[76]。确实，他辩称它们"将具有相当普遍的用途和极大的便利，当人们理解并进一步尝试之后，会选择它们而不是硬币形式的实物货币；事实上，我们自己已经发现这是真的，'先前提到'的银行已经发放出价值数十万英镑的票据"[77]。

一位在小册子上署名为 L.R. 的作者也建议使用纸币来恢复国家的铸币情况。他断言，将未刻纹的克朗和半克朗提交给特殊重铸委员会的人应该获得与硬币面值相等的有息票据。这些票据应被宣布为法定货币，而且因为它们最终会在一两年内被赎回——用新铸造的全重硬币，作者找不到它们不按面值流通的理由。[78]他声称，其实纸钞会比硬币更有利，"因为尽管实际上，……［这收回的硬币］将被兑换成纸质票据，然而不可否认的是，在支付方面它会比现在的未刻纹的克朗和半克朗硬币更好"。[79]事实上，英格兰银行已经让大家看到，"人们更多地选择纸钞支付而不是硬币"[80]。

已有人提议对盐征收特别税，以确保政府有能力每半年支付票据利息并尽快用足值硬币兑现。票据每六个月就要提交给委员会一次；如果有足够的新铸硬币可用，那么所有纸质票据都将被淘汰，但是如果盐税的收入用完，就会发行新的票据作为替代。最后一个功能旨在增加票据的安全性，使伪造者难以每六个月制作一次新的铸版，并确保所有伪造的钞票在最多六个月的流通后被检测出来。

L.R.进一步指出，纸币不仅有能力为国家的货币体系提供援助，也可以更直接地巩固光荣革命建立的新政治秩序的稳定性。由于大多数英格兰人都拥有纸钞，他们会在保护威廉国王及其政府的过程中获得利益，因为只要现任政府还存在，他们就可以指望纸钞可兑换。信用由此在君主与臣民之间创造了比效忠宣言更牢固的纽带。正如作者指出的那样："毋庸置疑，在这个自私的时代，利益比所有神圣的誓言更具有约束力。"[81]因此，对信用的颠覆将会产生相反的结果。担心货币操控者会直接破坏国王的威权，一位匿名评论员警告称："贬值和可怕地滥用我们的硬币，已经给我们神圣陛下的光荣拯救蒙上了一层阴影，让不安宁的人们有机会开口反对他的政府。"[82]硬币、信用和国家本身的安全已经融为一体。

剪裁硬币可以被视为对国王的象征性斩首；是詹姆斯党人旨在摧毁光荣革命的经济阴谋。正如史蒂夫·平卡斯最近所说，许多威廉派辉格党人指责托利党策划了这场危机，其目的至少是迫使建立土地银行，或者更雄心勃勃的目的是破坏辉格党政治联盟，甚至可能迫使斯图亚特王朝复辟。[83]雷恩和洛克两人似乎都已经认识到对货币的攻击可能是詹姆斯党人阴谋的一部分。关于剪裁硬币和金条出口，雷恩写道："我们无须怀疑，我们的敌人通过通信手段积极参与了这一阴谋，对他们来说，这比获得军营和城镇更有用。就这样，我们睡着了，法律也睡着了，直到这可怕的伤害来临。"[84] 对洛克来说，剪裁硬币是一种战争行为，因为它威胁到了英格兰装备精良、给养充足的军队的作战能力。他宣称："剪裁硬币的英格兰人是在抢劫收到被剪裁硬币的诚实之人……外国人剪裁硬币就是在掠夺英格兰。"[85]

当然，大多数托利党人不是詹姆斯二世的支持者，因此他们的反对策略仅限于破坏威廉和辉格党政治联盟正在建设的政治和经济基础设施。[86]他们会很高兴看到银行被解散。然而，许多托利党人并不想完全废除银行和信用货币；他们只是希望看到一种不同形式的信用得以实施。多数情况下他们支持土地银行。一位土地银行支持者声称英格兰别无选择，只能特许成立一家新的国家银行，因为受损的硬币严重损害了人们对英格兰银行的信心并且无法修复。尽管英格兰人民的机智使他们可以通过任何交换媒介开展业务，但不可否认的是，货币体系必须进行根本性改革以恢复商业秩序。"因为当没有货币时，"作者解释道，"所有的手都闲着，贫穷像武装人员一样降临到这个国家：但伪造和被剪裁的硬币提高了货币价值，而削弱的信用仍然让许多人保持工作；但所有人都不能或不愿意这样做。"[87]尽管银行"削弱的信用"总比没有交换媒介好，但作者认为，由土地支持的健全信用货币将更加有益。"因为目前的货币（如果还有的话）所剩无几，"作者认为，"所有其他信用都被蒙上了阴影；货币的需求是很大的，没有它，或者一些可靠的信用，就没有什么可以繁荣，而只有土地才能提供这种信用。"[88]作者接着补充道："土地，尤其是在英格兰，是建立银行无可置疑的信用的最佳资本……［事实上，］这些票据是真正的货币，就像由金或银制成的货币一样，实际上是金银货币。"[89] 因此，土地银行发行的货币将会很受欢迎，以至于它几乎可以完全替代金属货币，从而不再需要重新铸币。

我在第三章中讨论过约翰·布里斯科和休·张伯伦，他们认为现在是用"土地信用"取代本身就不稳定的"信誉信用"和"货币信用"的最佳时机。[90] 土地银行不仅能够解决英格兰的长期财政和金融难题，也可以推动重新铸币的进程。如果土地能作为信用货币的担保，那么所有可用的白银都可以进入造币厂。除了流通和囤积的硬币外，人们还应该被要求交出他们的银制器皿。这将为造币厂供应充足的白银来生产足值硬币；"据推测，大多数人认为，在这个王国，银制器皿的价值超过了我们硬币的价值；考虑到所有酒馆、餐馆和各种公共场所中大量的银制品，白银的供应可能会十分充足（还没有算更多的私人住宅内银制器皿的数量），当这些都被送到造币厂后，它们可用来制造数百万硬币。"[91]

尽管许多评论家主张使用信用货币帮助解决铸币危机，然而也有人警告说，尽管信用货币可以发挥作用，但它的用处不应被夸大。最迫切的需要仍然是恢复健全的金属铸币。例如，小册子作者詹姆斯·霍奇斯批评说，他的许多同时代人夸大了信用替代硬币的能力。他指出有以下这些人：

> 有些人认为，当前的所有困难都可以通过一些推进信用的特殊方法来解决，他们提出这些信用方式时没有注意到必要的东西——货币；但这种观念必然会陷入循环，永远不会结束，因为获取信用需要货币，而获取货币同样需要信用。[92]

然而最终，虽然"货币创造信用"是可能的，但要用信用创造货币就更困难了。[93] 因此，想让英格兰银行生存下去并使其钞票按面值流通，就必须找到增加白银储备的方法。"因为不管所有表面上看似有理有据的理由如何自我吹嘘，"他争辩道，"对有价值的纸质票据而言，真正的试金石永远是它可以随时按照发行时的同等价值兑换成实物货币的能力，只要持有人愿意。"[94] 银行吸引更多硬币的能力反过来又取决于流通硬币的总体扩张。他总结道："如果至少能筹集到这么多的钱，能够提供这样的信用预付款，这两项加在一起……就足以使国家摆脱目前所面临的、需要迅速而有效救济的公共和私人困难。"[95]

富有的酒商和有影响力的政治经济学家约翰·波莱克斯芬曾与洛克一起在贸易委员会任职，他基本上同意霍奇斯的观点，即信用能增加货币存量，但它永远无法完全替代硬币。他指出："信用只要足以弥补硬币的匮乏，就可能非常有用，但如果像一些人提议的那样，将其用于挤压硬币的使用，那么这将是极其危险的。"[96] 他将信用明确置于概率的框架内分析，认为：

> 纸质信用可以作为一种援助，在需要的时候出现，但不能依赖它，无论是［作为战争的力量］……还是作为进行商业活动的主要手段；它的起源和存在来自信用和意见，在使用它之前，必须先获得信用和意见，并预期它将继续下去，但阻止它受偶然性因素影响是不可能的。因此，在所有困难情况下，我们的硬币必须是我们的避难所，因此我们应该优先选择它，并注意如何增加和保存它。[97]

波莱克斯芬由此得出结论，健全而丰富的硬币构成了健全信用机制最基本的条件。"只有货币储备能够在规定的时间支付这些票据，才会让票据比货币更受欢迎；也只有准备好货币在预先约定的时间按时支付，才能维护这些票据，或者任何票据、钞票、纸质信用的声誉。"[98]

　　对于大多数观察家来说，重新铸币的必要性是显而易见的。像洛克和朗兹一样，大多数评论家都把重点放在重建健全稳定的硬币的必要性上，将其作为商业和信用蓬勃发展的先决条件。其他人则认为信用已经比硬币更加稳定，因此使用信用来支持硬币只是暂时的权宜之计。然而，无论哪种形式的货币被认为是最安全的，现在所有人都清楚，硬币和信用是交织在一起的，处于共生关系；因此谈到这个问题时两者缺一不可。[99]然而，正如接下来将要讨论的，许多评论家并不相信全面重新铸币或发行新信用凭证足以恢复货币体系的可靠性。对于许多人来说，除此之外还有必要尝试消除货币动荡的根源——剪裁者和伪造者。

通过惩罚恢复信任

　　金融革命的成功只有在国家硬币的真实完整性得到恢复的情况下才能持续。剪裁和伪造硬币的行为对硬币造成的损害严重影响了公众对硬币和信用的信心，这对于任何观察者来说都是显而易见的。小册子作者 R.J. 宣称："被剪裁的硬币和伪造的假币必然造成的不便和危害对每个人（即使是最迟钝的人）来说都是如此明显，无需对任何一种情况进行多余的反对陈述，也根本不可能将这些祸害一一列举。"[100]因此，为了恢复人们对硬币和信用的信心，有必要找到一种方法来制止不断加剧的剪裁和伪造硬币行为。正如我们所看到的，许多贡献者提出了一些使操控和流通假币更加困难的方法，最常见的是仅接受按重量算的硬币并使用最新的技术重铸所有硬币。另一种杜绝剪裁和伪造硬币行为的方法是，为了阻止潜在的犯罪者实施他们的罪行，要么让刽子手结束货币操控者的生命，要么让高度公开和象征性的处决起到震慑作用。

　　威廉·弗利特伍德是伊利主教以及威廉国王、安妮女王和议会座前的传教士，也是众多主张对货币犯罪实行严厉惩罚的人之一。与洛克对货币的理解类似，弗利特伍德认为，白银含量和公共印章相结合为人们接受国家的硬币以换取他们的货物提供了安全感。因此，"公众的信仰和良心、利益和荣誉，全都承诺向接收者确保每一枚货币的重量和纯度"[101]。然而，如果政府印章被滥用，那么硬币的所有使用者都会受到伤害。弗利特伍德写道："世界将再次陷入不信任和恐惧之中，陷入对他们的货币的怀疑和不确定之中。"[102]然而，制止这一令人发指的罪行的问题是，许多"普通人"并没有意识到它对这个国度造成的伤害有多严重。历史学家马尔科姆·加斯基尔称其为"社会犯罪，类似于偷猎、破坏、走私和骚乱，这些活动虽然严格来讲是非法的，但在普通人眼中却获得了一种'合法'的地位和认可"[103]。加斯基尔甚至暗示，伪造者可能有充分的理由辩称他们正在通过增加流通中的硬币数量来为社会提供服务。[104]但弗利特伍德希望他的布道得以传播，来唤醒广大民众，让他们认识到剪裁者和伪造者所犯罪行的严重性。"他们会发现，"弗利特伍德写道，"硬币剪裁者们和那些在公路上或者闯入他们家的人一样，是真正的小偷和强盗，同样应该被铐上枷锁和绞死。"[105]

　　减少硬币剪裁者和伪造者数量的唯一方法，根据弗利特伍德的说法，就是处决他们，让绞刑架上悬挂的尸体的惨状震慑其他人，使他们不敢再犯类似的罪行。他认为，这类犯罪行为的严重程度已经让国家的安全和荣誉受到威胁。因此，死刑是唯一与罪行相符的惩罚，因此是合理的，"既不残忍也非不公正"。[106]事实上，在研究了剪裁和伪造硬币行为在过去如何受到惩罚后，弗利特伍德呼吁废除绞刑并恢复更严厉的处决做法。他感叹惩罚已经"被改变成现代的处决，并且从那时起一直持续下来，尽管比起让罪犯短暂而轻松地死亡，更加痛苦和持续羞辱的惩罚，就像他们曾经所做的那样，很'可能'会更好地保护我们"。[107]

至少从 14 世纪起，伪造货币在英格兰就被定为死罪。1562 年，剪裁硬币、改变硬币的形状或锉磨硬币被宣布为严重叛国罪。[108] 这些法律的主要缺点是，只有真正的剪裁者和伪造者才会受到起诉。由于货币是匿名且通用的，一旦被剪裁或伪造的货币离开了犯罪者的手，几乎不可能追溯其来源并起诉原始罪行。[109] 因此，该罪行很难被发现，这意味着许多肇事者从未被抓获。威廉·查洛纳承认："由于缺乏一种有效的方法来阻止并发现其中触犯法律的人，伪造货币的现象非常普遍，对国王陛下和臣民的权益造成了极大的伤害。"[110] 查洛纳当然知道这一点：他本人就是一位臭名昭著的硬币和钞票的剪裁者和伪造者，他提出自己的建议部分是为了戏弄当局，部分是为了转移视线。[111]

鲜为人知的约瑟夫·艾肯同意查洛纳的观点，他观察到由于剪裁和伪造被察觉的概率相当低，死刑也没有那么大的威慑力。[112] 艾肯写道："对死亡的恐惧确实没办法阻碍一些人从事这种恶行；在这些人的认知里，贫困是比死亡更大的罪恶；因此，他们必须被剥夺犯下违法行为的手段。"[113] 剪裁者和伪造者在从事他们的勾当时需要大量的工具和用品，而他们无法自己生产所有这些工具。因此他们不得不依靠多个不同的制造商来确保获得必要的工具。[114] 为了阻止这种工具和器械的流通，查洛纳和艾肯都提议，伪造过程中可能使用的所有工具都应加盖印章，并且仅允许经认证的商人持有。任何被发现向伪造者出售或出借工具的商人都将被视为同谋。艾肯警告说："在英格兰，任何人敢于出售、制造、购买或使用任何这样的东西，都将被处以死刑；因为此类东西在不诚实的人手中可能会被用来伪造硬币，使这个国家遭受巨大的灾难，如果不有效地阻止，将会让它再次陷入同样的灾难性境地。"[115] 因此，任何向剪裁者和伪造者出售工具和材料的人都"应该被绞死"[116]。

查洛纳还建议造币厂必须从图像和技术上提高伪造硬币的难度。"头像、字母和徽章应该做得相当精致，"他说，"以至于王国里只有少数人能做得这么好；还应该让纹路压印得特别凸出，达到只有重达一吨的机器，或者借助马、风、水的力量才可以压印的程度，这样就几乎不可能在不被发现的情况下伪造货币了。"[117] 要求更高的技能和拥有专业技术，就更容易缩小伪造硬币犯罪嫌疑人的范围。

另一种制止伪造的方法是消除一些导致此类犯罪行为的主要途径。响应半个世纪前罗伯特·科顿爵士的评论——他说炼金术士是伪造者的养父，艾肯声称："这种恶习盛行的主要原因是对实验哲学、炼金术和化学的研究。"[118] 艾肯表示："这个时代太过沉迷于［这些研究］，以至于几乎其他所有学问都被鄙视。"[119] 因为那些花费所有资源试图将基础金属炼制成白银和黄金的人，总是会对结果失望，所以他们经常利用所获得的金属知识操控硬币来获得私利。他自信地预测："我们的化学家耗尽所有家产去寻找点金石，结果却发现除了破碎的罐子和玻璃器皿之外，几乎找不到别的东西，还耗费了大笔遗产；后来，为了维持生计，他又落入伪造国家硬币的行列，因为他以前的研究在这方面给了他很大的帮助和协助。"[120] 艾肯因此建议，炼金术书籍和手稿，以及如"化学炉"和"坩埚"等工具，如"精炼锑""腐蚀性转化剂""氯化铵"和"王水"等原料，都应添加到仅允许拥有执照的专业人员拥有的事物列表中。[121]

一些理论家想通过将死刑适用范围扩大至其他活动（如传递假币）来解决这个问题，例如西蒙·克莱门特——一位股票经纪人和商人，晚年成为颇有影响力的托利党宣传写手。他提出："政府应发布公告，宣布为了制止货币的滥用，应该在某个指定的日期之后，对任何擅自提供任何被剪裁的货币的人予以法律制裁。"[122] 在将流通假币添列为叛国罪行为的类似声明中，R.J. 表示："如果任何人明知是假币或劣币而使用，他可能会被起诉，并因犯了重大失误而受到惩罚；如果他认识假币或劣币的制造者，或帮助他们流通，他就参与了他们的罪行，并犯有重大叛国罪。"[123]

除了将流通被剪裁的或伪造的硬币定为死罪外，另一种方法是对那些故意接受改造过的硬币的人施以严厉惩罚。例如，约翰·刘易斯提出，议会应该通过一项法律，强制"所有人，无论如何，在某种严厉的处罚下，切割和毁损所有在付款时发现的被剪裁的和伪造的货币"[124]。经常与货币打交道的人，例如任何与国王的收入、财政部、英格兰银行有关的人，公司出纳，商人和店主，都应该被强制庄严宣誓并承诺绝不故意接受任何假币。一位匿名作者同意这一提议，并宣称："银行家和大官员理应受到惩罚，因为成就盗窃者的就是这些收款者。"[125] 他补充道："尽管剪裁者已经被绞死或死于穷困，但还有其他应被绞死的人在享受富裕的生活。"[126]

1695 年初，英格兰财政大臣查尔斯·蒙塔古成立了一个委员会来考虑如何杜绝剪裁和伪造硬币的行为。两个月后，委员会主席弗朗西斯·斯科贝尔向下议院提交了一份提案，建议"现行禁止剪裁硬币的法律应通过一些补充措施来执行"[127]。该报告为 1695—1696 年的《防止伪造和剪裁王国硬币法》和 1696—1697 年的《更好地防止伪造王国现行硬币法》提供了基础。[128] 之前的法规相对谨小慎微，将死刑限制为只适用于被判犯有伪造西班牙硬币罪的人和那些持有被剪裁或挫削的硬币的人，后一项法规显著改变了有关伪造的法律条文。[129] 第一条宣布：

尽管打击假冒王国的货币和硬币的良好法律现在仍然有效，但上述罪行似乎每天都有增无减，对陛下和他所有亲爱的臣民都犯下明显罪行让他们受到伤害，这在很大程度上是

> 因为对此类技工以及其他未经任何合法授权而制造或使用印
> 章打孔器、染料和其他常用于铸造货币的工具和设备的人缺
> 乏应有惩罚。[130]

未经许可持有用于剪裁或伪造硬币的工具和物品的人——包括帮助者和教唆者，从此被视为犯有叛国罪，如果罪名成立，将被处以绞刑。该法规还宣布对任何现有或已损坏硬币的边缘做标记、刻槽、刻印纹理，以及漂白、制作外壳或清洗铜以冒充银的行为都构成叛国罪。[131] 然而，直到 1742 年，当法院认定那些使用假币的人可能会引导调查人员找到造假币圈子的核心时，使用伪币罪才成为一项死罪。[132]

保护英格兰银行钞票的新规定也已出台实施。该银行的董事们充分认识到参与发行纸币的风险。他们清楚地知道："用于日常交易和流通的钞票容易被伪造，为了防止这种情况发生，他们决定使用有着大理石花纹的纸进行压印加工，形成凹凸纹理。"[133] 虽然这使生产质量足够高而可以进入流通的伪造钞票变得更加困难，但当它发现"该银行的一张大理石花纹钞票被伪造了"时，银行很快就见证了伪造者的技艺。[134] 结果，董事们任命了一个特别委员会来"起诉发现的针对银行的欺诈行为"。[135] 委员会审议了如何最好地防止他们的钞票被伪造的多项建议，包括威廉·查洛纳的建议。然而直到 1696 年 8 月，他们仍在寻找更好的方法。[136] 他们的斗争得到了议会的帮助，议会于 1696 年通过了一项法律，将假冒或伪造英格兰银行任何钞票以及在银行出示任何此类假冒钞票要求兑换的行为定为重罪。董事们很快下令"依法正式起诉伪造或假冒银行钞票的罪犯"[137]。

国家现在已经配备了追击剪裁者、伪造者和假冒者所需的武器，因此通过刽子手的工作向公众声明，英格兰将完全致力于捍卫

国家的货币体系。

尽管大多数人支持死刑，但相当多的评论员认为，死刑并不是对剪裁和伪造硬币的适当处罚。例如，在财政部付费印刷的一本小册子中，罗切斯特教长萨缪尔·普拉特声称："法律已经定得非常严厉并投入执行，但在纽盖特，现在仍然像三四年前一样充满了剪裁者。"[138] 而且，甚至更糟糕的是，纽盖特的普通民众透露，"剪裁罪"对"罪犯的良心"几乎没有影响。[139] 普拉特相信宗教意识可能有助于结束"这有史以来最赚钱的罪行"，但他承认布道对那些从未去过教堂的人并没有很大影响。[140] 因此，对普拉特来说，死刑和宗教都无法终止剪裁和伪造硬币，因为犯下这些罪行的歹徒，他们既不害怕死亡，也不害怕上帝的审判。

《进一步修改和结束硬币问题的建议》的匿名作者质疑死刑的有效性，理由是陪审团经常认为死刑是一种过于严厉的惩罚，许多被指控的剪裁者因此被无罪释放。该作者由此得出的结论是，针对剪裁和伪造硬币的补救措施"必须采取比目前更具威慑力的惩罚措施，同时不会让陪审团过于轻松和富有同情心地宣告剪裁者无罪"。[141] 因此，对剪裁和伪造硬币的适当惩罚应该是"在颈手枷上站一小时，然后把他的一半鼻子割掉；之后，要么被出售到种植园工作七年，要么在本地的济贫院工作；这比死亡更能震慑英格兰人，并节省相当多的劳动力，以及拯救相当多的生命"[142]。

尽管洛克并不反对死刑，但他不太相信仅依靠刽子手就能终止对硬币的操控。剪裁和伪造硬币的潜在收入实在是太高了。他声称："剪裁硬币是如此有利可图又隐秘的抢劫行为，以至于刑罚也无法约束它……我谦逊地认为，除非让剪裁硬币不再有利可图，否则就无法阻止它，现在这种行为已经变得如此普遍，人们也变得如此熟练。"[143] 在洛克的头脑里，唯一可以使剪裁硬币不盈利的方法就是按照旧标准重新铸造所有硬币，并且在重新铸币的过程中，只允许硬币按重量流通。虽然这样做会强制人们在所有硬币得到重铸前的过渡时期做生意时带上秤，但洛克相信这是充分保护铸币的唯一手段。

　　洛克还认为死刑是无效的，因为剪裁者和伪造者已经失去了对绞刑架的尊重。因此有必要恢复人们的尊重，这需要集中力量努力教育公众，让他们了解操控硬币的危害性。洛克同意他的朋友约翰·波莱克斯芬的说法，认为有必要建立"更严格的起诉制度……以最大限度震慑违法者，使他们不再因依靠陪审团的偏爱、法律的微妙之处或者希望他人赦免的恩惠而受到鼓励继续犯罪"[144]。在着手纠正这些问题时，洛克遵循了在第三章已经讨论过的改善信用的普遍办法，即选择诚信度、专业知识水平和声誉最高的管理者。这使得洛克与查尔斯·蒙塔古联合起来招募了该时期最聪明的人之一艾萨克·牛顿来承担起王家造币厂典狱长的责任。[145] 牛顿自己的迅速成名激发了这位剑桥自然哲学家对充满更多挑战的生活的渴望，而这只有国家首都才能提供给他。因此，当1696年3月蒙塔古的正式邀请到来时，牛顿没有丝毫犹豫。[146] 他放弃了在剑桥学习物理、数学、光学和炼金术，全身心投入复兴国家货币的事业中，包括负责调查、审讯和起诉剪裁者和组织硬币大重铸运动。

　　虽然典狱长一职以前只是一个闲职，需要参与的工作十分有限，但牛顿以他在科学研究中众所周知的同样的勤奋和毅力投入这项任务。[147] 秉承当时盛行的经验主义精神，牛顿收集了尽可能多的第一手资料，查阅了过去两百年的造币厂记录。他尽可能拒绝依赖他人的证词和计算，并指示他的副手们不要信任"除了自己的眼睛之外的其他眼睛"[148]。牛顿在造币厂花了很长时间管理一个特工和线人网络，与他们合作审讯和起诉嫌疑人。然而，从他上任之初就有迹象表明，牛顿对他新职位的职责并不完全满意，他请求财政部解除他起诉货币犯罪者的职务。请愿的理由既不是出于道德也不是同情心。相反，他指出他的办公室没有对侦查伪造行为提供适当的奖励；剪裁者和伪造者窜逃到乡村，"我无法追踪到他们的所在"；以及当国家开始给予提供情报的线人现金奖励后，陪审团对证人缺乏信心。[149]

然而，请求被拒绝之后，他仍不遗余力地履行他的职责。牛顿亲自（通常经过乔装打扮）走访监狱、酒馆和旅馆来调查伪造团伙。[150]他有条不紊地调查案件，不厌其烦地审问证人，使用有时近乎酷刑的手段。[151]一旦找到他要找的男人或女人，他就全力起诉他的案件，如果成功定罪，便无情地拒绝赦免或缓刑。例如，当被定罪的伪造者威廉·查洛纳拼命恳求牛顿的宽恕时——"哦，亲爱的先生，除了您之外，没有人可以拯救我，啊，上帝，我的上帝，我会被谋杀，除非你救我，哦，希望上帝能以仁慈和怜悯之心感动你，为我做这件事"——牛顿以沉默作为回答。[152]查洛纳两周后在泰伯恩刑场被绞死。据报道，牛顿拒绝赦免的根本理由是"这些狗总是回到它们的呕吐物上"[153]。简·豪斯登就是这样一个伪造惯犯。牛顿在向法院提出最终处决她的上诉中写道：

> 简·豪斯登在 1696 年被抓进监狱……因为她在剪裁这个王国的硬币……纽斯特德是她的假丈夫……使用间接手段……为简·纽斯特德争取自由。大约两年后，上述这位简·纽斯特德再次犯罪被关进监狱……原因是持有并涉嫌铸造同样的假币，当时从她身上搜出了大约四磅假币，还在她的房子里发现三把锉刀和一些沙子……之后在 1702 年，她因伪造这个王国的货币再次入狱，获得女王的赦免改为放逐，并随即在提供了确保自己离境的保证后获得自由，然而现在却被发现仍身在英格兰……今年［1710 年］再次被指控伪造本国硬币犯下叛国罪，当她被捕时，她将一个包裹扔进了泰晤士河，后来发现这是一包假币。[154]

像豪斯登这样的惯犯更加坚定了牛顿不给予赦免的决心。1724 年，当被问及是否希望绞死一个名叫埃德蒙·梅特卡夫的伪造者时，他回答说："我对在德比巡回审判中因伪造硬币而被定罪的埃德蒙·梅特卡夫一无所知；但既然他显然已被定罪，我谦卑地认为，最好让他受苦，而不是冒险让他继续伪造硬币并教唆其他人这样做直到他再次被定罪，因为这些人几乎不会放弃伪造硬币。而且要发现他们也是一件困难的事情。"[155]

　　牛顿只有在被定罪的罪犯同意成为其他伪造者的证人时才会将死刑改为其他刑罚。例如，一位名叫彼得·库克的被定罪的伪造者通过提供证据让牛顿成功起诉查洛纳而为自己赢得了缓刑。[156] 在另一个案例中，牛顿命令新监狱的看守将查尔斯·埃克莱斯顿关进监狱，这个告密者"经宣誓被指控犯有叛国罪，因为他伪造这个王国的现有硬币……现在［受到］保护性监禁……［因为］他现在正准备成为指证多名剪裁者和制币者制造假币行为的证人之一"。[157]

　　处决必须是高度可见和公开的，这样才能发挥震慑潜在剪裁者和伪造者的作用，并向一般货币使用者发出信号：国家正在采取严肃措施确保钞票和硬币持续的可兑换性。[158] 虽然免遭更令人发指的、通常对叛国罪罪犯执行的拖拽和分尸的惩罚，但男性剪裁者和伪造者会被绞死，而女性则通常被烧死。行刑当天，罪犯在公众游行中被从纽盖特监狱赶到泰伯恩刑场的绞刑架。[159] 这些场合被称为"泰伯恩公开处决现场"或"绞刑比赛"，是来自各行各业的人关注的著名公共活动："从清晨开始，工厂和作坊就变得冷冷清清，而咖啡馆和酒馆里的聚会甚至在前一天就开始了。"[160] 一些囚犯，例如强盗，被允许沿途停下来与朋友喝酒，让他们在酒精的镇静作用下到达绞刑架前。另一方面，剪裁者和伪造者由于其罪行构成叛国罪，并没有享受到这样的舒适，而是被拖上没有轮子的雪橇，穿过伦敦街道上聚积的污水，最终到达牛津街和埃奇韦尔路的交叉口——当时被称为泰伯恩树，现在更名为大理石拱门。实际的绞刑是戏剧性的，包括被判刑者的悲壮遗言、亲属饱含泪水的告别、刽子手常常华丽的表演、绞刑的实际时刻、令人毛骨悚然的刽子手的舞蹈（这可能会持续几分钟，尤其在当时绞刑架上的陷阱门还没有投入使用的情况下），以及绞刑实施后亲戚和掘墓盗尸人奋力回收尸体的混乱。[161] 这恐怖的奇观和死亡的戏剧表演将旁观者置于一张强制的网中，其明确的目的是建立对货币制度规则的尊重和遵守。

对被定罪的伪币制造者埃莉诺·埃尔瑟姆执行死刑时，围观者络绎不绝，一位旁观者的描述让我们得以一睹处决的方式：

> 她……沾满了焦油，她的四肢也涂满了与焦油同样的易燃物质，头上还戴着一顶涂满焦油的帽子。她赤脚被带出监狱，并被绑在一个栏架上，被雪橇拉到刑场靠近绞刑架的地方。抵达后花了一些时间祈祷，然后刽子手将她放在一个三英尺高的柏油桶上，靠在木柱上。一根绳子穿过桩上的滑轮，套在她的脖子上，她自己用手拽住绳子。三个铁环也将她的身体固定在木桩上，绳子被拉紧，焦油桶就被放在一边，火点燃了……当铁环被固定住时，刽子手多次拉动了绳索，所以很可能在火烧到身上之前，她就死了。[162]

在货币危机最严重的时期，牛顿监禁了一百多名涉嫌剪裁和伪造者。他在造币厂工作的第一年（1696 年），71 起针对货币犯罪的起诉中有 23 起被判处死刑。[163] 起诉成功率较上年（1695 年）大幅提高，当时有 22 人在 114 次审判中被定罪。中央刑事法庭的记录进一步显示，1697 年进行了 44 次审判，有 12 人被判有罪，1698 年进行了 20 次审判，其中 7 项是有罪判决。此后，当货币危机过去后，在接下来的二十年每年的起诉数量降至个位数。[164] 根据历史学家约翰·克雷格的说法，牛顿侦查并起诉剪裁者和伪造者的成功，再加上他不愿意特赦已定罪的罪犯，重新将死刑确立为一种有效的威慑手段。因此，牛顿在造币厂的任期"为假币数量大幅减少"[165]做出的贡献值得赞扬。这一明显的成功鼓励当局在接下来的一个半世纪里继续对剪裁者和伪造者适用死刑。[166]

经受风暴

1695 年 11 月，洛克的重新铸币提案的修改版本获得通过并很快由议会批准推行。1696 年 5 月 4 日后任何被剪裁的硬币都不能获准流通。那些被剪裁的硬币的持有者，如果有欠税（财产税、消费税和关税）或借钱给政府，他们在提交这些硬币时将获得补偿，补偿资金来自对窗户征收的新税。地主和商人（欠税并向政府借款）、银行家和批发商（对硬币贴现）以及税吏，很快就上交了残币从而从重新铸币中受益。相比之下，工薪阶层和穷人没有纳税，因而没有对政府负债，必须找到愿意购买他们货币的纳税人。很快他们发现店主不按面值接受他们的货币，这在普通民众中引起了很大的骚乱，一份写给国务大臣约翰·埃利斯的信件就证明了这一点。德文郡比德福德的托马斯·鲍尔写道："我认为我有责任告诉您，为阻碍被剪裁的货币流通而发布的公告，已经在这个国家引起了巨大的骚乱，以至于（据报道）这里有几个人在城镇集市上被谋杀了。因为它，人们对政府的批评非常严厉；所有人都认为除非迅速采取措施，否则这将会引起轩然大波。"[167]这确实是最后期限一过，政府不再接受被剪裁的硬币付款后，这个国家很多地方发生的事情。虽然政府成功地设法用武力镇压了这些骚乱，但它被迫将硬币送到造币厂的最后期限推迟一个月，从而让更多的人有机会兑换他们的旧硬币。[168]

重铸近 700 万英镑是一项艰巨的事业，按照造币厂产出新硬币的速度，需要九年时间才能完成。尽管没有正式负责铸币业务（铸币厂长负责这项工作），牛顿仍以他在科学研究中使用的同样精密的方法分析并重新组织了铸币过程。除了在首都以外的地方建立许多临时造币厂之外，他给伦敦造币厂添置了更多的机器，并对其员工进行时间-动作研究。他设法将产量从每周 1.5 万磅硬币增加到了每周 10 万磅硬币。[169]造币厂每周工作 6 天，每天 20 个小时，不知疲倦地工作，产出新硬币。因此，到 1697 年底，绝大多数的国家硬币都已经重新铸造，整个项目到 1698 年年中结束。然而，尽管"硬币大重铸运动"被认为是一个了不起的成功，但它立竿见影的效果正如所预测的那样，加剧了货币危机。1696 年夏天，当财政部已不再接受旧的锤制硬币作为税款时，几乎没有现金可用，这种情况直到秋季才逐渐好转。流通银币的价值从 1695 年12 月的 1200 万英镑下降到次年 6 月的 420 万英镑，到 12 月才缓慢回升至 620 万英镑。[170]货币短缺的问题就这样再次出现了，这一次比以往任何时候都更具破坏性。再加上次年 6 月对法战争的不利形势，英格兰的繁荣和影响力显得更加岌岌可危。[171]

不出所料，硬币数量的突然下降对新生的信用文化构成了危险的威胁。英格兰银行无法兑换所有出示的钞票，导致贴现折价率达到 16%，很快就增长到了 24%。[172]历史学家帕特里克·凯利指出，威廉三世和他的国务大臣什鲁斯伯里公爵之间的通信透露，国王对重新铸币越来越失望，对信用状况也越来越焦虑。[173]货币和信用的缺乏在很大程度上导致了 1696 年 8 月国家土地银行破产的大挫折和 1697 年 4 月麦芽彩票的灾难性后果。[174]但信用并未完全蒸发。1696 年 8 月，银行向政府提供了 20 万英镑的实物硬币贷款，再加上 1697 年银行以 80 万英镑兑换债务凭证，标志着信贷状况的改善。

一旦《里斯威克条约》在 1697 年的早秋签署，结束长达九年的战争，信用就能全面恢复，货币存量迅速扩大。[175]1698 年，查尔斯·达文南特验证了这样一个事实："这个巨大的［信用］引擎，停滞了一段时间，［现在］开始运转了。"[176] 他指出，现在的状况可能还不如几年前那么有利，当时"国内的大宗贸易几乎都是在没有实物货币的情况下进行"，但情况肯定在改善。[177] 回顾信用最近的波动，达文南特提出了本书开头的话：

> 在所有只存在于人类心智的事物中，没有什么比信用更奇幻和美妙了；它永远不能被强制施加；它取决于意见；它取决于我们的希望和恐惧之激情；它常常不请自来，又常常毫无缘由地消失；一旦失去，就很难完全恢复。[178]

几年后，他再次撰写有关信用的文章，简要总结了过去十年发生的事件，他说："硬币的不良状况，以及为了恢复硬币质量而不得不召回硬币的情况，给信用带来了巨大的打击，极大地放大了信用的不足和缺陷。"[179] 他承认重新铸币是必要的，尽管它导致了这样的情况："几乎没有任何信用之类的东西存在了。"[180] 然而他修改了这一说法，暗示："由于货币匮乏，信用一直处于不良状态，但如果断言它已经完全熄灭，那就太荒谬了；因为如果没有信用，没有人能够维持一周的生活，它是所有商业的主要推动力；如果这种神经汁液完全停滞，政治体会立刻陷入瘫痪。"[181] 他称赞英格兰银行对恢复信用做出的贡献。虽然银行"在共同的沉船"中失去了信用，但在政府的帮助下它设法开展其事务，不仅提高了自己的，也提高了整个民族的信用。[182] 达文南特指出，重新铸币十二个月后，银行再次按面值赎回其钞票，应该被视为足以说服人民未来支持银行且令人印象深刻的成就。

然而，一切并不完美。达文南特认识到这个国家的公共债务不断增加，迟早会到期，一旦到期，将对公共财政造成巨大压力。他还对这种债务负担导致国家更容易出现紧急状况的情况表示深切担忧。借用雷恩的比喻，达文南特警告说，纸质信用是"让病人暂时镇静一段时间的鸦片剂，但无法治愈他们的恶行给我们带来的疾病：这份想象中的财富能否经受住任何突然灾害的冲击？"[183]此外，他宣称，大多数大臣都太专注于为未来筹集资金，而没有对过去几年所欠债务的偿还问题给予适当的关注。他指出："如果花一些时间在照顾旧资金上，也就是说，用于获取新的资金进账，政府就不会因为资金短缺而陷入如此困境。"[184]然后他补充道，这个"巨大的信用引擎……很可能不是通过修修补补就能安排得井然有序的；除非立法权介入，将所有机件调正并修复整体，否则永远不会运转良好"[185]。因此，使信用蓬勃发展的最佳方式并不是通过零星借贷来应对每一个新的可能性，而是"通过明智的政治技艺，为已经依赖公众信念的 1400 万债务赋予价值和声誉"[186]。尽管公共债务还需要十年的时间才会成为一个严重的问题，达文南特先知先觉地预测到财政危机的到来，并暗示了最终会采用的解决方案。我们将在最后两章集中讨论这一事件。

结　论

硬币和信用之间的相互关系在 1690 年代得到广泛认可。许多评论家指出，信用和硬币的流通从根本上来说是基于人们对其安全性和持续可兑换性的意见。虽然关于信用，艾萨克·牛顿没有写很多，但他中肯地认为："这只是根据意见而给货币赋予一定的价值；我们认为它有价值，是因为有了它我们可以购买各种商品，相同的意见也可以赋予纸质担保物相同的价值。"[187] 然而牛顿警告说，必须永远不要过度发行信贷："信贷是当前对抗贫困的良药，就像医学上最好的药物一样，对身体起着强力作用，但也有一定的毒性。"[188] 正如第三章所讨论的，在面对这些问题时，政治经济学家探索了多种方法来提升人们对信用的正面意见——无可挑剔的安全性、诚实而称职的管理、透明度和对任何可能玷污信任和信心的行为进行严厉惩罚。由于英格兰银行钞票通过银币的部分储备得到背书，那么无懈可击的铸币就变得更加重要。如果人们不能信任硬币的真实完整性，人们对银行钞票的意见肯定会受负面影响。因此，当务之急是确保铸币恢复到以前的标准和纯度，为此，政府采取行动，利用最新技术进行大规模硬币重铸来增加伪造硬币的难度。除了硬币大重铸运动之外，政府还坚持采用牛顿和其他人的建议，对那些损害信任的人执行严厉的惩罚。

硬币的不良状态以及随之而来的对英格兰银行钞票的可兑换性的焦虑吸引了大批有公共服务意识的知识分子，他们协助政府打击这些近乎看不见的国家敌人。坚定致力于为光荣革命辩护，约翰·洛克和艾萨克·牛顿将他们的哲学和科学追求重新定位为服务于国家。尽管他们并不总是满意各自在打击伪造者中发挥的作用——洛克和牛顿都表达了他们在代表国家做这项工作时的沮丧——但他们仍然致力于这项事业。牛顿在给天文学家约翰·佛兰斯蒂德的信中表达了他对公共服务的承诺："我不喜欢每件小事都被广为宣传，更不喜欢被外国人纠缠和骚扰关于数学的事情，或者在关心国王的事务时被我们自己的人民认为是在为这些事情浪费时间。"[189] 洛克在给莫利纽克斯的信中同样表达了他对公共服务的奉献精神，尽管他对政治经济学越来越不感兴趣：

尽管我从不认为我为国家服务所付出的任何努力或时间是

多余的，只要我还能有所作为，但我必须向你承认，这个，以及类似的问题，不是我现在喜欢和乐于思考的；因此，如果我错过一个非常光荣的工作［贸易委员会］，附有一千英镑一年的薪水——国王前段时间想要提名我负责这项工作，我也不会感到遗憾。[190]

一些历史学家声称"重新铸币是失败的"，或者像阿普尔比那样表示"重新铸币的预期目标没有实现"。[191]与此相反，我已证明，由于恢复硬币质量是捍卫新生金融革命的必要组成部分，硬币大重铸运动必须被视为是成功的，即使"重新铸币造成了巨大的不便，而且非常不公平"，但它对信用的复苏、对剪裁和伪造硬币行为的快速减少做出了非常重要的贡献。[192]另一个暗示重新铸币成功的事实是，1697年英格兰与法国达成了和平协议，如果英格兰没有充分恢复其财政，那是不可能发生的。这一成功促使著名日记作家约翰·伊夫林建议牛顿和洛克都应该拥有以他们的剪影装饰的英格兰硬币。[193]虽然洛克从未收到过这个荣誉，大约三个世纪后的1978年，牛顿的日子到来了，当时英格兰银行发行了一张在背面印有艾萨克·牛顿爵士肖像的1英镑钞票，上面描画着这个自然哲学家和他的《自然哲学的数学原理》、望远镜、棱镜与太阳系图。不出所料，图像中没有显示出牛顿与该国家首个信用货币之间更直接的联系。

第三部分　奴隶制与信用

第五章
政府信用与公共领域

引　言

1710 年，一场深刻的危机扰乱了英格兰金融革命。政府信用急转直下，政府债券交易价格大幅打折，这迫使财政部在日益不利的条款下借债。[1] 政府信用迅速恶化，威胁到仍在发展的金融革命，进而也威胁到财政-军事国家的稳定。同时代人称为"城市失信"（Loss of the City）的这场危机特别令人不安，因为它揭示了政府信用在多大程度上不再是仅限于王室与少数富有的金融家之间的事务。它现在受制于公众善变的判断。[2] 由于公共债务工具现在交易活跃，国债状况便是由抽象的公众对无实体和去人格化的国家行政机构的前景的分散判断所决定。认识到棘手的舆论现在决定着政府信用,这让传统精英深感不安。[3] 约翰·洛克和其他人早些时候认为，人们有可能在一个充满不确定的世界中根据灵通的信息形成明智的观点，从而为自己提供准确的指导，但哲学家们的共识是，舆论从来都不是准确的，因此不值得信任。洛克写道："没有比信任更危险的事情了，也没有比信任更容易误导人的东西了；因为在人与人之间，谎言和错误远远胜过真理和知识。"[4]

　　舆论决定政府信用的影响力，这被视为一种对传统政治经济权威的威胁。匿名的民众群体能够影响英格兰的政治和地缘政治选择，包括发动战争的能力以及由此保卫边界及其所珍视的自由的能力，这令人深感不安。[5]对执政的精英阶层来说，有关政治、战争和继任的决定是受过适当教育并具有政治经验的人的专有责任。[6]然而，尽管他们都对公众的政治影响力感到不安，辉格党和托利党很快就意识到舆论的变化无常和不稳定可以作为政治武器来使用。于是，双方都利用公共领域舆论操控来达到自己的目的。现任内阁试图塑造英格兰政治、经济和军事管理的舆论来为其政府信用提供支持，而反对派则试图破坏舆论，使政府信用陷入低落，从而迫使大臣们换人。因此，随着作为光荣革命和金融革命的一部分引入的金融创新成为英格兰社会的永久组成部分，舆论、公共领域和政府信用的纽带关系变得错综复杂。[7]

　　在研究以1710年危机为导火索而产生、涉及政治色彩的信用论述时，我试图回应历史学家马克·奈茨的不满：18世纪早期的"舆论、信用和党派政治之间的联系仍未得到充分探讨"。[8]不仅有众多的杰出人物，如丹尼尔·笛福、乔纳森·斯威夫特和约瑟夫·艾迪生等写作者受雇发表文章，旨在塑造公众对信用状况的意见，而且这些写作者构思和将信用理论化的方式也深受其政党政治议程的影响。通过控制公众获取金融知识的语言，这些写作者试图构建人们对信用是什么以及信用运作方式的基本理解，以此来确保人们以无意中支持其政党利益的方式进行投资。在本章中，我认为，关于影响了18世纪余下时间内的经济信用的观念，如果远离1710年的政党政治争论去思考，那么将无法得到正确理解。

1710年信用危机的政治和地缘政治背景

西班牙王位继承战争（1701—1714年）带来的史无前例的开支需要为1710年信用危机的发生负主要责任。但正是辉格党和托利党之间激烈的党派斗争将危机升级为国家紧急状态。这场战争是英格兰、荷兰共和国、奥地利和葡萄牙共同对抗法国和西班牙，很大程度上是九年战争的延续。该联盟的主要战略目标是遏制法国的扩张，确保成功阻止路易十四的孙子安茹公爵继承现在空缺的西班牙王位。相反，联盟支持皇帝利奥波德一世的儿子查理六世成为新的西班牙国王。如果法国控制了西班牙，就能够利用整个西班牙帝国，使法国成为欧洲和美洲最强大的国家。荷兰人和英格兰人已经建立了强大的帝国势力，并且有着更大的志向，因此不甘于对法国人追求普世帝国的目标袖手旁观。

英格兰在这场战争中的成功使其成为那个"时代的军事奇才"，标志着它作为世界强国而崛起。[9]英格兰第一次能够在陆地和海上动员一支规模和火力均可与其他任何欧洲国家相媲迹的军队。战争期间，英格兰平均有9.3万人参战陆军和4.3万人参加海军，相比之下，1660年代英荷第二次战争期间，英格兰的陆军和海军才各有2万人。[10]英格兰的成功还得益于马尔伯勒公爵约翰·丘吉尔的传奇指挥，他巧妙地管理了英格兰红衫军和海军水兵。[11]然而，成功的代价并不低。在佛兰德地区和西班牙以及大洋上维持军队是非常昂贵的。除了入伍军人数量的大幅增加外，17世纪军事革命期间引入的新型火力和防御工事也大大增加了发动战争的基本开支。[12]

如果没有金融革命，英格兰武装力量的扩张是不可能的。[13]虽然斯图亚特王朝的君主们已经推出了永久的王家债务，但使用唐提式联合养老保险和抽签公债建立永久公共债务，以及1690年代英格兰银行的成立，使政府比以往任何时候都能够以更大规模和更低的利率借贷。[14] 由于政府已经大幅度改进税收征管制度，这些债务现在被认为是更安全的。除了进一步发展和使用间接税（消费税和关税）以及直接税（土地和炉灶税）之外，政府还结束了臭名昭著地低效的包税制度。[15] 一个相对高效的公务员队伍现在负责征税。[16] 总的来说，这些财政改革使国库能够更多更快地筹集资金，国家能够承担更大的债务负担，大大增强了英格兰的财政灵活性。[17]

在政治领域，辉格党和托利党之间本已尖锐的敌意进一步加强。两党形成于 1670 年的王位排斥危机时期，当时争论的焦点是是否应该允许天主教君主（即约克公爵）继承王位。在光荣革命后的财政安排以及 1694 年通过的《三年会期法》的影响下，议会权威得到加强，两党制的作用更加突出。关于宗教、外交政策、军事战略和公共财政等有争议问题的辩论越来越多地在这个二元对立的体系中展开，其激烈程度不时让人担心内战会再次爆发。[18] 虽然选民决定了下议院的组成，内阁则由君主选定，但由于内阁必须与现在控制财政机制的下议院密切合作，君主的选择受到政治实用主义的限制。辉格党的组织能力总体上比托利党更好。所谓的辉格党政治联盟成功地协调和管理了党内事务，即便是在安妮女王统治期间托利党赢得了五次选举中的四次，辉格党仍保持着巨大的影响力。[19] 总的来说，安妮女王试图选择政治温和派进入内阁，确保政党冲突不会削弱政治管理。这导致她在 1702 年选择西德尼·戈多芬爵士担任财政大臣，后者在接下来的八年里与马尔伯勒一起成功治理了国家。[20] 虽然他们俩一开始是温和的托利党人，但他们很快就与辉格党政治联盟结盟，因为他们发现辉格党更支持战争投入。

关于政府信用的辩论主要是沿着党派界线进行的。虽然实际上是由多层复杂的意识形态冲突组成的，但辉格党和托利党的对立立场通常很好地反映了土地利益集团和金钱利益集团之间的分歧。[21]
虽然托利党土地利益集团包括一些传统主义者，他们主张建立一个
以农业为基础且没有常备军、国债和金融家的公民共和社会，但大
多数地主此时已经开始倾向于接受商业化的农业、广泛的国内市
场和积极的殖民扩张。[22]此外，他们对新金融结构（至少是其中的
某些部分）的接受程度也越来越高。[23]只要实施对托利党友好的辉
格党式的英格兰银行的替代方案，下调最近为弥补国家赤字而增加
的土地税，土地利益集团似乎就能摆脱对精心设计的金融计划的厌
恶。[24]一段时间以来，土地利益集团一直在努力建立土地银行，但
约翰·阿斯吉尔和尼古拉斯·巴本在 1695 年的项目失败了，这迫
使他们寻找其他符合自身政治和经济利益的解决方案。他们现在专
注于建立一家有能力向政府提供与英格兰银行和东印度公司同等规
模贷款的股份公司，希望如此大规模的贷款能够为托利党赢得对公
共政策更大的影响力。[25]

　　金钱利益集团的组成人员主要有商人、银行家和金融家。辉格
党商人和金融家经常被视为暴发户或新贵，他们往往有土地背景。
虽然他们积累的财富不能与地主相媲迹，但他们快速积累的商业收
益和财富流动性却令传统精英望而生畏。金钱利益集团总体上是支
持商业和金融事业的。一些人偏好特定的商业类型，例如国内工业
而不是再出口贸易，而另一些人则重视贸易而非金融（特别是投机
和炒股之类）。大多数人对最近的政治和金融变革感到高兴，认为
光荣革命和英格兰银行的成立有利于他们的目标。可以预见的是，
他们还支持从严重依赖炉灶税转向用土地税为战争提供资金。因为
战争提供了利润丰厚的借贷机会，许多有钱人相信，继续战斗下去
是值得的——直到法国人被最终击败，英格兰商人能够接管法国殖
民地的大部分商业。[26]

　　在西班牙王位继承战争的大部分时间里，戈多芬–马尔伯勒内

阁在军事和政治上都取得了巨大的成功。它将最初的防御性军事战略转变为让英格兰取得了一系列决定性胜利的战略，显著地改变了欧洲的力量对比。更令人印象深刻的是，这个成就是在没有让国家破产的情况下实现的。事实上，内阁驾驭国家资源的方式使国家财政状况比之前在战争时期更好，更重要的是，比敌人的财政状况更好。[27] 然而，到了 1709 年，英格兰的一连串军事胜利被海牙和谈的失败和马尔普拉凯的血战所取代，战争开支的不断增加将刚刚起步的财政机制推至极限。在战争期间，平均每年支出达到 700 万英镑，公共债务总额从 1400 万英镑飙升至 3600 万英镑。[28] 军事部门的短期债务开始失控，海军、陆军、军械和交通的无担保债券——其中大部分是没有特定收入流担保的短期贷款——以惊人的贴现折价率进行交易。[29] 其中最大的组成部分，即海军债券，在 1710 年以 35% 的贴现折价率进行交易，陆军和运输债券在 1711 年初达到了 40% 的贴现折价率，这表明公众对政府充分偿还债务能力的信心正在减弱。[30] 此外，当时被认为是最安全的金融工具、流动性几乎与硬币本身一样高的国库券也开始跌破面值。使经济前景更加黯淡的是，欧洲金融市场普遍混乱，以伦敦为中心的保险公司接连倒闭。[31]

造成 1710 年内阁政治危机的还有萨切弗雷尔事件。亨利·萨切弗雷尔是一位高教会派牧师，他利用布道坛质疑光荣革命建立的政治秩序的合法性。他的布道吸引了大群人，印刷版本的销量超过 10 万份，引发了公众关于目前议会和国王之间的权力划分的激烈争论。为了反击托利党的攻击，辉格党决定在上议院面前弹劾萨切弗雷尔。但审判非但没有获得公众支持，反而为萨切弗雷尔和托利党的事业赢得了广泛支持。[32] 在随后的骚乱中，愤怒的暴民袭击了持不同政见者的聚会场所和作为强大的新政治秩序象征的英格兰银行。[33] 布道、审判、骚乱和围绕这些事件的辩论给内阁造成了不利的政治气氛，同时也激励了托利党的斗志。

内阁未能与法国建立光荣的和平，这引发了进一步的政治争议。托利党指责辉格党故意对法国人提出过高的要求，以确保战争长久持续，而那些金钱利益集团可以继续向政府贷款获益。土地利益集团感到困扰是可以理解的，考虑到对其土地的征税支付了大部分战争费用，从而也使债券持有人致富。[34]1710 年夏季，英格兰的政治氛围和金融环境都表明内阁面临着严重的危机。

1710 年 6 月，政治动乱达到了高潮。女王解除了马尔伯勒女婿桑德兰伯爵的国务大臣职务，并由一名托利党人取代。辉格党意识到更激进的变化正在酝酿之中，于是发起了一场运动，试图说服女王，彻底改革内阁将带来灾难性后果，特别是对政府信用而言。著名商人兼英格兰银行董事吉尔伯特·希思科特爵士坚定地支持辉格党 "没有西班牙就没有和平" 的战斗口号，他利用自己的政治影响力帮助戈多芬内阁渡过难关。桑德兰被解雇一天后，为了获得不会有进一步政治变革的保证，希思科特拜访了女王。女王做出的承诺当然只是一种拖延战术，目的是保持银行信贷渠道畅通，哪怕只是拖到更激进的变化被揭晓之前。此外，女王的前顾问和密友马尔伯勒公爵夫人莎拉·丘吉尔向她发出警告，告诫其内阁变动可能造成的财政影响："我可以告诉陛下我最近从城里所有有名望的人那里听到的关于尊敬的财政大臣 ［戈多芬］的消息，如果他被除掉，他们不会再借出一分钱。"[35]女王现在已收到适当的警告：任何进一步的政治改革都会导致 "城市失信"。

戈多芬的最终失败发生在 8 月。当军队支付办公室要求银行贴现一些汇票（通常是银行提供给财政部的常规短期信贷）时，银行拒绝了，理由是在政治不稳定和信用下滑的情况下，它承担不起此类风险。希思科特告诉戈多芬，银行现在需要女王的书面保证：不会有进一步的内阁变动。事实证明，这一举动是一个严重的误判，1710 年 8 月 8 日，女王解除了戈多芬的职务。两天后她宣布罗伯特·哈雷为新任财政大臣，实际上也是新任首席大臣。[36]

英格兰现在正处于政治和金融危机之中。这次内阁变动会对国内政治产生什么影响？这将如何改变英格兰的战争方针？金融市场会如何应对这场动荡？一个偏袒土地利益集团的内阁会履行政府对商业和金钱利益集团的未偿债务吗？辉格党警告说，最糟糕的是，一支贫穷的英格兰军队是否会不得不向其宿敌屈服，面临法国的入侵以及由此产生的专制主义和教皇的暴政？虽然所有这些担忧在哈雷上任之初就都摆在了他的面前，但他面临的最直接的挑战就是找到一种巩固政府信用的方法。哈雷内阁的未来、财政–军事国家的稳定性、金融机构的延续性，乃至英格兰的安全，都要求迅速解决政府信用危机。

哈雷立即着手筹集足够的资金来保持信用以及让武装部队继续战斗。一些更激进的托利党人试图说服他只依靠来自土地利益集团的资金，但哈雷明智地没有放弃争取辉格党的金钱利益集团。虽然英格兰银行没有按照他希望的条件给予他所要求的所有资金，但他们愿意提供贷款这一事实发出了一个重要信号，表明政府财政的既有渠道仍然是开放的。[37]新内阁和女王成功地控制了公众对大臣变动的反应，这让他们深受鼓舞，发起了他们下一阶段的政治议程，并在 9 月底解散了辉格党主导的议会；新选举定于 10 月举行。这导致政府债券和英格兰银行及东印度公司的股票遭到抛售，价格下跌，紧张的外国投资者撤回资金并趁机向国外走私实物硬币，这又明显减少了硬币在英格兰的流通。尽管内阁和女王多次试图向城市保证：他们致力于温和的政治和宗教，并且他们将竭尽全力维护政府信用，但对内阁将违约或使用海绵将整个国债抹得一干二净的恐惧不断升级，从而加剧了这场金融危机的严重性。

舆论、公共领域和政府信用

1710 年的危机引发了一场关于信用本质以及让它恢复昔日辉煌的最合适方法的激烈争论。所有观察家都清楚，金融革命期间政府信用的转变极大地改变了债权人和债务人两者的构成。国家权力的制度化和官僚化，加上政府债券可转移性的增强，使信用关系的两极之间产生了日益匿名和疏离的关系。既然国家不再靠君主的个人声誉及其与特定的金匠银行家、纳税人、地主和富商的关系来筹集资金，而是依赖投资大众对国家管理财政机构之效率的意见，政府作为公共债务人就变得更加抽象和无形。[38] 同时随着时间的推移，向政府提供贷款不再将债权人与国家锁定为长期个人关系。政府证券可转移性的提高以及由此产生的针对这些工具的市场，使政府债权人能够在他们对投资的看法发生变化时随时出售其金融资产。[39] 政府信用因此取决于舆论如何看待国家当前支付利息的能力，以及想象中在遥远的、理论上的未来偿还债务的能力。[40] 在这种新的信用文化中，舆论成为政府信用的仲裁者，它决定着英格兰从帝国征战、财政管理和立法决策到大臣选择等一切事务。[41]

将舆论通过债券交易转换为信用涨落的人数越来越多，在 1710 年达到约有 1.1 万人，十年后接近 4 万人。[42] 这些投资者中的绝大多数只持有少量债券，而联合持有、多重持有和公司持有证券的做法很少见。[43] 这使得任何人或机构不太可能持续对金融市场施加影响。[44] 大多数投资者是英格兰大都市的商人，还有大量法国人、荷兰人、胡格诺派教徒和犹太投资者。妇女也发挥了重要作用：除了富商、贵族、名流、公务员和职业人士之外，富有的寡妇也被列为金融资产的主要所有者之一。[45] 中产阶层被日益高涨的投资、投机和赌博精神所吸引，开始接触新金融工具。[46] 即使是财力较为中等的人也会投资购买 10 英镑抽签公债的 $\frac{1}{10}$ 或 $\frac{1}{20}$ 的份额进入金融市场。投资这些证券的机会十分多，政府在 1711 年至 1714 年间发行了超过 50 万张 10 英镑的票券和 3 万张 100 英镑的票券，部分在人们经常光顾的酒吧出售。[47] 成千上万投资者怀揣着赢得大奖的愿望出现在市政厅参加公开抽奖，将这些事件变成了公众的盛事，威廉·霍加斯后来在他的画作《彩票》中进行了讽刺。

因此，投资者形成了一个非常庞大和多样化的群体。[48] 而且，这些投资者引导着更广泛的非投资者的意见。由于政府信用问题与当时的其他重大问题深深地交织在一起——党派政治、外交政策、王位继承和宗教争议——投资者的意见是在更广泛的公共领域内形成的，影响着数以万计甚至数十万计的人。这群民众与议会的选民（在此刻估计由三十万人组成）有很大的重叠，但可以说他们代表了更广泛、更多样化的政治力量。[49]

事实上，舆论建立在如此离心和分散的大众的信念和情感基础之上，因此控制它几乎是不可能的。尽管如此，宣传写手们仍试图通过让他们的著作填满公共领域来接触这些公众，并影响其思想。[50] 在此过程中，他们利用了由于识字率不断提高、廉价印刷品商业迅速崛起、选举活动频繁举行、公众请愿书数量增加，以及 1695 年《许可经营法》失效而发展起来的已经充满活力的印刷文化。[51] 蓬勃发展的印刷文化对政治挑战者尤其有用，因为他们现在能够精心策划反对现任官员的活动。[52] 至于执政的内阁，虽然经常被迫抵御它的批评者，但有时也会利用公共领域试图影响舆论。

宣传写手们尝试在不同的媒介和消息渠道广泛宣传他们的作品，主要针对在城市公共空间（如游乐园、王家交易所、交易巷、啤酒屋和咖啡馆等）活动的人们。伦敦大约有 500 家咖啡馆，为大多数社会群体以及拥有不同政治倾向、不同经济地位和不同宗教信仰的人提供了接触彼此的机会，作为舆论形成的空间发挥了特别重要的作用。而且，由于大部分股票和债券的交易是在位于交易巷的咖啡馆（特别是乔纳森和加拉维两家咖啡馆）里进行的，咖啡馆对话中反映出的舆论变化往往会立即转化为政府信用的涨跌。交易巷和咖啡馆在空间和概念上的接近确保了公共领域与新的政府信用体系在金融革命期间相辅相成。[53] 因此，正如哲学家尤尔根·哈贝马斯提出的著名观点，公共领域不仅促进了更加民主的政治话语，也促成了政府信用的民主化。[54]

　　然而，应该指出的是，18 世纪之交为政府信用提供信息的公共领域与哈贝马斯理论中的公共领域有着重要不同。[55]17 世纪英格兰版的公共领域并不完全是一个公众对国家进行理性公开批评的空间。相反，与反对派一样，内阁也正在尝试影响舆论，使得公共领域成为多个反对势力和国家之间辩论的论坛，而不仅仅是批评国家的渠道。[56] 此外，有关政府信用的讨论不完全基于理性的批判性论证（处于平等地位的个体接受"更好的论点"）[57]。相反，由于辩论旨在左右公众的情感、想象或预期，理性争论并不总是受到青睐。相反，宣传写手们使用多种类型的论证、修辞和证据，其中认识论内容偶尔会促进理性对话，但很多时候却依靠讽刺、幽默、分散注意力和混淆视听。[58]

　　事实上，这些辩论是通过多种类型的媒体进行的，包括新闻报纸、小册子、大幅传单和歌谣等，这就引出了一个问题：我们到底是应该将这些媒体当作独立而部分重叠的公共领域来分析，还是当作一个更大的公共领域？哪种思考方式会更准确？[59] 例如，辉格党历史学家约翰·奥德米克森在 1714 年表明，不同形式的宣传内容和受众产生了截然不同的化学反应。他写道，"小册子的效果缓慢，一本小册子的效果经常被另一本小册子破坏了"，而民谣歌手的"哭泣和歌声温暖了乌合之众的心灵，群众更善于采取实际行动而非进行理论思考或深入分析"。[60] 尽管不是所有可供公众讨论的空间都向所有人开放，所有出版物也并非为每一位听众准备，小册子、报纸和民谣往往具有相同的普遍关注点，这意味着即使是互不关联的社会群体也会接触到基本上相同的思想和论点。类似的对话在许多不同的领域进行，因此，将这些媒体当作一种多元的但统一的公共领域来分析似乎是合理的。事实上，正是这种公共领域的异质性和无定形性吸引着同时代人，并让他们受到威胁。对他们来说，公众行使着一种可感知的政治力量，但无法确定其确切的社会位置。因此，通过尝试分解公共领域并确定其具体位置，就有可能失去将舆论与大众意见联系起来的特质，从而使其成为一种神秘的、令试图管理它的人望而生畏的社会现象。

意见的流动性、弹性和开放性使得不同的、常常相互冲突的舆论得以同时存在。也就是说，与哈贝马斯所认为的舆论在 18 世纪后期发展起来的单一性和一致性相反，舆论此时并不代表一种普遍的一致意见，而是代表了多种多样的观点——从有不同的细微差别而总体相同的想法，到截然相反的观点。[61] 事实上，舆论没有坚实地以理性或谨慎的经验评估为基础这一事实本身意味着它也能突然改变而且毫无预警。在这种对意见不稳定的普遍担忧之中，辉格党和托利党写手们试图利用这种反复无常来推进各自的政治议程。

宣传和舆论塑造

政党政治影响了信用辩论的方方面面。正如马克·奈茨指出的，党派之争"确保了一切政治因素可以通过两种方式来看待——相同的单词、短语、人物和事件，通常根据政党归属不同而有着不同的表述"[62]。因此，宣传写手面临的挑战是构建一种令人信服的理论或叙述，使人们能够从特定的角度理解世界。正如奈茨所指出的：

"因此，政治斗争是各种对立表述与真理主张相互之间及在此之上的竞争。"[63]金融领域面临的挑战是塑造人们的经济素养和对当下金融危机的理解，部分是为了让他们能够以促进政党事业的方式进行投资。也就是说，辉格党和托利党写手都提出了旨在改善财务状况的理论和分析，同时他们寻求促进本党的政治利益。

　　辉格党对政府信用的立场在多产的宣传写手本杰明·霍德利那里得到了最清楚的阐述。[64]他在戈多芬被解雇时撰文，警告大臣和议会的重新安排将带来多重灾难。霍德利在《一个诚实的托利党人的想法》中，以一位认识到其政党对国家造成的损害的托利党人的口吻，对托利党政客的险恶用心提出了警告。他虚构了一个人物，声称自己一直支持托利党并为托利党获得多数席位而努力，但现在他"回顾我们的朋友们为获得这个幸福的前景而使用的方法，感到十分恶心"[65]。他警告说，在一个特别恰当的时刻，党派冲突的持续正在危及政府信用的地位，他不祥地问道：

> 　　现在是［内阁］进行全面更替的时候吗，一定要动摇朋友的信心，给敌人带来希望吗？这是一个全面换帅的季节吗？政府信用必须在欧洲其他国家有时间知道他们应该依赖谁，以及国内人民知道他们应该信任谁之前就陷入虚无吗？[66]

政治重组将彻底破坏政府信用，从而迫使英格兰接受与法国不光彩的和平，以及王位觊觎者——詹姆斯二世的儿子詹姆斯·弗朗西斯·斯图亚特——的卷土重来，他在1708年就曾试图入侵英格兰。而且，如果目前各党派的敌对行动没有很快得到控制，没有什么能阻止"选举场变成战场"。[67]

　　霍德利在《所有真正的不列颠人的恐惧与情绪；关于国家信用、利益和宗教》中的主题仍然是：政府信用的崩溃可能带来灾难性后果。他现在不再使用冒充对手这种修辞技巧，而是通过捍卫所有英格兰人的利益来假装淡化党派色彩，这是另一种常见的文学手段。在探索信用的本质及其对英格兰的权力和繁荣的重要性时，他试图更好地理解信用危机是怎样发生的以及未来可以采取哪些措施来预防这些危机。与同时代许多人一样，霍德利将信用的本质界定为信任。他认为，信任最重要的组成部分之一是借款人谨慎的声誉，而这种声誉只能随着时间的推移建立起来。他写道："政府信用就像私人声誉一样，是由许多良好举止构成的一系列优良品行积累而成。"[68] 因此，戈多芬在多年来建立的辉煌声誉是国家不可或缺的资产。但现在由于他被解雇了，信任必须从头开始重建。

霍德利强调，过去并不是决定信任的唯一因素。对未来的预期和对未知的想象在决定信用状况时至少同样重要。这正是信用成为如此神秘和不可预测的现象的原因。因为预期和想象永远不可能建立在确定性基础上，也不可能受权威控制，霍德利指出，伴随着信用出现某种焦虑是不可避免的。信用能够通过空间和时间传递事件的影响并对想象中的事件产生真实影响，这意味着仅仅对未来或遥远事件的不利的怀疑就有可能成为当前信用的严重威胁。对霍德利来说，现在解散议会的前景就例证了这种对未来的"丑陋恐惧"如何导致当前的政府信用下降。[69]

由于信用对未来投机的敏感性，它特别容易受到持续的党派冲突的影响。因此霍德利痛斥托利党为了自己的政治利益而不择手段，破坏了政府信用。他指责他们投机取巧地把自己的命运置于国家利益之上。他呼吁相互争斗的各方政治行为体增强相互责任感以稳定信用，从而确保光荣革命所创造的政治秩序得以延续。虽然政党应该被允许自由地争吵大多数事情，但它们应该决定把政府信用视为一种超越党派小政治、需要整个国家关注的焦点。[70] 他写道，托利党应该意识到政府信用的下降将严重损害英格兰国家安全。信用下降不仅会削弱国家本身，也会恶化英格兰的相对地位，因为英格兰损失信用，法国将会得利。他写道："就像我们第一次将信用提升到如此高度，正是法国国王信用完全毁坏的时候一样；所以我们信用的丧失也必然会给他带来新的生机。"[71] 因此，解决当前问题的唯一合理的办法是邀请戈多芬回来，再次管理政府信用。

霍德利在小册子的最后提醒托利党土地利益集团，如果在10月选举中获得议会席位的大多数，他们应该审慎管理国债。他建议他们不要管理不善或拖欠国债，这么做最终是为了保护自己的财富。因为如果政府拖欠债务，从而抹去金钱利益集团的财产，那么在土地利益集团的心目中，就不应该有任何把握政府不会在某个时候同样夺取他们的土地和庄园。在那种情况下，他问道："什么是安全的？什么还能成为土地所有权或权利？或者，财产会变成什么样子？"[72] 在霍德利看来，尽管金融财富植根于非物质的、抽象的、面向未来的诸如信任、信心和意见之类的概念，但它仍然具有与最真实、最具体的财产形式同样的合法性。因此，霍德利认为，如果金融财产受到侵犯，这将构成对长期以来备受推崇的英格兰式财产和自由理想的全面攻击，从而破坏其社会根基。[73]

霍德利的辉格党干预很快遭到托利党的挑战。新任财政大臣罗伯特·哈雷爵士组织了一支令人印象深刻的宣传团队，包括西蒙·克莱门特、阿贝尔·博耶、乔纳森·斯威夫特和丹尼尔·笛福。[74] 一旦控制了内阁，哈雷和托利党就立志以一种使政府信用维持下去的方式管理公众预期和想象。在这些写手的帮助下，哈雷试图建立托利党对新生信用文化的独特理解。在哈雷本人的直接监督下，克莱门特书写的《错误在于双方；或一篇有关这个国家的派系的最初原因、发展和有害后果的论文》通过辉格党-托利党的对立视角审视了近代英格兰政治史。[75] 他的历史分析在对英格兰当时面临的挑战的讨论（包括对霍德利的逐条反驳）中达到高潮。

克莱门特在信用问题上有很多话要说，他给托利党提供了对金融危机的不同分析以及评估信用中想象成分的不同方式。首先，他批评了英格兰银行董事们干涉女王对大臣的选择，进而默许自己成为政党工具的行为。虽然他对辉格银行的批评措辞严厉，但他煞费苦心地奉承和赞扬银行的个别董事，很可能是为了避免危及哈雷与他们的持续关系。克莱门特还谈到了"城市失信"的威胁，或者说"大臣们换了，股票就会下跌，外国人就会从我们的公共基金中抽走他们的钱，政府和私人信用都会毁于一旦"。[76]对于克莱门特来说，这些场景都只是无中生有的空洞猜测，旨在"吓唬无知和不动脑筋的人"[77]。但他还是花费了很大的精力试图消除对这种损失的恐惧。

对于证券价格下跌的问题，克莱门特提出了不同的看法来解释舆论如何影响信用。霍德利认为，公众形成的预期和想象是不可避免的，而且对于证券价格的确定也是不可或缺的。克莱门特则声称，衡量股票价值的唯一真实标准是它的内在价值，这是由公司的股本规模、管理人员的业绩和最近的盈亏状况决定的。同样，政府债券的价格也应由国家的收入、财政管理者的性格，以及最近的债务历史所决定。因此克莱门特认为，信任形成的关键因素是透明度、管理者诚信和正直的声誉，以及以无可挑剔的担保物为后盾的金融工具。除了将以不当手段操控信用的行为定为死罪之外，他还强调了第三章讨论过的早期写作者们所提出的信任要素。

如果股票或债券价格上涨超出基本面所指示的范围，这只能归因于克莱门特所谓的"想象中的财富"的增加。[78]通过将有利的舆论所产生的价值描绘为虚构的、不真实的或想象出来的，克莱门特对公众新获得的决定信用的能力表示不认可，认为它在很大程度上是无关紧要且不合理的。也就是说，舆论并不是普通民众审慎评估的体现，而必须承认这是一种令人困惑的、无知且毫无根据的感觉。此外，他还将近期"想象中的价值"的上涨归咎于股票经纪人的肮脏交易，这个群体长期以来一直因其对信用不稳定的贡献而受到谩骂。[79] 他因此将戈多芬下台后股票和债券价格的下跌视为舆论或想象的一个无关紧要的调整，不值得认真关注。

霍德利和克莱门特对信用的理解的差异反映了辉格党新的金融体系支持者和更保守的托利党土地传统之间的重要紧张关系。对克莱门特来说，内在价值是"真实"价值，而"想象中的价值"是基于未经证实的信念和猜想。后者被认为是危险的不稳定因素，因为它容易受到投机、谣言、操控和谎言的影响。每个投资者都知道并且心照不宣地承认，信用本质上是有风险和不确定的。然而，正如洛克和其他人已经探讨过的，形成关于一个人是否可以信任的合理意见仍是有可能的。[80] 关键是每个人能随时了解相关情况，并仅信任最有经验的证人。[81] 但克莱门特和托利党坚持认为现实情况并非如此。在实践中，大多数人的意见都是基于某种集体信念，这意味着意见并不能反映真实的情况，因此不能作为行动的可靠指导。所以克莱门特比霍德利更怀疑金融资产中抽象和非物质的那部分。有鉴于此，至少在目前，托利党对以土地和商品等实际存在的资产作为金融资产的担保感到更放心。另一方面，霍德利也认识到舆论的不稳定，但他并没有赋予意见和预期任何特殊的规范性，相反，他将它们视为所有信用工具自然且不可避免的特征。

这场关于意见和预期的争论的背后，潜伏着一场关于政治和经济权威的更深层次的争议。是社会仍处于地主精英的理性、熟练、公正的领导之下，还是商业和金钱利益集团通过公共债务获得了更大的政治影响力？更糟糕的是，是不是可能没有人能够真正明确地控制经济，经济现在是由抽象的和无政府的舆论决定着？土地利益集团普遍担忧扩张政府信用会引发猖獗的投机和腐败，但现在他们更担心重要的政治和经济问题将由那些甚至不明白自己的行动将对英格兰的政治和地缘政治未来产生何种影响的人来决定。

克莱门特的干预引起了辉格党的一系列反应，包括约瑟夫·特拉普的《大多数错误是单方面的》、一位匿名作者的《找茬人的错误》和《对〈找茬人的错误〉的补充》，以及亚瑟·梅恩沃林在辉格党报纸《杂录》中的一系列文章。为了回应这些问题，克莱门特写了一篇反驳文章，题为《对〈错误在于双方〉的辩护》，进一步探讨了政府信用问题。他再次透露他对信用依赖预期、意见和想象的不安。为了对抗这种固有的无常变化，他重申支持债务工具的良好担保和使证券价格能够准确反映实际状况的记账透明的重要性。[82] 除了关于发行债务工具时审慎和诚实的重要性的讨论之外，他还重申了他对内在价值与想象中的价值之间的区别的看法。他建议"人们永远不应该根据交易巷里的股票价格来评估它们的价值，而要真实地了解自己已支付给股票的确定金额、不断产生的股息，以及管理层可能取得的成功"[83]。克莱门特因此建议对想象部分最好的管理方法是贬低其重要性，让人们简单地忽略它。人们应该关注经验事实，而不是跟随谣言、宣传和谎言所造成的混乱。

意识到他的内阁有必要为了影响舆论进行大规模的宣传活动，哈雷雇用了多产的写作者阿贝尔·博耶为他的目的写作。[84] 博耶在过去曾与哈雷合作，但直到 1710 年秋天，哈雷才正式邀请他为其服务，撰写宣传文章。在《论上一任内阁和议会的历史》这篇文章中，博耶提出了一系列辩论，旨在影响公众对哈雷管理内阁的意见，进而影响他们对政府信用的评估。在立论过程中，博耶探索了信用对现代国家和经济的核心作用。他辩称，如果没有信用，商业活动中希望发生的交易或业务只有一小部分能够完成，国家将发现自己无法履行其最基本的责任。因此，"信用已成为所有贸易和商业的核心和灵魂，无论是私人的还是公共的"。[85] 事实上，政府信用已变得如此重要，他认为，任何威胁其稳定的活动都应该被视为犯了叛国罪。

　　为了明确信用的基本运作方式，博耶给信用下了一个粗略的定义。他声称，信用是"我们对他人履行或偿还债务的能力、诚实和守时所给出的意见或信心"[86]。由此引申，政府信用是"对国家或政府所给出的同样意见或信心，建立在对其能力、诚实和守时的经验之上"[87]。博耶认识到，信用的状况是由声誉和预期的混合来决定。然而，由于对舆论作为信用仲裁者所扮演的角色感到不安，他和克莱门特一样，试图将信用建立在不那么不稳定和短暂的基础之上，从而使信用更加稳定。与17世纪的许多政治经济学写作者相似，博耶提出，如果政府信用的管理者是荣誉和品格无可挑剔的人，并且有足够的财力，那么他们根深蒂固的道德美德可能会让舆论稳定下来，从而为信用注入更多的确定性和恒久性。这种论点很受地主利益集团的欢迎，他们认为，自己的血统以及在社会中所接受的教育及培养使他们特别适合拥有和行使政治权力。博耶认为，这些人（地主）考虑的是英格兰的长远利益，因此他们不会像嗜利的有钱阶级那样屈服于诱惑，这意味着金融体系将建立在更坚实的基础上。

　　此外，博耶还驳斥了霍德利关于罢免戈多芬导致信用崩溃的说法。他提出了一个论证来说明政府信用从来不只依赖一个人，解雇戈多芬而任用哈雷不可能导致信用崩溃。[88]他问道，公众的信心是取决于国家行政机关，还是负责管理财政机构的具体人员？他认为，在最基本的层面上，关于国家偿债能力的看法应由国家的财富以及议会将这些财富用于偿还公共债务的能力和意愿来决定。博耶认为政府信用首先取决于议会，因为该机构负责征用资金来偿还债务，其次取决于女王，因为她负责选拔"有能力、诚实、忠诚的人成为财政部和管理国库的官员"[89]。因此，没有特定的公职人员应对政府信用负责，这意味着信用不应因大臣变动而下降。

　　博耶试图解决由国家无形化和政府债券可转让性的增加造成的

政府信用去人格化问题。他挑战辉格党早期由霍德利阐述的立场，即政府信用"就像私人声誉"，而且戈多芬已经确立了自己正直完美的形象，因此便应该允许他继续担任财政大臣。[90]霍德利没有意识到君主不再是国家信誉的主要象征和保证人，政府信用也因此变得去人格化，而是声称财政大臣已取代君主成为国家信用的个人保证者。另一方面，博耶则认为，传统的政府信用概念依靠君主（或其他任何公众人士）的声誉，这已不再反映政府信用的现实。国家行政人员的荣誉、廉洁和受人尊敬对于信任的形成仍然至关重要，但具体由谁担任这些权力职位并不重要。为了取得公众信任，政府信用必须由有美德的人来管理。因此，美德并没有从信用的概念中剥离出来，而是被强烈地去人格化了。

尽管博耶表示政府信用不依赖任何特定的人，但在戈多芬被解雇后，政府证券的价格确实立即下跌，这一事实就要求博耶提供另一种解释。他认为部分原因是戈多芬积累了如此惊人的债务，使人们怀疑他是否有能力偿还债务。他还暗示英格兰财政大臣对税收征收管理不善，过高关税导致英格兰的对外贸易负担过重，以及疏于管理的殖民政府浪费了利润丰厚的贸易机会。然而，造成政府信用下降这一现象的主要原因是舆论固有的不稳定和反复无常。他表示，即使财政机构组织得无可挑剔，新任财政部官员确实诚实、能干、守时，最重要的也是"我们对他们是否诚实、能干、守时的意见或信心"。[91]博耶由此得出这样的结论："信用的卓越性建立在一个并不稳固的底层之上，我的意思是，意见；由于意见是微妙的、脆弱的、很容易受影响和被攻击的，所以信用要么随之上升，要么随之下降。"[92]博耶这里呼应了查尔斯·达文南特关于舆论非理性及其对政治稳定构成的威胁的著名反思。然而，博耶认为这只是暂时的不稳定，一旦哈雷和他的政府有机会证明自己，舆论会转向对他们有利，信用也很快就会回升。也就是说，只要人们关注金融资产的担保的可靠性和管理者的诚信，舆论不一定会造成动荡。

在哈雷的宣传机器中，最终成为最活跃的、可以说最有效的写手是丹尼尔·笛福。[93]笛福在还是戈多芬内阁的成员时曾为哈雷写作，但当哈雷在1708年被解雇时，笛福留任并继续为哈雷工作，直到辉格党政治联盟即将垮台。1710年7月17日，笛福写信给哈雷，请求他续约。他宣称："如果能将我的感激之情与为我的国家服务融合在一起，那将是我的双重荣耀。"[94]哈雷自然很高兴能有这样一位多产的写作者加入自己的事业。经过几个月的谨慎或不温不火的支持后，笛福每三周出版一次的《不列颠民族状况评论》（以下简称《评论》）呈现出越来越倾向于哈雷的观点。又过了几个月，笛福开始制作小册子明确支持哈雷的想法和政策。

1710年8月，也就是安妮女王用哈雷替代戈多芬的同月，笛福发表了《论政府信用》这篇文章，是这一时期对信用最有趣的反思之一。[95]虽然与博耶类似，此文的中心目的是表明政府信用从来不只依赖一个人，但这本小册子最迷人的特征是笛福对把握信用本质的困难性的认识。[96]他一开始就宣布：

> 我要讲的是所有人都在忙的事情，但四十个人中没有一个人明白：每个人都对此有所关注，但很少有人知道它是什么，也很难定义或描述它。如果一个人试图用言语解释它，他更像是挣扎着迷失在树林里，而不是把别人带出来。最好由它自己来描述；它就像风一样，吹到哪里，我们就听到哪里的声音，但几乎不知道它从哪里来，又到哪里去。[97]

在笛福看来，信用是一种极其神秘的现象，其本体无法通过分析来确定。虽然当信用出现时，人们可以清晰地辨认出它，但要完全准确地阐明它从何而来以及它如何存在却几乎是不可能的。本着同样的精神，笛福继续说道："就像身体中的灵魂一样，它让一切物质拥有生命力，然而它本身是非物质的；它赋予万物以运动，但它本身不能说是存在的；它创造了形式，但它本身却没有形式；它既不是数量，也不是质量；它没有地点、时间、方位或习惯。"[98] 笛福在他的评论中也对信用进行了类似的矛盾反思。他写道：

> 信用，似乎与自然界的所有现象有着截然不同的本质（即使在一个很难说什么事物真正存在"本质"的世界里）：它本身是世界上最轻、最不稳定的物质（Body），活动迅捷远超闪电；最伟大的炼金术士也永远无法将其中的水银固定下来，或者找出它的质量；它既不是灵魂，也不是身体；它既不是可见的，也不是不可见的；……一个完美的自由行为者，通过完全未被发现的轮轴和弹簧行动。[99]

鉴于这些品质，笛福基于信用在实践中的运作方式，转而采用了一种更务实的理解方式。

笛福探讨了英格兰信用体系的根源，并将其追溯到 16 世纪全球商业快速扩张导致的货币短缺。因为黄金和白银的世界供应相对固定，所以当贸易稳步增长时，就会出现无法再进行所有所需交易的情况。为了解决这个问题，商家允许买家占有货物以换取将来还款的承诺。尽管存在明显的风险，但只要他们能够相信买方"付款的诚信和能力"，商家就愿意提供这种方便。[100] 根据笛福的说法，这是信用第一次出现，它从一开始就拥有其内含的神秘的品质。他写道：

> 信用是结果，而不是原因；它是物质的作用，而不是物质；它是阳光，不是太阳；它是某种跳动的东西——随你怎么称呼

它，它赋予贸易生命，让树枝得以存在，给予根部水分；这是世界上所有的谈判、贸易、现金和商业的车轮里的油、骨骼内的骨髓、血管中的血液、心脏里的灵魂。[101]

在这里他结合了形而上学、自然哲学、力学和医学的论述，甚至邀请读者给出自己的比喻来形容这"某种跳动的东西——随你怎么称呼它"。虽然这种令人困惑的隐喻组合凸显了信用重要但神秘的社会作用，但他并没有假装贡献出一个更精确的定义。[102]笛福的主要目的是证明，尽管人类无法理解信用现象，但它对现代社会绝对是必不可少的，因此应该不惜一切代价予以保护。

确定信用能够对现代商业社会产生巨大的利益之后，笛福进一步仔细研究信用蓬勃发展的基础条件。信用繁荣所需的最基本条件在于"普遍的正直"。[103]对于笛福来说，只要人们致力于"公平和正直地交易、准时守约、诚实履行合同和契约"，信用就可稳定增长。[104]如果没有这样的诚实守信，世界上所有的聪明才智都不能创造出信用，世界上所有的钱在缺乏诚实守信的情况下都无法提高信用。此外，哪里有正直和正义，哪里就可扫除建立信任和信用的其他所有障碍。他举例说明了这一点："我们如何与土耳其人做贸易，并信任伊斯兰教信徒，当《古兰经》中的教义之一便是不要对基督徒守信？"[105]笛福回答说："他们是通过公正、守时和正直的贸易行为获得信用的，你可以毫无顾忌地信任他们；与其信任基督徒，不如信任他们。"[106]指出正直是信任和信用的普遍和唯一的标准，笛福重申：政府信用不与任何特定的大臣挂钩，任何能干、谨慎的人都可以提高信用。毕竟，他坚持认为，如果一个英格兰人能够信任一个谨慎的穆斯林，相信他应该不难信任他自己人中的一员，只要那个人表现出适当的美德和品格。因此，与博耶类似，笛福也相信，如果享有荣誉、正直和品格好的人被任命负责管理国库和财政，舆论的不稳定性将会减少，信用的不稳定性进而也会减少。在笛福看来，戈多芬为稳定政府信用需要什么样的人这一问题提供了一个极好的榜样。

笛福还评论了他认为是荒谬的辉格党威胁——投资者将因为对前内阁的忠诚而拒绝购买政府债券。对笛福来说，预测这个结果如同说"自然将停止存在，〔以及〕有钱人将放弃成为喜欢赚钱的人"[107]。笛福的观点与克莱门特一致，后者认为投资者无论有何种政治信念，总是会购买政府债券，只要政府债券有良好的担保并能提供足够的回报率。在笛福看来，市场基本上不受政治意识形态影响。

笛福和克莱门特认为人们不会以损害其经济利益的方式进行交易，这种观点与社会学家布鲁斯·卡拉瑟斯所提出的说法一致，即辉格党和托利党都被观察到以支持其各自政党议程的方式进行交易。[108]由于双方的宣传机器都鼓励投资者将关于当前政治局势的特定观点和对未来的特定预期内化于心，投资者的整体判断和预期就可能使他们个人的经济利益与政党的总体目标相一致。因此，辉格党人的成功宣传意味着投资者被说服相信在戈多芬被解雇后出售债券符合他们的经济利益，这进一步削弱了政府信用，而托利党的情况则相反。因此，不少投资者进入交易巷交易股票和债券主要是为了增加自己的财富，却在不经意间为他们支持的政党的政治利益做出了贡献。这当然不排除有人故意在股票和债券市场上损害自己的经济利益来达到政治目的。

笛福努力让他的受众相信党派冲突或宗教分歧不会阻止投资者购买政府发行的债券，只要议会以稳定的收入流为其发行的贷款提供担保，并以谨慎和正直的态度管理公共债务。然而，重要的是，要明确地向公众传达国家财政确实管理得当。为此，准确且透明地记录公共债务状况是很重要的。[109]正如西蒙·谢弗已经表明的，因为笛福相信"社会生活应该像大自然那样被报道"，所以他主张用现代实证主义方法引领金融领域，以便让投资者觉得金融是可理解和可预测的。[110] 如果商人和政府官员们对他们的财务状况进行了细致的记录，并允许公众亲眼看见它们，信用工具的可靠性和可信度可能会增加，舆论和想象肆意横行的空间也会减少。"对于第一手观察的重视是形成可靠意见的关键"，洛克等人阐明的这个理论继续构成了信用的基石之一。因此，托利党试图将舆论置于与私人看法同样的原则之上。人们应该忽视第二手的报道和宣传，亲自收集尽可能多的信息，以此为基础形成自己的观点。只有这样，信用才会拥有坚实的基础。显然，哈雷的写手们正在努力说服公众不要理会政府债券正在以折价交易的事实，他们将此归咎于舆论的混乱评估，而不是政府或其大臣的任何潜在弱点。

　　笛福对信用的处理方式远没有得到普遍推崇。在辉格党期刊《杂录》中，亚瑟·梅恩沃林对笛福的思想进行了尖锐批判，而这种强烈的批评可能因为笛福最近背叛辉格党的行为而被加强了。[111] 梅恩沃林嘲笑笛福，笛福声称他将澄清围绕信用的概念问题，而梅恩沃林认为情况恰恰相反，笛福实际上引导他的读者陷入了混乱的迷宫。梅恩沃林讽刺地说："他真是个学者啊！他谈论的东西既不是数量也不是质量，没有'地点'或'时间'、'方位'或'习惯'。先生，这就是你的哲学。"[112] 然后他对笛福的文章逐点进行了讽刺评论，结论是笛福的论证非常失败，实际上最终削弱了他对哈雷的支持。梅恩沃林批评笛福夸大其词的说法——政府信用的责任全部仅应由议会和女王承担，这样就免除了大臣们自己的所有责任，并使担任这一职务的人是谁在很大程度上变得无关紧要。在梅恩沃林看来，这构成了对哈雷的一个极其不痛不痒的支持。

　　一个月后，梅恩沃林继续攻击托利党关于信用不依赖任何特定个人的主张，并使用了许多霍德利之前用过的相同的论据。他声称，这个命题的荒谬之处在秋季就已经显现出来了，当时大臣变动的直接后果是国库券跌破面值。这些证券此前曾完美无缺地由信誉良好的人管理，但现在这些管理者被撤换了，由此产生的焦虑导致公众将他们的财富转移至别处。梅恩沃林总结道："利益是自然界中最没有耐心和最胆怯的事物。"无论原因如何，不确定性总是会让资金转移地点。[113] 梅恩沃林还谈到了克莱门特对"想象中的价值"的批评，认为声称某物的价值低于其价格是荒谬的。他驳斥了这一观点，指出这是对信用本质的完全误解，信用使预期和想象能够产生比直接存在的价值更大的价值。

笛福没有被梅恩沃林的批评困扰，继续为托利党立场辩护，现在还用了更生动的比喻。在 1710 年秋天发表于《评论》的一系列文章中，笛福复活了他几年前推出的"信用女士"这一著名人物形象。[114] 他将信用女士描述为货币的妹妹，有能力在贸易中代替货币的位置，只需要"她的姐姐不断地、准时地为她解围"[115]。他利用一组性别刻板印象，把信用女士描绘成喜怒无常、腼腆、善变、情绪化、容易歇斯底里，但同时也美丽迷人，能够创造伟大奇迹。

信用女士的反复无常和非理性部分源于她对世界错误的实证评估。她没有以理性的方式观察记录事件和现象，反而通过自己的想象筛选出得到的印象。正如波考克所观察到的，"不仅形成意见所依据的数据至少有一部分是虚构的，即使是那些在具体现实中有充分依据的数据也是想象出来的……作为一个流动的宇宙的特征……其中的每个物体都有可能成为盈利或亏损的来源，成为希望和恐惧的主题"[116]。外界无法衡量她将某事解释为希望或恐惧的标志的原因，这导致了极大的不确定性和犹豫不决。因此预测并控制她的情绪波动是不可能的。如果她曾经受到追求者的恶劣对待，她总是要花很长时间才能恢复。或者，如笛福指出的，恢复失去的信用"几乎与恢复童贞或者让婊子成为诚实的女人一样困难"。[117] 连国王或者议会都不能强迫或贿赂她露面。最好的确保她出现的方法就是假装不需要她。然而，一旦她来了，就必须不断对她进行奉承和赞美。

尽管信用女士有反复无常、不可预测的倾向，但当她蓬勃发展时，她有能力带来巨额财富，也会快乐地将财富散播到整个社会。[118] 1710 年 8 月 8 日，也就是戈多芬被解雇的当天，笛福发表了一篇文章，回忆起在过去的十年里，信用女士在戈多芬的指导下是何等热情洋溢而愉悦。他描述了她如何"总是面带微笑、高兴、快乐和充满幽默——她每天都往返于银行和国库，以及交易所和财政部之间；她总是不戴面纱，打扮得像个新娘；她的侍从无数，所有人看到她时，脸上都洋溢着喜悦之情"[119]。但现在，随着辉格党和托利党敌对情绪的加剧，她的脾气越来越坏，人们普遍担心她又会经历一次可怕的癫痫发作。[120] 不幸的是，她的命运远比癫痫发作更糟糕。

在这里，笛福稍微偏离了托利党既定的立场。与克莱门特和博耶的观点相反，也与他试图削弱戈多芬在政府信用兴盛发展中所发挥的个人作用的努力相反，他承认辉格党的观点，认为政府信用在很大程度上已得益于戈多芬的声誉和技能。在下一期《评论》中，笛福解释了戈多芬被解雇后，信用女士如何失去了她"在这个国家曾经有过的最好的朋友；多次在她濒临死亡时让她恢复健康的朋友"[121]。笛福进一步描述了她"如何深切地感受到了这一损失并对这场灾难几乎感到伤心欲绝，以及这一切将会怎样伴随着她"[122]。各地的人们都在哀悼即将到来的信用女士的死亡。在笛福的想象中，他走访英格兰银行、交易巷和国库，都发现了同样的绝望心情。唯一对这位女士与她最好朋友分手的消息表达某种喜悦的是托利党人，他们是大臣变动的幕后推手。但连他们也对自己所做的事情越来越不安，并开始担心自己行为的后果。笛福对托利党人的安慰微乎其微，他告诉这些人："如果她真的死了，就是他们谋杀了她。"[123]

笛福声称托利党内没人能救她，这进一步加剧了对他们的侮辱。就在同一天，1710 年 8 月 10 日，女王任命哈雷为新任财政大臣，这使笛福的这番话更加意味深长。笛福没有公开支持哈雷，这令人费解。如果事实上笛福已经被哈雷收买，那么笛福如此批评托利党和哈雷本人的立场就真令人惊讶了。尤其是笛福曾在给哈雷的信中写道："这份满足之情……我难以表达，我看到你又重新站稳了脚跟……先生，似乎是天意，让我重新回到你的身边（我怀着喜悦的心情写下这句话）。"[124] 可以想象，哈雷仍想要对资助笛福这件事保密，又或者笛福不想表现出不合情理的党派倾向，继而损害自己的声誉。但两周后，笛福开始更加赞同最近的变化。虽然他仍然在向戈多芬致敬（"我可以用整整一页来赞美他"），但他的言辞和语气现在更加支持哈雷。[125] 尽管如此，整个 1710 年间笛福对哈雷的辩护始终不冷不热。然而，第二年，笛福成为哈雷提出的金融灵丹妙药的最有力拥护者。

最后，政府信用是辉格党和托利党之间的主要争论战场之一。然而，尽管如此，双方还是有一些共同的原则。正如波考克指出的那样："对安妮统治时期由记者和公关人员展开的关于'土地利益集团'和'金钱利益集团'之间的大辩论进行剖析后可以看到，纯粹的教条或简单的对立是不存在的，也很少有假设不能被双方的宣传写手共享并且被用于不同的目的。"[126] 地主精英仍然对传统政治和道德秩序被削弱感到焦虑，而在这种秩序中，权力和权威源自土地财产。对他们来说，围绕土地来组织社会确保了自然的稀缺性可以控制商业和金融潜在的过度行为，土地所有者表现出的道德美德增加了政体稳定的可能性。然而，他们也越来越认识到，贸易和流动财产有能力为政治和经济秩序做出实质性的和有利的贡献，并为政府信用提供坚实的担保。尤其在 1695 年土地银行创业失败后，他们对信用概念的界定越来越接近金钱利益集团。两个团体一致认为，政府信用最根本的基础是谨慎和诚实的声誉、专门用于偿还贷款的稳定的收入流、透明的报告和对未来的良好预期。虽然托利党土地利益集团早些时候倾向于用现有的土地和商品等资产作为金融资产的担保，但现在托利党更愿意按照对未来利润的预期来支持信用，尽管那样的话，舆论会发挥更突出的作用。在关于什么样的资产最适合作为担保的问题上，托利党接近辉格党的立场，而辉格党很快就会对舆论感到越来越不舒服。双方因此一致认为，不可预测的公众影响已成为政府信用变得不稳定的危险根源。一种无形的、不真实的舆论将信用变成了一股变化无常、不稳定，而且最重要的是，无法控制的力量，这一事实被视为对英格兰繁荣和安全的重大威胁。

哈雷灵丹妙药的演变

尽管有关信用的争论愈演愈烈，但哈雷努力对霍德利、梅恩沃林和其他批评者的文章做出回应。他向英格兰银行申请短期贷款，哪怕只是权宜之计，也能让信用维持下去。哈雷知道这些贷款只是治标不治本，而且他很快就不得不寻求更激进的解决方案。1710年10月，他开始与有争议的组织剑刃银行（Sword Blade Bank）的成员约翰·布朗特和乔治·卡斯沃尔爵士就一项雄心勃勃的计划交换想法：将全部无担保的国债注入一家新的股份制贸易公司的股本中。基于预期股息以及公司贸易产生的资本收益，该公司的股票将与未偿付的政府债券进行交换。布朗特在一封致哈雷的信中辩称，这个交换将消除国债负担，从而抹去"那些不怀好意的人肆意散布的关于公共资金和信用危险的不公正指责，而且必须鼓励所有人更加自由地借出他们的钱"[127]。卡斯沃尔认为，这是一个非常聪明的提议，他写信给哈雷，称这将"促进政府信用恢复健康，并给予政府中那些对其执行表现得充满热情的人极大的荣誉"[128]。这不是第一次使用这种金融手段。1697 年，英格兰银行接受了约 80 万英镑的贬值短期政府债券。这些债券被纳入该银行的股本，并向持有人提供银行股票作为回报。1709 年，银行又进行了一次这样的转股，当时它扩大了股本，并以折价的方式用股票换取 177.5028 万英镑的国库券。[129] 1702 年，剑刀银行也实施了类似的计划，当时它吸收了 20 万英镑的折价陆军债券以交换该公司的股份。[130]

在布朗特和卡斯沃尔的帮助下，哈雷现在有了基本的轮廓，他希望这将成为应对国家最紧迫挑战的一个迅速而方便的解决方案。1710 年秋天，他说服女王相信恢复政府信用的必要性，以及减轻债务中无资金支持那部分的重要性。11 月，在向新当选的托利党主导的议会发表第一次讲话时，女王强调了这个问题并促使议员们迅速采取行动，寻找可行的解决方案。[131] 她宣称："海军和其他部门背负着沉重的债务负担，对公共服务造成了极大的影响，我必须恳切地希望你们找到某种方法来满足这些要求，并在未来一段时间里防止类似的情况发生。"[132] 为陷入困境的政府信用寻找解决方案现已提升为国家最高优先事项。哈雷必须弄清楚，新公司将从哪里获得收入来解决债务中无资金支持的那部分。在将灵丹妙药公诸世人之前，他还有些事情必须思考一下。

在灾难边缘徘徊了数月之后，金融市场如履薄冰的信任和信心终于在 1710 年 12 月开始好转。具有讽刺意味的是，正是因为西班牙宣布在布里韦加战胜英格兰，这个问题才找到了长期寻求的良药。这次军事失败使金融市场平静下来，因为它至少暂时结束了辉格党"没有西班牙就没有和平"的战略，从而消除了英格兰银行董事们和哈雷之间产生严重摩擦的一个原因。战败后，双方关系更加融洽，促进了国库券的稳定和银行贴现外国汇票业务的恢复。信用进一步复苏的迹象出现于 1711 年 3 月，银行组织的抽签公债在第一天就被超额认购。抽签公债的利率比最近发行的政府债券高 2.5 个百分点，这个利率显然足以让公众动心。150 万英镑的收益被用于缓解对军事部门最紧迫的索款要求，确保武装部队能够为夏季战役做好充分准备。考虑到几个月前在政府信用上十分普遍的绝望情绪，抽签公债的成功是一种重要的活力展示，也许也是舆论已经转向有利于哈雷的一个迹象。

每个人都不相信信用的复苏是真实的。笛福仍保持谨慎乐观，并再次用信用女士的寓言故事表达了担忧。在 1711 年 2 月的《评论》中，他描述了自己如何在最近的梦中遇到"可怜的信用女士！她垂头丧气，唉声叹气，踽踽独行；前几天我在田野里遇见了她，几乎不认识她了，她那么消瘦，那么苍白。看上去病恹恹的，虚弱不堪，衣着也很破烂"[133]。她曾告诉笛福，她正想着离开英格兰去法国，她希望遇到一个更有利的环境。她对自己在英格兰受到的待遇感到不满，尤其是考虑到她曾给予这个国家及其人民的所有伟大礼物。她抱怨说："现在，我的脸被威胁要用海绵擦除抹去；我所施与的所有恩惠中，究竟是哪一项让我要遭受这样的对待？"[134]最让她害怕的是金融资产在英格兰可能不再安全。与霍德利之前的论点如出一辙，笛福提出，国债违约将构成对私有财产的大规模侵犯，这无疑会导致社会彻底崩溃。笛福尽了最大努力向信用女士保证，现任议会、内阁和女王充分了解情况，所有形式的财产都将被保护，只要那个王位觊觎者没有被请回来强加专制暴政统治。

试图让公众相信"王位觊觎者"的回归将使政府信用面临巨大风险，很快就成为两党共同关注的问题。笛福与辉格党主要期刊《旁观者》联手，试图确保新当选的、获得多数席位的托利党不会听从该党支持詹姆斯二世的成员的意见，策划让王位觊觎者复辟篡夺王位。1711 年 3 月 3 日，约瑟夫·艾迪生讲述了他最近做的一个梦，梦中他在英格兰银行遇见了信用女士。[135] 她被描绘成"美丽的圣母，坐在黄金王座上"，她周围的大厅"布满了为建立公共基金而制定的议会立法"[136]。她经常看着这些法律来安慰自己，她的健康和安全得到了保护。然而即使是最不具威胁性的事件的消息传到她的耳朵里，她也会变得紧张和烦躁。正如笛福之前所做的那样，艾迪生赋予信用女士类似的性别刻板印象，将她形容成情绪不稳定、容易歇斯底里的人。一瞬间，"她会突然失去最红润的肤色和最健康的身体状态，枯萎成骷髅"[137]。艾迪生回忆起戏剧性的一幕，当时大厅的门突然打开并走进来一群吓人的鬼魂，最狰狞、最可怕的就是那个王位觊觎者。令信用女士极度绝望的是，他"右手握着一把剑……他经常拿着这把剑朝《王位继承法》挥舞；站在我旁边的一位公民在我耳边低声说，他看到了他的左手拿着一块海绵"[138]。性情娇弱的夫人受不了这幽灵般的表演，很快就晕倒了。

乔纳森·斯威夫特在哈雷的赞助下撰写文章，驳斥了对第二次斯图亚特王朝复辟的任何担心，并宣称信用女士的状况非常好。[139] 他在《观察家》中指出，虽然私人股票市场可能状态不佳，但政府信用完全没问题："从他们狭隘的思想来看，可以想象他们认为世界并不比交易巷更宽广。很可能他们中有一个如此病弱的女士，考虑到她所经历的磨难，她没有更严重的疾病就已经是再好不过了。但国家信用是另一回事，她肤色红润、身体健康、脾气稳定，她的生活和存在是从整个王国的生命之源中抽取精华。"[140] 斯威夫特辩称抽签公债的成功已经恢复了公众对信用的信心，即使是最强烈的反对者也已经开始改变他们的看法。他观察到："我们发现这些政客，尽管喧嚣一时，但最终意见一致，当她最近以彩票的形式出现在他们面前时，他们所表现出的奉承之情也证实了这一点。"[141]

除了将信用描绘成一位女士之外，意见也被赋予了相似的性别特征。理查德·斯蒂尔爵士，艾迪生的新闻合作者，提供了一个生动的霍加斯风格的梦境，描述了影响大众思想的两种主要力量（具有男性特征的谬误和具有女性特征的流行观念）的相遇。[142] 与信用女士（以及她的文艺复兴先驱"命运女神"）的明确性格和个性特征一样，流行观念被描述为具有吸引力的和有魅力的，但具有欺骗性和不可预测性。斯蒂尔描述了一座布满鲜花的绿色山丘，谬误和流行观念就居住在上面。最自信、最妄想的人上山去，他们直接走向谬误或曲解的信念，而"其他性格较温和的人"首先走向流行观念，然后由她引导他们到谬误那里去。[143] 斯蒂尔回忆起流行观念如何与一群人交谈，那些人被她的魅力和甜言蜜语迷住。他回忆道："她的声音令人愉悦；她一边说话一边散发着香气：她似乎能够以一种符合每个人口味的方式与每个人交流。"[144] 她对听众有着强大的影响力，塑造了他们对世界的看法，让"崇拜者眼中的自然之美"更显高光。[145] 流行观念为如何解释他们所看到的现象以及由此如何形成对世界的正确认识提供了指导。根据斯蒂尔的说法，这让流行观念具有了误导和欺骗公众的危险能力。

斯蒂尔继续前行，很快就遇到了谬误，他身着白袍，酷似真理。他手持一根神奇的魔杖，制造各种幻觉来娱乐围观的人。他周围的人群都被他的成就折服，似乎对他说的话深信不疑。在与流行观念和谬误相遇之后，斯蒂尔和他的同行人准备进入飘浮在他们头顶的卷云之上的虚荣宫。通往宫殿的走道被涂成彩虹色，墙壁"全部镀金以供炫耀"，"建筑物的顶部是圆形的，与泡沫相似"。[146] 进入这个愚人的天堂（一种对哈雷建立的政治文化几乎不加掩饰的描绘）时，在到达虚荣本人面前之前，斯蒂尔遇到了一系列的幻影，包括渐隐的荣誉、炫耀和英勇，虚荣身披孔雀羽毛，坐在有闪闪发光的华盖的宝座上。坐在她旁边的是自负，在王位之下是与之配套的谄媚、逢迎和时尚。当斯蒂尔正在消化他对这个可怕的表演的印象时，他听到一位老人的声音"为人类的处境而哀叹：它被意见的气息控制，被错误迷惑，被自负煽动，并放任自己沉迷于所有虚荣的课程，直到蔑视或贫穷降临到我们身上"[147]。这种对英格兰政治权威的坦率批评很快引起了卫兵们的注意，他们暴力地将此人拘留。但是，已经太晚了。这些言论已经释放出强大的力量，将虚荣宫带向世界末日。当众多的女妖，包括失信、贫穷、恶名和耻辱，进入这座大楼时，虚荣和她的随从被迫逃离。他们从人们的视线中消失后，宫殿缓缓向地面下降，最终触及大地。斯蒂尔不确定宫殿里的每个人是否都意识到这是对基本原则的回归，但他还没来得及弄清楚答案，就从梦中惊醒了。

斯蒂尔将"流行观念"描述为危险而具有欺骗性的力量，它扭曲了公众的思想，促使托利党内阁治下的国家出现泡沫和腐败。他阐释了当政治宣传写手成功渗透到舆论中时会发生什么样的动态变化。一旦舆论吸收了这些宣传，越来越多的人就会在不知情的情况下受到影响，即使他们自己并不了解这些主张的根本事实真相。因此，舆论成为妄想、非理性投机和腐败的力量。斯蒂尔在谈到哈雷成功的宣传机器时声称，舆论最近被系统地操控来破坏政治中的理性和诚实，并抬高了一个从根本上腐败的内阁的信用。因此，霍德利在舆论支持辉格党时为其辩护，而现在当它已经转向对托利党有利时，辉格党的支持者如艾迪生和斯蒂尔则严厉批评了它。在斯蒂尔看来，唯一的解决办法是压制流行观念的华丽言辞，并重新引入典型的英格兰美德，即诚实和平易近人。只有这样才能削弱流行观念的力量，减少谬误的妄想和虚荣宫里的腐败。

通过对"信用女士"和"流行观念"的寓言描绘，笛福、艾迪生和斯蒂尔强调了想象的和非实质性的信用和意见的特征。他们将信用和意见描述为虚构的现象，但具有真实的政治和经济力量。由于信用、意见和虚构在同一认知平面上运作，介于现实与想象之间，这些写作者发现对社会、政治和经济力量的虚构描写特别有益于他们塑造信用的努力。笛福和斯威夫特这两位当时最伟大的小说家被聘为宣传写手来影响舆论，这绝非偶然。[148]

结　论

英格兰的统治精英认识到了找到解决持续的政府信用危机的方案的重要性。一些评论人士指责戈多芬内阁滥用了新生的政府信用体系，而另一些人则声称是哈雷的经验不足和缺乏声誉造成了"城市失信"。哈雷的支持者试图通过改变立场来平息辉格党的强烈批评，将政府信用不稳定的责任归咎于舆论固有的不稳定性。由于缺乏理性的判断和谨慎的经验主义，舆论变化无常而不可预测、充满危险，严重威胁了国家和民族的繁荣和安全。[149]然而，哈雷的支持者认为，只要财政机构由有道德的、审慎的和有原则的人来把舵，记账无可挑剔和透明，而且金融证券得到充分资金支持，那么舆论最终将对信用形成积极的判断，从而实现它的许多益处。

虽然最近信用状况的改善是公众对哈雷的接受度不断提高的一个迹象，但王位觊觎者的幽灵始终挥之不去，这使得笛福和艾迪生都举起了警告的旗帜。对哈雷来说，对王位觊觎者的关注让他十分开心，这甚至可能是预先编造出来的，用来分散注意力。由于笛福的《评论》以及艾迪生和斯蒂尔的《旁观者》都没有将哈雷视为政府信用的负担，哈雷现在已经获得了一些宝贵的回旋余地。这个喘息空间结合抽签公债的成功让哈雷认为，公开他的金融灵丹妙药的时机已经成熟。然而，哈雷被法国冒险家兼间谍吉斯卡尔侯爵刺伤的不幸事件推迟了正式公告的时间。袭击者的袖珍折刀造成的伤口通常不会危及生命，但因为基本健康状况很差，哈雷经历了一些严重的并发症。在他康复期间，他的支持者利用了有利于他的公众情绪,发表了一系列无可争议的宣传小册子。[150] 例如,笛福在他的《刺伤哈雷先生之际给辉格党观众的演说》中表达了他迄今为止对哈雷的最强烈支持。他声称,最近事态的发展向所有人清楚地表明,哈雷不仅从辉格党政治联盟的管理不善中拯救了国家,而且他独自一人就有能力在党派政治和教会事务的极端人士之间进行成功调解。对笛福来说,哈雷大力推行抗击强敌的战争值得赞扬,"通过管理,他恢复了信用,确认并重申了过去筹集资金的有效性,筹集了新的资金,消除了人们对海绵(抹除)的疑虑;尽管有声称资金已经耗尽的借口,仍然筹集了资金"同样值得赞扬。[151] 鉴于这些成就,只有詹姆斯党人、天主教徒和法国暴政的支持者才会反对哈雷。这场宣传攻势非常成功,为哈雷能够以比过去任何时候都更强硬的姿态重返政治舞台铺平了道路。现在正是他宣布这一重大消息的最佳时机。5 月 2 日,他向下议院提交了他解决国家政府信用危机的计划——南海公司。

第六章

南海公司和政府信用的复兴

引　言

罗伯特·哈雷于 1711 年创立了南海公司，希望它能为金融危机提供一个全面的解决方案。哈雷已通过一系列金融缓和措施设法维持政府信用，而他的新计划是一项雄心勃勃的尝试，旨在恢复新生金融结构的稳定性。南海公司采用了债转股和私转公的手段，用公司股票换取一系列大幅折价的无担保政府债券，希望重振政府信用并再次使财政部能够负担得起借款。为了使这笔交易对债券持有人具有吸引力，政府承诺为公司吸收的债务支付 6% 的利息，最重要的是，授予该公司对英格兰南部海域的商业垄断权。哈雷希望政府年金提供的担保再加上南海贸易取之不尽的利润前景将吸引投资公众参与这次交换。[1]

因为南海公司被授权进行英格兰自己的非洲奴隶贸易，将奴隶运送到被西班牙控制的南美，所以哈雷解决信用危机的方案取决于公众对大西洋奴隶贸易的前景的美好想象。当信用与早期现代资本主义最残酷和暴力的时刻纠缠在一起时，关于信用的讨论便包含了一系列新的关切。第五章探讨了政府信用与舆论之间的复杂关系，本章主要讨论为了塑造公众对大西洋奴隶贸易的社会想象而进行的政党政治斗争。[2] 在哈雷建立南海公司的过程中，他的宣传写手们孜孜不倦地工作，以确保公众能够将跨大西洋奴隶经济想象成取之不尽的财富源泉。来自辉格党的反对力量一心想要破坏哈雷恢复政府信用的努力，他们不出所料地对该公司的商业和金融前景提出了严厉批评。因此，投资者在多大程度上相信该公司的奴隶贸易能够带来足够的利润从而产生足够回报率，成为围绕南海公司的讨论的关注点。多项研究都指出了奴隶贸易对于形成大西洋经济体系和随后的工业革命的重要性。本章将说明金融革命时期关于信用的讨论和配置也受到了奴隶贸易影响。[3]

　　南海公司的成功在于利用了英格兰人对大西洋世界的迷恋。哈雷并没有指定用额外的税收来专门偿还债务，而是为公司提供了一个收入来源，虽然没有任何担保，但承载着巨大收益承诺和前景。这不仅是一个投机和一夜暴富的时代，随着投资、投机和赌博席卷整个国家，这也是英格兰社会痴迷于遥远的异国情调的一个时代。[4] 特别是南海，很长一段时间以来，它在英格兰的想象中占有特殊的地位，可以一直追溯到伊丽莎白时代私掠船对西班牙帝国的突袭。[5] 理查德·哈克卢特详细记录并颂扬了弗朗西斯·德雷克爵士、约翰·霍金斯爵士和托马斯·卡文迪许爵士的航行，在此期间，他们无情地搜刮船只和港口城镇，以攫取该地区的巨大财富。[6] 最近，威廉·丹皮尔和伍兹·罗杰斯的游记进一步激起了人们对这个广阔而未知的世界本已强烈的迷恋。[7] 第三代沙夫茨伯里伯爵评论了航海记事的受欢迎程度及其对当代想象生活的重要性，指出它们"是布置图书馆的主要材料"。他继续说道："在当今时代，这些书就如同我们祖先们的骑士书籍一样。"[8]

　　通过将公共债务与大西洋奴隶贸易的利润挂钩，伦敦的城市环境、非洲海岸的奴隶堡垒和新西班牙的殖民城镇之间形成了更紧密的精神联系。这复杂的时空压缩将价值从未来转移到现在，从商业领域转移到公共金融领域，从大西洋世界转移到伦敦金融城。提高信用的这一心理过程将大西洋奴隶贸易置于英格兰政治和经济生活的核心地位。[9] 通过探讨围绕组建南海公司的争论，本章研究了政府信用和奴隶贸易之间联系的本质。我将讨论托利党和辉格党的宣传写手如何描绘公司及其前景，并特别观察到这些辩论中明显缺乏任何对奴隶能动性或主体性的承认。这种对奴隶的死亡或他们的叛逆缺乏认识的现象，凸显了信用掩盖其背后的社会现实的普遍能力——我称之为信用拜物教。完全无视奴隶的人性本身并不令人惊讶，但来自辉格党的反对力量并未将其列入他们提请公众注意的一长串风险因素清单中以破坏公众对该公司的支持，这就令人吃惊了。叛乱或垂死的非洲奴隶形象只会助长辉格党对公司盈利能力的怀疑。

本章还对认为南海公司从一开始就是一个欺诈计划的学术传统提出了质疑。如果从它在丑闻不断的泡沫时期（1719—1720 年）实施的欺骗和操控的角度研究，这确实很容易让人认为该公司生来便具有某种病症。研究该公司的历史学家，例如约翰·卡斯韦尔和约翰·斯珀林，为这一传统解释奠定了基础，使得随后的学者能够一概而论地将该公司的金融创新视为一种内在腐败，而它的贸易努力则是异想天开。[10] 然而，如果在 1710 年金融危机的背景下进行研究，该公司显然是建立在被同时代人认为是合理金融原则基础上的巧妙创新。而且，由于该公司成功解决了持续的财政危机，它很好地实现了其主要目标。只是到了 1718 年底，由于与西班牙的另一场战争爆发，公司涉足的奴隶贸易被迫终止，这时公司才向巴黎的约翰·劳的金融魔法寻求灵感，即如何在没有基础收入来源的情况下使其股票升值。事实上，正是由于失去了作为利润来源的奴隶贸易，公司才不得不改变并以最终适得其反的方式进行创新。

公司成功组建

南海公司，或称为"鼓励渔业而组建的大不列颠与南海和美洲其他地区招商公司"，是为了恢复政府信用和管理英格兰在西属美洲的贸易利益而特许成立的。[11] 为了摆脱市场上折价幅度最大的债券（其中包括海军、陆军、军械和交通部门为筹集对法战争资金而发行的短期无担保债券），哈雷邀请持有者将他们的债券换成南海公司股票。[12] 该公司被授权创建 947.1325 万英镑的股本（这正是公司旨在吸收的未偿债务总额），财政部承诺无限期地为公司资本化的债务支付 6% 的利息，金额为每年 56.8279 万英镑，另外还有每年 8000 英镑的管理费。[13] 葡萄酒、醋和烟草的消费税被指定为专款用于年度付款。[14] 该计划为财政部带来了明显的好处。通过将这些无担保、高利息、大幅折价的债券纳入公司的股本中，财政部将能够大幅减少偿还国债的开支。这些债务被转化为永远不需要偿还的长期债务，财政部支付的实际利率也随之降低。大幅简化的债务管理使该计划越来越有吸引力。如果成功的话，这些特点将确保国债的现有负担得以解除，财政部将能够再次以优惠条件筹集资金。

该计划最大的挑战在于引起投资者的参与兴趣。就其本身而言，用 100 英镑的无担保债券，以 35% 的贴现折价率交易（因此目前价值 65 英镑），来兑换面值 100 英镑的公司股票，还是不够有吸引力。为了让人们放弃他们年利率在 5% 到 6% 之间的债券，必须为他们提供额外的激励。为此，哈雷承诺该公司在西属美洲拥有商业垄断权，希望这会激发投资者对巨额利润和随之而来的股息和资本收益的想象。贸易垄断权使该公司享有从奥里诺科河下游到火地岛以及整个美洲西海岸沿岸的商业活动的专有权。[15] 这项贸易特权的顶上明珠是贩奴合同，它赋予该公司将非洲奴隶运往西班牙港口的权利，同时还有在这个广阔的殖民地市场上合法或非法销售英格兰商品的机会。[16] 虽然贩奴合同当时在法国的手中，但哈雷对英格兰能够在正在进行的和平谈判中获得它充满信心。[17]

哈雷的创新计划从一开始就受到了好评。1711 年 5 月公司宣布成立后不久，女王封哈雷为牛津和莫蒂默伯爵，五天后任命他为新任财政大臣。投资者也接受了哈雷的计划，6 月 27 日开放认购时，他们立即表现出了拿债券进行交换的兴趣。认购流程开始几周后，认购额就已经达到了 200 万英镑，如果不是为了安排一些行政细节而暂时中止，转换工作将会继续快速进行。有一种声音指出，公众对该计划有如此热切的兴趣，"这是毫无疑问的，总额 947.1325 万英镑的大部分（即使不是全部）都将会被认购"。[18] 这个预测结果是准确的。几个月之内，三分之二的股本就已被认购，到年底几乎全部未尝债务已转换。[19] 哈雷手下的宣传写手丹尼尔·笛福庆祝了这个成功，他在 1711 年 9 月写道："在如此短的时间内实现如此伟大、如此接近完美的事业，这完全可以算作女王陛下辉煌统治下的奇迹之一。"[20] 公司股价稳步上涨进一步证明该计划受到公众好评。南海公司的股票价格与东印度公司和英格兰银行的股票价格一样，每天都在报纸上刊登。南海公司股票 9 月开始交易时价格约 65 英镑，反映出转换债券的大幅折价。该股在秋季迅速升值，11 月中旬达到 81 英镑。短短两个月增长 25%，无论以何种标准衡量，这都是一个惊人的成功，表明哈雷已经成功激起了公众对大西洋奴隶贸易的好奇心。哈雷的南海公司筹集的信贷几乎是英格兰银行 1694 年首次公开募股的近八倍、1698 年新成立的东印度公司给政府借款的四倍，这为金融革命做出了重大贡献，扩大了公共财政的规模，改变了它的结构。[21]

哈雷的计划解决了大部分在公司成立之前的辩论中已经出现的问题——在本书第三章和第五章中已有讨论。最重要的是，一个看来可靠的收入来源被指定作为政府信用的担保资金。潜在的利润丰厚的贸易权力，加上来自财政部担保的年金，让投资界相信这种转换是一项安全且可能有利可图的交易。此外，该公司还解决了政府信用是依赖一个人还是依赖政府财政机构的问题。该方案实际上已取消财政部的大部分自由裁量权，国家只负责征收足够的消费税来支付固定的年金。为该计划提供担保的商业收入的管理责任交给了南海公司的董事们，这是一个商人、金融家、制造商和大部分有托利党倾向的政客组成的团体。通过让哈雷负责财政部，并邀请许多托利党人来管理公司，对信用稳定性保持最大怀疑的土地利益集团现在可以感到更放心一些，因为那些有荣誉、品格高尚和正直的人掌管着政府信用。该计划吸引土地利益集团的另一个原因是支付给企业的费用将来自商业税而非土地税。[22] 最后，该计划减轻了海军的债务负担，使其能够在大西洋和太平洋世界承担更多责任，从而促进了托利党的海洋帝国政策。[23]

　　该计划还在一些核心议题上吸引了辉格党。首先，也是最重要的，通过慢慢侵占法国在西属美洲的贸易，该公司干扰了法国用新大陆的白银资助其军队的能力，从而降低了法国人强大到足以支持第二次斯图亚特王朝复辟的可能性。哈雷也小心翼翼地安抚辉格党金钱利益集团；在南海公司章程中插入条款，防止其侵犯英格兰银行的金融活动和东印度公司的贸易领域。此外，他还规定其他两家公司的董事在南海公司担任董事是非法的。然而，尽管做出了这些尝试，哈雷的计划并没有顺利得到辉格党人的支持。

想象南海公司的金融和商业前景

　　从议会大厦、王家交易所和交易巷，再到伦敦的休闲公园和咖啡馆，南海公司的成立引起了很多争论。辉格党和托利党的宣传写手试图创造、影响和改变舆论，希望能够主导市场对公司前景的看法。虽然批评者试图让人们对公司的生存能力感到担忧，但托利党支持者不知疲倦地指出了南海计划的优点。

在 1711 年 5 月哈雷向议会提出提案后第二天出版的一本匿名小册子（有时被认为是笛福所著）中，作者兴高采烈地说："哈雷先生为国家公共债务提供有效的支付，以及建立与南美洲的贸易的提议，使所有善良臣民的心里都充满喜悦。"[24] 作者满怀乐观地继续说道："为偿还国债所做的安排必然会产生持久的信用；建立南海贸易必定极大地促进我们所有阶层和等级的利益：穷人将更多地从事制造业，我们地主庄园的财产将变得更有价值，国家贸易部分将得到极大的鼓励。"[25] 英格兰船只在西属美洲的增加将阻止法国人扩大其在该地区的商业势力，并阻止他们建立对世界上唯一"取之不竭的金银源泉"的控制权。[26] 作者很担心，虽然西班牙人"由于他们的懒惰脾气，以及他们与生俱来的骄傲，或者不善于制造，而没有获得他们本可以通过占有这些宝藏而获得的优势"，但法国人可能会更好地利用这些金银，进一步促进他们对普世帝国的危险追求。[27] 正因如此，"为了大不列颠的安全和利益，现在是与法国在这件事上竞争的最佳时机，否则就太迟了"[28]。通过将公司的成功与英格兰国家安全联系起来，作者试图将支持公司提升为一种爱国行为。

乔纳森·斯威夫特在他的《观察家》上发表了赞美之词。他赞扬哈雷使国库券恢复了往日荣光，并找到了控制国债飙升的方法。[29] 对于他所有的贡献，公众应该承认哈雷是一个"伟大的人，他的思想一直在为国家事业服务，并且总是取得成功"[30]。斯威夫特预测，"很可能，如果得到适当的执行"，南海公司将"给王国带来巨大的利益，以及给现任议会带来永久的荣耀"。[31] 他高瞻远瞩地总结道，该计划将"被证明是王国信用最伟大的复兴和建立"。[32]

地理学家和制图师赫尔曼·莫尔雄心勃勃的《论南海公司辖内的海岸、国家和岛屿景观》试图以另一种方式激起投资者的兴趣。通过综合该地区的气候、地理、自然资源和本土人口的现有知识，并制作精美的地图，他让人们对这家公司在商业优势方面的期待成了现实。这些信息对于在该地区经营的船长来说作用有限；其主要目的更有可能是满足公众对南海的想象。[33] 通过阅读莫尔生动的描述，读者可以获得足够的信息对这个世界之一隅的状况形成复杂的心理图景。[34] 作为经常在乔纳森咖啡馆（金融工具交易的主要场所之一）见面的地理学家和航海家团体的一员，莫尔非常熟悉交易巷里的知识氛围，因此一定知道如何才能激发投资者的想象。[35]

莫尔的书反复强调英格兰与西属美洲建立的贸易可得到的商业利益。他首先提到了用英格兰船只将这个国家制造的产品运往南美洲的好处。该贸易以前是在加的斯组织的，西班牙商人享有航运垄断权。但现在，随着英格兰贸易向该地区开放，高达3000%到4000%的利润是可以预期的。其次，莫尔研究了英格兰能够进口的各种异国商品并列出一个长长的清单。这不仅能让国内消费更加精致，也将刺激英格兰的再出口贸易。再次，莫尔推测英格兰会发现比西班牙人找到的更大的金银宝藏，因为当地人受到西班牙人的长期虐待，把最壮观的矿藏隐藏起来，不让西班牙人发现。[36] 然而，南海公司计划最有希望的一点是，英格兰将获得通往南美洲的奴隶贸易的机会。莫尔认为："英格兰人与西班牙人在大陆上曾经有过的最大的，也是最有利的贸易，是黑人。"[37] 虽然这一贸易的数量一直受到与走私相关的困难的限制，但随着它向英格兰开放，超额利润很快就会成为现实。莫尔试图将公司的成功与国家的繁荣联系起来，从而希望公众能够认识到支持这家公司的重要性。

莫尔描述的世界与大多数伦敦人的日常经历相去甚远。科学史学家对知识跨越如此长的距离传播的程度进行了广泛的研究。[38] 人们通常认为距离会阻碍和干扰信息和知识的传输。然而，根据历史学家马里奥·比亚焦利的说法，距离并不总是一个障碍：在某些情况下，距离可以被视为一种优势，因为它使得某些个人或团体可以声称他们能接触到并塑造权威的知识。当"那些致力于提出知识主张的人和那些决定承担也可能不承担对这些主张进行投资的风险的人之间的距离"导致信息不完整时，情况尤其如此 [39]。以南海公司为例，当受众无法直接进入该地区时，让他们相信大西洋世界有取之不尽的财富的说法可能更容易。通过用选择性的故事向投资者喂料，可以更容易说服他们根据供他们使用的信息采取行动。比亚焦利在谈到其他投资计划时指出："我们所看到的正在上映的一幕是以距离为前提，以投资者的愿望、兴趣和投资意愿为指导的判断，即在特定情境和部分感知的影响下，对他们可能从这些投资中获得的潜在利益的认识。" [40]

由于南海公司依赖公众对一个很少有人亲身经历或亲眼看见的世界的良好评价，宣传写手必须提供部分虚构的描述，让人们能够想象大西洋世界的状况和机遇。为此，笛福和斯威夫特使用了与他们后来非常成功的小说（如《鲁滨孙漂流记》《辛格尔顿船长》和《格列佛游记》）相似的文学风格。他们的宣传小册子与其小说的一致性并没有被文学评论家忽视。[41] 例如，罗伯特·马克利指出，由于金融世界建立在预期和意见之上，所以想象至关重要，因为它使公众能够对未来进行想象并评估。[42] 凯瑟琳·因格拉西亚补充道，信用"不是一个'真实'的事件；相反，它是一种主要通过印刷品来了解的现象" [43]。她认为，这意味着"新金融经济的运作以话语的形式存在着，可以在纸面上获取，并在投资者的脑海里以想象的方式再现" [44]。投资股票或债券的决定需要参与"基于想象的叙事" [45]。此外，在促进信用活动展开的过程中，想象也在创建新经济这一更大的项目中发挥了作用。正如劳拉·布朗所指出的，笛福用想象的作品来传达这样的想法：经济不再受过去和"逻辑、连贯性或秩序的规则主宰，而是通过'想象的力量'在这些规则之外创造自己的世界"[46]。

虚构叙事并不是试图获取公众想象而唯一使用的媒介。民谣也加入了小册子和报纸的行列。流行于整个早期现代，尤其是社会和政治动荡时期，民谣在各个社会阶层中都广为传唱，为识字的精英提供娱乐，为文盲或半文盲提供新闻、信息和政治评论。[47]历史学家亚当·福克斯指出："为了嘲笑和羞辱对手或敌人而编造民谣和歌曲的做法，无论哪一个社会阶层都不会感到陌生。"[48]民谣通常是在露天的公共场所表演，如小酒馆、旅馆、啤酒屋、咖啡馆和集市。在某些情况下，民谣被印在廉价的纸张上，钉在上述场所的墙上或在市场上分发，有时附有插图。

南海公司在其成立前后的几年里是民谣中经常出现的主角；一些人庆祝其辉煌的未来，而更多人则讽刺其据称惨淡的前景。《一首优秀的新歌，名为我们悲哀的终结》颂扬了公司，称赞哈雷设计了巧妙的计划，并让公司从事如此有前途的贸易。人们也称赞哈雷有魄力，在新的抽签公债上提供足够高的利息（9%或10%，而不是之前的6%），足以重振信用：[49]

> 迄今为止，他的能力比他之前的任何政治家都要大。
> 为一个没有钱的人偿还了巨额债务，为此我们崇拜他。
> 他会把大量的白银带回家，通过在南海的贸易；
> 如果这事真能成功，定会有些成果不同寻常。
> 我们的信用一度陷入困境；但现在又恢复了；
> 因为九或十能轻松做到，六的努力是徒劳的。[50]

另一首民谣《牛津和莫蒂默的辩护》进一步赞扬了哈雷的金融智慧。

不再完全依赖英格兰银行，内阁已经找到了另一种方式恢复政府信用，从而确保海军资金充足。民谣承诺：

> 我们在南海的贸易将为我们带来国家最满意的收益；
> 仍然为吉祥的统治增添荣耀，
> 将更好地改善我们的航海。
> 我们的海员，无论身在何处，
> 都不担忧他们的报酬，因为他们不会因为薪水问题而抱怨；
> 当路易的舰队出现时，
> 为了对抗法国狗，他们不会咕哝。[51]

来自辉格党的反对力量迅速寻求反击托利党的宣传机器，以破坏哈雷尝试制造的有益于他的社会想象。一篇匿名的大幅传单总结了辉格党对该公司的金融和商业前景的主要抱怨。[52] 作者质疑："给债务提供利息基金，然后将整个债务置于危险的和不可能成功的冒险中，将这称为保护我们的债务是合适的吗？或者是否应该更恰当地将其称为使我们陷入失去本金和利息困境的正常过程呢？"[53] 作者继续对南海贸易前景表示怀疑："成立一家公司，并指定一部分股票用于前往一个实际上被我们的敌人占领，而且我们看不到驱逐他们的前景的地方进行贸易，这难道不是把所有股东都并入一个可敬的空中楼阁建造者团体中吗？"[54] 为了强调这个计划是多么荒谬和不切实际，他补充说："无论是前往南海的航行（在那里，现在或将来，朋友或敌人都不会和我们进行贸易），还是前往月球上的世界，这难道不都是建立在同样的概率现象基础之上吗？"[55]

　　质疑南海贸易将成为聚宝盆的说法之后，作者继续质疑邀请或强迫债务持有人参与该计划的方式。他问道："强迫人们认购这只股票，否则不允许他们享受因这份债务而获得的担保或保障，这不

就像是在公路上看到一个手上拿着枪索要钱财的男子一样，他没有
强抢，而只是告诉你，如果拒绝的话，你可能出现的情况？"[56] 凭
借备受争议的拦路强盗的人物形象，作者认为南海方案是一种掩盖
不住的强制贷款，侵犯了投资者的权利和权益完整性。如果不同样
参与这项风险贸易，债券持有人不能享受财政部担保支付的 6% 的
利息，通过这种方式，该计划的设计者侵犯了长期以来为人称道的
"英格兰人的自由和财产"[57]。与哈雷的写手们相似，这位作者把
南海公司的争议变成了涉及爱国主义的主题。也就是说，人们不仅
应该被告知该公司可能会惨败，他们还应该认识到公司的成立危害
了最神圣的英格兰价值观和原则。[58]

讽刺和诙谐的歌谣特别适合辉格党用来颠覆对南海公司形成有
利想象的工程。[59] 在第五章中讨论过的多产的辉格党写手亚瑟·梅
恩沃林写了一系列流行歌谣嘲笑南海公司。在《一首优秀的新歌，
名为信用恢复》中，他讽刺地称赞该公司的巧妙方案。他讥讽地开
始说道：

> 所有不列颠人都为国家的这一转变而欢欣鼓舞，
> 因为它使国家免遭掠夺；
> 从这个幸福的一年开始，
> 您将永远享受信用的恢复。

和之前的匿名小册子一样，他批评这个转换计划构成了强制贷款，
并指控该公司董事们（以萨缪尔·谢皮德、约翰·布朗特和亚瑟·摩
尔为代表）腐败到了极点。

> 接下来向所有人开放认购，
> 如果有些傻瓜不肯加入其中，

政治家不仅提出了好的建议，

而且还迫使他们去冒险。

认购者将看到如此公平的账目，

那肯定不会有任何损失；

谢皮德和布朗特将担任董事，

更多由女王陛下选择。

在梅恩沃林指责哈雷的计划最终是试图让王位觊觎者复辟的几个段落之后，他认为虽然南海贸易确实可能使少数人受益，但它的交易前景不足以支撑其价值 1000 万英镑的股本。该计划远远不能提供解决信用危机的办法，只会使国家进一步陷入危机。

因为海员们可以在南海贸易中获得他们的报酬，

既然他们如此粗鲁地渴望它：

谁会抱怨债务未偿还

当那些懒汉都可以去取得它时。

这样，我们在富饶的南海的债务就清偿了，

我们的财富将日益强大：

股票买卖失败了，我们为什么还要沮丧呢，

既然我们不想再被信任？ [60]

梅恩沃林在《南海奇想》中继续辉格党对该公司财务特性的攻击。他将被欺骗的投资者比作南海傻瓜，他认为水手、债券持有人、债务凭证持有人都像奴隶一样聚集在一起，被迫为专制的主人服务。

我们是一群可怜的杂色船员，

> 比天气更加多样化，
>
> 由新旧债务人杂乱拼凑而成；
>
> 水手、士兵、商人、交通工具、债务凭证，
>
> 就像加里的奴隶一样被锁成一排。

虽然投资者最初为了爱国把钱借给了政府，为国家海军提供船只、枪支、食物和啤酒，但他们现在获得的回报是岌岌可危的贸易中的毫无价值的股票。

> 我们可怜的平原牧民，
>
> 为他们提供猪肉和牛肉，
>
> 却只得到苛刻言辞而非收益，
>
> 也没有得到特许经营作为补偿；
>
> 提供健康美味的肉却没有收到任何酬劳，
>
> 他们给了我们在火地岛的空头支票。

梅恩沃林在这首民谣的最后呼吁人们叛变公司：

> 但是来吧，我的小伙子们，一起站起来，
>
> 让我们不再忍受这一切：
>
> 难道能主宰海洋的我们，就这样在岸上被欺负吗？
>
> 不，不，我的孩子们，拉起背风舵，
>
> 把无赖们扔进海里。[61]

就这样，来自辉格党的反对力量系统地攻击了该公司，指出它以多种方式危害英格兰的安全、繁荣、法律和价值观。担心公众会听信这些指控，笛福写了两本小册子，为针对公司的财务和商业特性的

指控辩护。1711 年 9 月，他在一本小册子的开头指出："要么南海贸易——就目前的计划和提议而言——是降临在国家身上的一种疾病，要么我们接受它的情绪和方式是一种疾病。"[62] 这种做法表明这种疾病存在于公众对该计划的看法中，而现在病症已经严重到"对国家的生命（我们的信用）来说是致命的"[63]。为了消除舆论中的质疑病毒，笛福详细回应了针对公司财务结构的不利批评。他主要关注的是章程中经常受到批评的条款，即董事们拥有向股东索取按持股比例计算（但不超过 10%）的额外资金的权利，进而为启动公司贸易提供资金。如果不同样成为这个贸易企业的一部分，没有人可以从 6% 的年利息支付中受益，笛福认可这个情况属实。他承认，通常来说，强迫任何人受益是不合适的，但只有怀有恶意的辉格党反对力量才会"向债权人暗示，这是一个陷阱，政府通过该提案获得了一些好处，这件事可能会给他们带来不良后果"[64]。笛福补充道："糖果永远不会被塞进孩子的喉咙，而是交到他们手里，因为他们没有任何顾虑，只会欣然接受；药丸和苦药确实需要一些艺术或力量来强迫或迫使他们吞下去。"[65] 通过这次竞选，来自辉格党的反对力量的"邪恶目的达到了，惊动了人民，使他们嫉妒、不安，而且比以前更吵闹十倍"[66]。

笛福还回应了有关该公司的交易特权毫无价值的指控。在《真实描述南海贸易的设计和优点》中，他赞扬了"总理大臣以伟大的智慧和公共精神制订计划，将上述债务的所有人吸收纳入，组成公司开展南海贸易：这样一来，上述所有人很可能会获得更多的利益，并通过他们的手段，使整个国家都获得利益"[67]。在强调该公司是对抗法国追求普世帝国的重要堡垒这一事实之后，他详细描述了"此次交易可带来的无限好处"[68]。这会促进英格兰的航运和制造业发展以支付现在的战争费用，英格兰的殖民体系也会受益。除了支持北美殖民地的商业之外，蓬勃发展的南海贸易也将促进奴隶贸易。

笛福尤其认为南海贸易将为境况不佳的王家非洲公司提供亟需的帮助，使他们有机会"向西班牙人贩卖大量黑人"[69]。这场辩论中没有任何地方提到与奴隶贸易相关的风险。

南海贸易的地缘政治

在整个 1711 年，围绕南海公司成立的宣传战持续不断，一方试图推广大西洋世界里有着无限财富的想象，而另一方则想尽一切办法来颠覆这个想象。南美洲普遍的敌对气氛日益成为辩论的核心主题。笛福试图让他的读者放心，法国人和西班牙人在该地区的军事势力不会成为不可逾越的障碍。几个法国要塞殖民地不能够抵御英格兰海军的攻击，后者已经在过去二十年的战争中取得了更大的胜利。笛福相信，只要英格兰人定居在西班牙人占多数的地区，他们很可能会欢迎英格兰人的到来，因为英格兰人会提供"他们最需要的东西，也就是黑人；这正是为了满足他们的需求。我们可以很容易地做到这一点，而且对我们自己有不小的好处"[70]。

事实上，人们越来越认为公司的贸易前景依赖在西属美洲建立坚固的殖民地。因此，人们的注意力集中在旷日持久的和平谈判上。哈雷内阁的批评者声称它正在追求一个不成熟的和平，将使法国处于强势地位。这背叛了大同盟的主要目的，即阻止波旁王朝获得对西班牙和南美洲贸易的控制。如果允许法国控制西班牙贸易帝国，对英格兰贸易的影响将是灾难性的。在《给十月俱乐部成员的一封信》中，弗朗西斯·黑尔，一位马尔伯勒军队的前首席随军牧师，警告说：

> 毫无疑问，我们今后将受到严密监视，我们将不再有能力

向西班牙人出售黑人；法国将自己承担全部工作，我们将因此
失去非洲贸易中唯一能向英格兰提供任何金银回流的分支。[71]

梅恩沃林赞同黑尔的警告。他问道，是否"有人真的相信法国人和
西班牙人会在南海给我们永久的定居点"？[72] 在他看来，相信法国
国王会兑现他的承诺，允许英格兰设立加强防御的港口以及保证贸
易畅通无阻，这样的想法简直是痴人说梦。而且，即使英格兰能够
建立可以进行这种"想象中的贸易"的港口，这可能和灾难性的达
里安商业冒险一样毫无好处。[73]梅恩沃林进一步讨论了该公司直接
进入南美洲金银矿的前景。即使这是有可能的，也不符合国家的最
佳利益，因为它"只会摧毁我们的工业，让我们成为懒惰的一代，
就像西班牙人一样"[74]。梅恩沃林由此得出结论，南海公司只是一
个骗局，它没有任何缓解国家信用危机的希望。[75]

斯威夫特声明，批评哈雷的政策没有合理依据，并且辉格党除
了"在他们的民谣中发现了什么"之外，没有提出进一步的论证，
此后，他开始为哈雷在和平谈判中的策略辩护。在他著名的《同盟
行为》中，斯威夫特认为英格兰应该立即结束这场从一开始就是错
误构想的战争。[76]英格兰作为主要参与者进入欧洲大陆战场从来没
有获得什么好处，相反，英格兰应该集中精力阻止美洲的黄金和白
银流向西班牙和法国。根据真正的托利党方式，斯威夫特争辩说，
英格兰应该成为一个海上强国，没有必要把资源浪费在昂贵的大陆
战役上。英格兰对这一错误策略的追求使得法国在帝国竞赛中获得
了关键优势。在过去的十年里，他写道："法国一直在明智地吞并
秘鲁的所有贸易，直接用他们的船只前往利马和其他港口，然后在
那里用价值不大的法国商品换取金条和银条；这除了给他们国家带
来目前的巨大利益之外，还可能在未来转移对我们如此有利的渠道，
因为我们过去每年在加的斯都会收到如此巨额的款项，换取我们从

那里运往西属西印度群岛的货物。"[77]造成这种灾难性发展的罪魁祸首是金钱利益集团，"他们永久地通过战争收割利益，而对他们有利的贸易方式必定因和平而大不如前"[78]。斯威夫特感叹道："我们一直在努力提高一个特定家族的财富和显赫地位，使高利贷者和股票经纪人致富，并通过摧毁土地利益集团来培育一个派系的恶劣图谋。"[79]为了确保战争不被终结，金钱利益集团已经用错误信息淹没了公共领域，将咖啡馆变成了谎言、谣言和欺骗的堡垒。因此，让公众正确地意识到不要"将伦敦咖啡馆的回声误认为王国之声"[80]是至关重要的。

笛福不再继续严厉批评辉格党，而是尝试在《世界末日，或继续战争的必要性》中采用了更温和的方法。他为辉格党辩护，反对关于他们主张永久战争的指控，表明他们实际上可以通过和平获得更多。不仅商业会复苏，信用也会复苏——这是有钱人最关心的两个方面。他还为托利党辩护，认为该内阁目前谈判达成的和平条约确实是一个光荣的解决方案，并且没有违反大同盟的战略目标。此后不久，笛福采取了更激进的步骤来试图减少围绕和平谈判的争议，他大胆地声称，无论哪个外国势力统治西班牙，实际上对英格兰来说几乎没有区别，只要英格兰能够维持在南海的驻防力量。[81]因此，他认为，无论是波旁王朝还是奥地利王室统治西班牙，南海公司都会蓬勃发展。

1711 年夏天，笛福在期刊《评论》上发表了一系列文章，同样强调了建立强化防御的南美殖民地的紧迫性。他对在该地区建立自由贸易的提议嗤之以鼻，以煽动性的方式宣称："想象一下，西班牙人同意和平，条件是英格兰将与新西班牙开展自由贸易；这就像英格兰应该与法国讲和，条件是法国人应该到这里来和我们的妻子们一起睡觉一样。"[82]他继续说道："新西班牙是旧西班牙的配偶，他们不会让她在贸易中被我们糟蹋，正如他们，这些世界上嫉妒心最强的人，不会允许我们和他们妻子上床一样。"[83]

　　在《一首优秀的新歌，名为马特的和平，或贸易的衰败》中，梅恩沃林继续瞄准哈雷。他认为，过早的和平不仅会让法国处于军事和经济的强势地位，也会给英格兰的信用和商业带来灾难性的影响。

> 我们的股价如此之高，我们的信用如此之好，
> （我是说在我们前任内阁期间）
> 外国人把他们的钱寄到这里，
> 海外银行家很乐意提供贷款。
> 但尽管所有的服务都按时供给，
> 没有任何东西被盗用或滥用，
> 通过所有明智的管理，我们将获得什么，
> 如果现在我们终究必须放弃西班牙，
> 如果现在我们终究必须放弃西班牙？
>
> 放弃西班牙，我们就放弃了所有的贸易
> 他们徒劳地告诉我们已经签订了条约
> 为了让我们在遥远的南海建立堡垒，
> 安全、轻松地管理我们的人口贩卖。
> 对于这些无礼的家伙来说，
> 没有任何谎言是太严重的，
> 他们可能会告诉我们，月球上的堡垒也是如此；
> 既然法国愿意再次占领他们，
> 如果现在我们终究必须放弃西班牙，
> 如果现在我们终究必须放弃西班牙？[84]

1711 年底笛福宣布，已经到了结束宣传写作的时候了，现在应由
公众来对公司前景做最终判断。他自信地预测，一旦股票升值至面
值，批评者的喧嚣就会停止，舆论也会转到对公司有利的方向上。
事实上，笛福已经开始察觉到舆论逆转的迹象。到了 1711 年秋天，
不断上涨的股价开始改变人们的印象，使人们对该计划更倾向于
有利的看法。他声称："许多人一如既往地张大嘴巴反对南海股票，
并发誓不参与认购，但现在他们的观念发生了很大的变化，不仅认
购了他们已拥有的股票，而且还购买更多。"[85] 他甚至鼓励该计划
的批评者出售他们的股票，因为有太多的人有兴趣购买。然后他以
一种奇怪的方式概括了当时的种族和权力动态："不认购的，就卖
给愿意认购的；信用的崛起将把黑人洗白。"[86]

商业挫折和越来越多的批评

1711 年秋天，当公共领域的争论还在激烈进行时，南海公司
正忙于建立公司架构、制定章程、整理认购簿、设置员工工资、设
计公司徽章以及租办公室。该公司的 30 名董事与文员和会计师们
一起工作，负责债转股。[87] 每个认购者在转股时要花费一小笔钱，
这为公司提供了现金以支付杂项费用。公司的主要业务明确后，
董事们将自己组织成几个常设委员会——航运、财务、会计、
通信、采购和仓库，以及房屋和仆人。[88] 为确保董事出席所有会
议，他们被迫缴纳 40 先令的押金，每次他们准时到达会议时都会
退还一部分押金。[89] 在头几个月里，董事们面临的最紧迫问题是就
如何筹集资金以开展交易达成一致。董事们决定不行使从公司股票
所有者那里筹集额外资金的权利——笛福曾如此坚决地捍卫这一特
权，以此来安抚批评者。相反，他们指示财务委员会设计另外的方

案来筹集营运资金，几个月后便发行了 20 万英镑的债券。[90]

到 1712 年 1 月，公司，或更准确地说是采购和仓库部门委员会，开始为公司贸易的启动做准备。他们收集了有关南海交易的实用信息，列出了可以"基于信任采购"的货物清单，并调查了进行贸易所需的船舶和船员规模。[91] 该公司还向国务大臣亨利·圣约翰（即将成为博林布鲁克子爵）提出为公司运营提供军事支持的请愿。该公司请求一支由 20 艘主力舰、40 艘运输船和 400 名士兵组成的部队用于建立殖民地。让他们高兴的是，博林布鲁克子爵在 1711 年 3 月 13 日的一封信中写道："您的致财政大臣的备忘录，关于为了南海贸易的利益而在美洲建立定居点中队的事宜，已经向女王提出，我奉命通知您，女王陛下将下令提供这样一支部队，他们足以确保上述贸易的安全。"[92] 然而到了夏天，派遣主力部队定居殖民地的计划已被更有限的承诺所取代：只提供 3 艘战船运载货物和几艘船只来保护船队。[93] 这支部队被指定与公司的第一批货物一起出发。然而，令董事们非常沮丧的是，到了 1712 年 8 月，船队仍未离开。董事们怀疑延误的原因是海军无法腾出护航所需的船只，于是写了一封信给哈雷，哀求他安排适当的船只，因为货物开始腐烂。当货物被装载到安格尔西和沃里克两艘船上的时候，贸易看起来即将启动。但到了 1713 年 2 月，船只依然未启航，货物状况进一步恶化。[94] 公司没有能力开始贸易，再加上公共领域越来越多的批评，导致整个 1712 年该公司的股价一直在 70 至 80 英镑之间徘徊。

该公司贸易业务的持续拖延被视为公司必然失败的确定迹象。在《一名西印度群岛商人给特恩布里奇某位绅士的一封信》中，一位匿名作者宣称，即使英格兰获得了最有利的贩奴合同，它仍然会被证明是一种消耗，因为通向南美洲的奴隶贸易从来不是特别有利可图。根据在牙买加和库拉索岛运营的英格兰和荷兰奴隶贩子的信息，他报告说西班牙人经常串通一气，强行压低奴隶的价格，并对奴隶在等待出售期间维持生命所需的供应品漫天要价。此外，西班牙人拒绝购买所有送达的奴隶，声称他们不符合体型、年龄、力量或健康的要求。此外，西班牙人甚至要求贩奴合同的承包人为奴隶（即使是那些因送达时过于虚弱而无法出售的奴隶）缴纳关税。出于这些考虑，作者推测法国人实际上在贩奴合同上赔了钱，因此他们暗自高兴地将合同转让给英格兰。

随着公司声誉受到诟病，笛福再次试图挽救局面。这一次，他带着极大的紧迫感声称，从未有过"如此重大的事业"，也没有一种事业让涉及其中的人们"如此不安，对此的看法如此混乱，而其运行方式和情况的了解又如此之少"。[95]他重申，英格兰远比法国更适合开展南海贸易，而且获得这项贸易对英格兰国家安全至关重要——"这一贸易在敌人手中对我们来说是致命的，而在我们手中对他们来说可能也是致命的"[96]。关键是英格兰要在该地区建立起强硬的势力，因为西班牙人永远不会自愿开放通向其殖民地的贸易。他明确补充道：

> 除非西班牙人丧失常识、迷失方向，而且放弃、抛弃了自己的商业，扔掉了他们在世界上留下的唯一有价值的资产，总之，自取灭亡，否则，我不认为他们会出于任何考虑，或者为了任何等价物，放弃如此有价值、实际上是如此不可估量的瑰宝，即他们在美州种植园的贸易独占权。[97]

笛福最后宣称南海贸易"不仅有可能成为伟大的贸易分支，而且有可能成为我们整个不列颠商业中最伟大、最有价值、利润最高和增长最快的贸易分支"[98]。

启动贸易

1713 年 3 月 26 日,《乌得勒支和平条约》签署后,该公司最终获得了贩奴合同,这件事减轻了该公司因缺乏商业活动而产生的挫败感。这项合同要求英格兰在接下来的三十年里,每年向西属美洲提供至少 4800 名非洲奴隶[99]——有资格成为一个“货物”的奴隶必须身体健康,身高至少 1.73 米,年龄在 15 岁到 30 岁之间。如果个子较矮、年龄较小、年龄较大或者有缺陷,这样的奴隶只会部分算作“货物”,不能获得全价。购买奴隶的钱可以用黄金或白银以及“这个国家的果实”来支付,例如糖、烟草和染料。该合同还规定 ⅔ 的奴隶应该是男性,%₁₀ 需年满 16 岁。[100] 该公司通知其采购代理人,他们希望“女性尽可能都是处女”,这暗示了奴隶主预期如何对待他们的女奴隶。[101] 如果公司遇到额外奴隶的需求,他们有权增加运输量,每年达到一万名。[102] 起初,该公司每年只被允许派遣一艘 500 吨级船舶参加西属美洲的年度集市,但很快又增加了两张 600 吨船舶的许可证。虽然有限的干货贸易是一个挫折,公司还是投票接受了这份合同,寄希望于或许可以通过走私贸易增加更多的商业机会。但更令人沮丧的是,该条约不允许英格兰建立任何防御坚固的贸易前哨。即便如此,从股票市场的反应来看,公众对公司贸易特权的看法似乎是积极的。贩奴合同的细节公布后,股价随即首次上涨到 90 英镑,并在春季和夏季继续上涨,1713 年 6 月中旬价格上涨至 97 英镑。虽然要将股票价格的变动归因于任何特定事件是不可能的,但股价的大幅上涨表明公众至少对贩奴合同的前景并非完全不满意。

随着贩奴合同最终签署,公司进入了一个紧张的活动期,终于能够从事它所特许的贸易事业了,公司记录显示出明显的兴奋。女王祝愿公司“所有的事业取得成功”并承诺他们“可依赖我的保护和恩惠"。[103] 哈雷也表达了他对该公司的兴奋："我希望该公司的先生们继续保持努力与勤奋，不再浪费时间，将女王陛下对他们的慷慨意图付诸实践，使如此有利的贸易能够以最大限度开展。"[104] 通过英格兰银行的贷款和其他债券的发行获得了额外的资金，采购委员会能够开始为年度的商品船和奴隶贸易船采购商品。[105] 新成立的贩奴委员会开始就奴隶的供应进行合同谈判。

虽然该公司将从独立商人那里租赁船舶来运输奴隶，但他们仍然需要与非洲海岸的奴隶供应商签订合同。该公司与王家非洲公司和独立的贸易商洽谈，试图争取到最优惠的条款。自从 1698 年议会开放非洲贸易以来，王家非洲公司抱怨独立贸易商（王家非洲公司更喜欢称呼他们为"插足者"）破坏了之前蓬勃发展的生意，因为他们利用公司在非洲海岸的堡垒的优势，又推高了奴隶的价格。王家非洲公司认为这些独立的贸易商已经向他们的非洲同行提供了太多的商业经验，已经将非洲人转变为"专家商人，如果可以用这样的术语来称呼狡猾的骗子"[106]。同样，它"抬高了原始非洲人的价格，并将黑人的价格提高到现在他们无法忍受的水平"[107]。笛福赞同这些观点，他认为，因为非洲人"被教育成彼此之间的拉客者和经纪人，整个贸易的天平倾斜了，我们不再能给他们标价，他们现在学会了向英格兰人要价"[108]。在笛福看来，这造成了一种情况，即"将黑人贩卖到种植园的贸易变成了可以想象得到的最不稳定、最压抑的事。供应的不确定性常常使殖民地的工作陷入绝境，而且，他们是如此昂贵，甚至变成了我们种植园贸易极度难以承受的负担和委屈"[109]。像笛福一样，许多评论家都相信，必须重新建立王家非洲公司的垄断地位，才能够使英格兰顺利地执行贩奴合同。[110]

1713 年 8 月，王家非洲公司最终与南海公司达成协议，在非洲海岸供应"身体健康、适合买卖的黑人"。[111] 此后不久，公司派出了"圣马克斯"号、"温莎"号和"加拿大"号这三艘船，前往非洲海岸采购总共 1230 名奴隶，他们都被打上了公司新设计的标识。[112] 几个月后，公司命令另外三艘船起航，"伊丽莎白"号从维达携带 500 名奴隶、"霍普"号和"史密斯"号在黄金海岸各买 300 名奴隶。[113] 两周后，公司投票决定使用"哈利法克斯"号、"霍普·加利"号和"史密斯"号做进一步的奴隶贸易。[114] 尽管获得许可的船舶"沃里克"号和"安格尔西"号仍在等待起航的命令，但奴隶贸易已经开启的事实让董事们大大地松了一口气。为了便于进一步扩张，董事会于 1713 年 10 月投票决定在卡塔赫纳、维拉克鲁斯、布宜诺斯艾利斯、贝罗港、哈瓦那和加拉加斯建立商站，每个商站派五六名代表。[115] 公司还在巴巴多斯和牙买加设立了代理机构，这使他们能够让生病的奴隶恢复体力并购买额外的奴隶来弥补年度配额。[116]

1714 年夏天的政治不稳定扰乱了贸易。女王对哈雷的信任逐渐减弱，博林布鲁克则有可能成为继任者，但乔治一世的继位给了旧内阁最后一击。博林布鲁克被指控密谋帮助王位觊觎者复辟，以及商谈《乌得勒支和平协议》（这被秘密委员会谴责为叛国行为），他被迫逃往法国，而哈雷则被监禁在伦敦塔。与他们的垮台相关的政治戏剧，以及随后女王于 1714 年夏天的去世，都放缓了公司的活动。就在她去世前几天，女王给公司发了一封严厉的信："祝你们的贸易事业取得成功，并希望你们能够，比到目前为止所做的更好地利用我已经赋予你们的一切。"[117] 虽然董事们正在积极寻求新的交易（与王家非洲公司就另外 2430 名奴隶的合同进行通信，并计划开启"安格尔西"号的走私之旅），但商业上的不成功和 1714 年普遍存在的不确定性导致公司股价下跌，在哈雷作为财政大臣的任期结束的当天，公司发布的股票收盘价为 83 英镑。[118]

然而，股价迅速反弹。女王陛下去世后的第二天，它上涨了 5

英镑，然后在接下来的两周内又上涨了 10 英镑，回到 97 英镑。从英格兰银行和东印度公司的股价也在上涨的事实来看，大臣和君主彻底轮换似乎已经激起了人们普遍的兴奋。[119] 不久之后，当乔治一世抵达英格兰土地时，该公司给他发了一封贺信，他回复道："我的人民的财富和繁荣在很大程度上取决于商业，我将永远致力于保护和鼓励它。"[120] 几个月后乔治被任命为公司总裁，他很快就购买了价值约一万英镑的股票，成为一名大股东。[121]

政治动乱平息后不久，船只再次定期航行，从伦敦出发前往黄金海岸和安哥拉，为西属美洲购买奴隶。最近的估计表明，南海公司在 1714 年的活动占英格兰奴隶贸易总量的 22%。[122] 需求如此强烈，以至于该公司不得不命令它在巴巴多斯的代理人在岛上额外购买 1000 名奴隶运往加拉加斯，未来几年这种模式将持续下去。[123] 随着越来越多的南海公司船只返回伦敦，满载殖民地的货物（贵金属、糖、染料和生皮），公司股价持续上涨。1714 年 9 月中旬，股票价格达到 99 英镑，并继续以九十多英镑的价格交易，直到 1715 年 5 月 10 日最终达到 100 英镑。此刻，所有迹象都表明该公司已经成功地完成了艰巨的任务，使政府信用恢复昔日辉煌。现在看来，该公司的未来一片光明。[124] 该公司吸引了大约 6000 名股东，其中包括许多知名的政治家、贵族、士绅和商人。[125] 南海公司声称每年收入为 68 万英镑，股息总额接近 7%。[126] 公司贸易的早期成功和不断上涨的股价，几乎让关于公司的商业和财务前景的公共讨论完全安静下来。[127] 舆论显然认为该公司的奴隶贸易前景足以支撑其庞大的股本。这当然正是笛福两年前预言的结果，当时他在《评论》中写道："现在，如果南海股票上涨到面值，那么不管是出于什么原因，是你们的心血来潮，或疯狂，或愚蠢，或您愿意称呼的其他什么都好，有一点是很明确的——你们对这种情况的所有争论自然都会消失，因为人们永远不会在能拿到钱的事情上挑剔。"[128] 这并不一定就表明人们对公司目前的业绩感到高兴，只是他们觉得对贸易的未来足够乐观，会继续持有股票。[129] 笛福指出，要了解现在，就要了解人们如何看待未来，预期可以创造远远超出现有财富的价值。笛福因此说："太棒了！"他宣称："这就是想象的力量！"[130]

　　该公司在接下来的几年里继续取得商业上的成功。虽然有许多不同的数字估计，但最新的统计数据显示，该公司在 1715 年运送了 2090 名奴隶，这再次占据了英格兰奴隶贸易总额的 20%。1716年，这个数字略有上升，达到 2127 人（占英格兰奴隶贸易总额的 14%）；1717 年，该公司运输了 3953 名奴隶（23%）；在贩奴合同终止的最后一年，该公司将 3742 名奴隶（25%）带入南美市场。[131] 因此，尽管存在诸多问题，包括对加勒比地区"海盗出没"的抱怨，公司的贸易似乎仍处于良好的健康状态。[132] 海盗截获了该公司在牙买加出海的一艘单桅帆船，偷走了 2.46 万块西班牙八里亚尔银币*，袭击了该公司的"王家非洲"号船，夺取了船上所有的补给品和 28 个奴隶。[133] 尽管遭遇了这些障碍，该公司整个 1715年的股票价格仍维持在面值附近，然后在 1716 年上升至 110 英镑。次年，股价达到 120 英镑，然后在 1718 年回到 115 英镑左右。那年秋天，不列颠与西班牙本已对立的关系演变成武装敌对行动，公司的奴隶贸易被迫终止。1718 年 8 月，王家海军在帕萨罗角海战中击败西班牙海军后不久，西班牙政府不顾所签署的贩奴合同，下令没收南海公司财产。公司的贸易由此戛然而止。[134]

　　人们尚不清楚该公司到底赚取了多少利润。研究这个问题的学者们一直因缺乏准确的财务账目而困扰。历史学家伊丽莎白·唐南在认识到这些挑战的同时推测，"似乎有充分的理由相信，在我

---

* 八里亚尔银币（pieces of eight）指的是西班牙历史上面值为 8 里亚尔的银币，在 16 世纪至 19 世纪被广泛使用，是当时重要的国际贸易货币。

们所考虑的年份［1713—1718 年］，黑奴贸易是在亏损的情况下进行的"[135]。约翰·斯珀林也得出了类似的结论，他认为："黑人贩运给公司造成了损失，而每年船只的合法贸易则带来了微薄的利润。"[136] 相反，历史学家科林·帕尔默在考虑了公司所有的支出和收入之后，认为"公司的奴隶贸易风险投资绝非无利可图。事实上，它的利润似乎相当不错"[137]。无论该公司是否赢利，尽管事实上它从未交付法律允许的 4800 个奴隶，但公众仍然对所观察到的情况感到足够满意，因此继续购买该公司的股票。股价稳定在面值以上，政府借贷成本也在下降，这毫无疑问地表明信用现已恢复。哈雷的宣传机器成功塑造了社会对大西洋奴隶贸易的有利想象，因此成功地促进了政府信用的复兴。[138]

信用、风险与否认能动性

本章论证了 1710 年的信用危机是通过有计划地利用公众对巨大的殖民财富的想象来解决的。南海计划的成功表明，投资者显然断定该公司的奴隶贸易特权将产生足够高的利润，使公司能够支付大笔股息。哈雷的宣传写手们塑造了一种想象，主要侧重于商业机会，而淡化了风险、挑战和障碍。在这种想象中被边缘化的还有贸易对人类的影响。如果公司董事们反思过奴隶的健康和福祉，或商人的安全，那也只是因为这对利润有影响。董事们订购并阅读了许多关于如何对待奴隶以确保其生存的指导手册，包括《外科医生的检查及其医药箱》《改善黑人生存条件的方法》，以及《更好地管理黑人与黑奴贸易的方案》等。[139] 虽然公司与代理商和船长们的通信确实提到了在后来被称为"大西洋中央航线"航程期间出现的叛乱和疾病问题，但公司的记录中并没有留下董事们曾正式讨论过这些事情的痕迹。[140]关于非洲俘虏的状况和经历的几乎完全的沉默也延伸到了围绕南海公司展开的公开辩论中。

　　在早期废奴运动形成的几十年前，奴隶贸易中的人类处境在这个时刻被忽视是毫不奇怪的。正如历史学家凯瑟琳·威尔逊指出的那样，报道帝国的报纸和期刊"抹去了帝国、殖民主义和贸易更残酷的方面，同时抹去的还有处于英格兰统治之下的越来越多人民的主体性"[141]。引人注目的是，公司面临的最大风险因素之一——奴隶的能动性、抵抗和死亡率——在关于公司前景的公开讨论中都被忽视了。在大西洋奴隶制的世界中，死亡当然是普遍存在的，主要原因包括暴力、过度劳累和疾病。[142]反对该公司的小册子和民谣虽然经常警告法国和西班牙海军所带来的风险，以及某些情况下来自不守规矩的当地人或投机取巧的海盗的威胁，却几乎都没有提及奴隶普遍死于疾病、频繁自杀、自残，或船上俘虏的叛乱。虽然淡化风险符合公司的利益，但实际上，反对派却没有利用该风险因素进行攻击，这一事实揭示了非洲奴隶的能动性、主体性和人性是如何被排除在不列颠人对大西洋世界的想象之外的。

　　鉴于人们普遍认为非洲人是野蛮残忍的，而当时又有大量关于奴隶叛逆的证据，奴隶的能动性和抵抗没有被提及是特别值得注意的。当时的非洲人经常被认为是"亚人"，缺乏文明、宗教、法律和诚实的能力。[143]他们人性中为数不多得到认可的方面之一，就是据称他们拥有暴力和残忍的倾向，因为这些品质会让欧洲人产生敬意和恐惧。多尔比·托马斯爵士，一位担任王家非洲公司在黄金海岸总代理的著名伦敦商人，将非洲人描述为"既没有宗教，也没有法律约束他们要有人性、良好行为或诚实的品质"[144]。他进一步补充说，非洲人"天生就是这样的流氓，受到如此无赖的原则的培养，他们通过武力或欺骗得到的东西……他们认为这是真正属于他们自己的"[145]。因为这些非洲人据称拥有顽固而好斗的性格，许多英格兰人都害怕他们。种植园和奴隶船上叛乱事件的频繁发生进一步加剧了对暴力非洲人的刻板印象。最近的一项研究估计，在巴巴多斯和牙买加，大约每十艘奴隶船就有一艘发生过某种形式的集体叛乱，关于叛乱的报道或谣言，既有小规模的也有大规模的，在英格兰广泛流传。[146]

　　伦敦的投资者可以查阅到奴隶叛乱的公开记录。例如，海军外科医生约翰·阿特金斯在一本小册子中提及："在远离陆地的地方，奴隶造反杀害船员的事例并不少见，尽管这种情况并不像在海岸上那样频繁。"[147]另一个熟悉奴隶贸易的威廉·斯内尔格雷夫船长在一本小册子中声称："我知道有几次航行都因叛变而失败。这些叛变要么导致船只受损以及白人全部丧生，要么至少让船员不得不杀死或伤害大量奴隶，以防止彻底毁灭。"[148]在发生这种集体起义时，被抓住的奴隶会用锁链和脚镣做武器，并试图压倒寡不敌众的船员。然而，由于船员的武器总是更先进的，几乎所有的叛乱都被平息，船只最终到达目的地，尽管有时他们的货物遭受严重损失。货运监督詹姆斯·巴伯特描述了他1700年在刚果河航行的经历，当时他船上的奴隶出手攻击船员。袭击始于一名奴隶"刺伤了我们最强壮的人之一，他受到十四或十五处刀伤，就这样死了"[149]。他继续说道："接下来他们袭击了我们的水手长，他的一条腿被砍到骨断筋折，他无法动弹，因为神经被切断；有人用刀割断了我们厨师的喉咙直到喉管，还有其他人打伤三名水手，并将其中一名扔下船。"[150]船员们在尾甲板上设置了路障，他们站在那里"手持武器，向反抗的奴隶开枪，我们杀死了一些奴隶，还打伤了他们许多：这吓坏了其余的奴隶，他们纷纷退让，分散开来……许多最叛逆的人都跳下甲板，然后淹死在海里"[151]。

　　尽管在公众讨论中缺乏重视，但每个曾经参与过奴隶贸易或遇到过奴隶贸易船的人都知道，为可能发生的奴隶叛乱做好周密准备是有必要的。[152] 例如，"汉尼拔"号在这个时期参与过几次贩奴航行，总是"在舱口安排哨兵站岗，并且［有］一个装满小型武器的箱子一直放在甲板上的一角，武器已装弹或装填了火药，还有一些手榴弹；以及，我们的两门甲板炮，指向甲板"[153]。每当奴隶们在甲板上吃饭和锻炼时，船长命令大炮和枪支必须随时上膛并瞄准奴隶们。[154] 认识到船上叛乱造成的损害可能会对船员及其盈利能力造成影响，一些船长为了避免叛乱，便命令船员对抓获的奴隶保持尊重。例如，威廉·斯内尔格雷夫透露："我总是严格要求我的白人充满人性和温柔地对待他们［黑人］……既要防止他们叛变，又要保护他们的健康。"[155] 然而，这种礼遇只有在奴隶保持冷静和服从时才会给予。当奴隶试图或成功地伤害了船员时，等待着他们的将是严厉的惩罚。例如，斯内尔格雷夫认为快速和暴力处决是防止进一步叛变的最好的威慑。[156] 约翰·阿特金斯还坚信，向其他奴隶展示不服从命令的痛苦后果是必要的。例如，他报告说，有三名煽动叛乱者"被残酷地处死；先让他们吃掉其中一个被杀的人的心脏和肝脏。一名女性被吊起——用绳子将她的大拇指挂起来，使她的身体悬空，在其他奴隶面前鞭打她、用刀砍她直到她死去"[157]。

　　在穿越大西洋中央航线的大部分时间里，船长们常常让奴隶戴上镣铐，试图降低船上发生叛乱的风险。这些镣铐还可以防止奴隶自杀。根据给"派遣"号船长威廉·巴里的命令，他要"给［奴隶］拷着，手和脚拴住，因为害怕他们叛乱或跳海"[158]。前面提到的"汉尼拔"号船的记录，描述了"黑人是如此任性，不愿意离开自己的故土，以至于他们经常跳出独木舟、小船和大船，跳入海中，并潜在水下直到淹死"[159]。这段记载接着透露，有 12 名俘虏"确实是故意淹死自己，还有人饿死自己；因为他们拥有一种信念——死后会回到自己的故土和朋友中间"[160]。在某些情况下，船长会砍断自杀者的腿和手臂以恐吓其他奴隶，因为他们相信，如果他们的尸体

被肢解，他们的灵魂就无法再回家。[161]尽管如此，自杀和自残是
俘虏抵抗成为新世界奴隶的常见方式。奴隶们会被带到甲板上呼吸
新鲜空气和锻炼身体，而甲板上方悬挂着网；那里还有专门设计的
器具——口腔扩张器，用于对绝食抗议的俘虏进行强制喂食，奴隶
贩子有时会打碎奴隶的牙齿，以便强行给他们喂食，从中可以一窥
这种个人反抗的频率。

在有关南海公司前景的辩论中，威廉·伍德的《对贩奴合同的
思考》，是罕见的明确承认奴隶反抗性的作品之一。该出版物由伍
德的许多信件和在1712年至1714年间撰写的请愿书构成，他在
其中试图说服议会成员和伦敦的贸易委员会，让他们看到南海公司
黯淡的前景以及贩奴合同将对牙买加造成的毁灭性的后果。[162]他
预测商业衰退和由此导致的人口减少将进一步使该岛面临奴隶人口
的叛乱和外部的入侵，无论入侵是来自法国人还是海盗。他声称岛
上已经有8万名奴隶，而白人只有2000名，远低于理想的每十个
奴隶就有一个白人的比例。伍德宣称，在这种情况下，"黑人……
随时可能叛乱并消灭白人"[163]。然而，尽管他认识到了奴隶叛乱问
题，而且他的主要目的是表明"贩奴合同是有害的，并会给南海公
司带来损失"的事实，但他并没有把这两条信息放在一起，来论证
奴隶的叛乱可能会给该公司的盈利带来问题。[164]他对奴隶能动性
的关注只是为了牙买加的安全和繁荣。

尽管奴隶的能动性和反抗所带来的成本——实际死亡人数和多
搭载50%船员、装备锁链和武器的费用——是巨大的，但损失最
大的来自疾病。[165]在大西洋中央航线航行期间，船舶状况非常适
合痢疾、天花、眼炎和其他疾病的迅速传播。例如，在"汉尼拔"
号的一次航行中，700名奴隶中有228人因"流白液"（痢疾）和
天花而丧生。在南海公司的船只中，有两次探险的旅程因经历了大
西洋中央航线上特别高的死亡率而引人注目："印度女王"号，装

上船的 380 名奴隶中有 90 人死于天花，另有 88 人处于疾病的不同阶段。"乔治"号船上的 594 名奴隶中只有 98 人活了下来。[166] 尽管有些船只的货物损失率高达 90%，但在 18 世纪的头二十年里，平均死亡率估计仅约为 15%。[167]

与叛乱一样，关于南海公司的大部分辩论在大西洋中央航线的死亡问题上保持沉默。一个例外是《准予南海公司的贸易：考虑到与牙买加的关系》，它明确承认死亡率是公司盈利的一个主要障碍。在航运季节，作者观察到源源不断地从非洲抵达的船只，载着"各种各样的黑人，但其中符合西班牙人标准的，几乎不超过三分之二"[168]。为了确保公司只为西班牙人运来适销对路的奴隶，作者建议所有船舶首先停靠牙买加港口，然后用单桅帆船将健康的奴隶送往公司已知有需求的地方。生病的奴隶可以留在岛上休养生息，多余的奴隶可以投入工作，等待更有利的市场条件。只要奴隶不被过度管控——"西班牙人非常看重奴隶的美貌和皮肤，背上的条纹痕迹不仅会损坏一件奴隶商品，而且往往会阻碍其被出售"——或者暴露于潮湿和雨水中，这段时间可能会大大增加贸易商的利润。[169] 恢复了体力的奴隶也能够更好地应对西班牙人的策略，即让奴隶船载着货物在港口滞留，直到他们表现出购买兴趣。[170]

值得注意的是，威廉·伍德和这本小册子的作者都住在牙买加，在这个岛上，死亡是"每个人重要的社会经验"[171]。紧邻着奴隶贸易和种植园的生活让他们无法忽视奴隶经济的现实。相反，只有那些远离奴隶日常经历的伦敦写手，才可能如此彻底地无视奴隶的人性。[172] 正如历史学家克里斯托弗·布朗简明扼要指出的："人们常常忘记奴隶制，因为基本上看不见它。英格兰人享受着奴隶制的果实，却同时很少承担奴隶制的社会或文化代价。"[173]

奴隶的经历肯定与伦敦的投资者和宣传写手的生活相去甚远。

尽管如此，奴隶贸易仍处于南海公司赖以生存的社会想象的中心。为了让投资大众下定决心购买该公司的股票，他们需要构建出关于奴隶贸易当前和未来状况的心理形象。虽然这个想象为大西洋奴隶贸易提供了一个相当广泛和包容的形象，该计划的支持者和反对者都为其形成做出了贡献，但它仍然以对现实的选择性描述为基础。对于早期现代伦敦人来说，抽象实践并不新鲜，他们在婚姻市场、保险业、契约奴役和劳动力市场有丰富的经验。[174] 卡尔·马克思曾对商品如何从人的基本特征和品质中抽象出来做过著名的描述，他称这种现象为商品拜物教和货币拜物教。[175] 他认为，资本主义表现为以货币为媒介的大量商品，往往会混淆其自身暗含的社会现实。由此产生的拜物教使人们能够参与市场交换和消费，而没有意识到正在持续发生的剥削、异化和暴力，马克思将它们与资本主义生产方式联系起来。例如，资本主义拜物教允许 17 世纪的伦敦人用一枚银币购买一杯加糖咖啡，却根本不需要考虑银、瓷器、咖啡和糖是在什么样的社会条件下生产的。

　　信用促成的抽象化或拜物教与马克思所归因的由货币促成的抽象化或拜物教有重要的不同之处。如果说货币允许人们无视价值来源，反过来说，信用则需要仔细构建一种对现实的社会想象，未来的价值将在这种想象中产生。货币使人无需考虑过去的生产条件，而信用则需要对未来的情况进行仔细考虑和生动想象。换句话说，货币和信用促成了不同的抽象实践和不同种类的拜物教。[176] 我认为，这意味着如果在建构社会想象的过程中将基本社会条件的特定特征排除在外，这比不关注或无视这些条件本身更像是刻意的遗漏行为。这并不是说信用拜物教起源于有意识或有阴谋地试图隐瞒重要事实。相反，信用的社会想象揭示了社会成员认为什么是重要的，以及即使是深思熟虑之后，他们仍然会忽视什么。这是一种根植于对世界特定理解的不自觉或内在的盲目性。[177] 事实上，关于南海公司的辩论忽视了奴隶的能动性的事实，意味着奴隶的人性和反抗根本没有进入过公众的视野。[178] 在否认奴隶的能动性和暴力能力——让欧洲人产生恐惧和敬意的少数几个方面之一——的同时，非洲人被剥夺了最后的人性诉求，只剩下能够从事艰苦工作并适应气候的肉体。虽然这是建立必要想象的重要组成部分，但他们的牺牲是真实的。

南海公司的成功

　　该公司成功恢复了英格兰的政府信用，部分是建立在对暴力和非人化的模糊处理基础之上，这促成了法国人的终极赞美——模仿。自法国从西班牙王位继承战争中摆脱出来以后，其财政状况比英格兰还差。1715 年法国国债总额达到令人昏厥的 28 亿里弗（大约 8 亿英镑），而整个财政体系处于动荡状态。[179] 此时，苏格兰人约翰·劳来到了巴黎，此前他已在欧洲大陆游历，试图说服多位国家元首实施他的财政理念。劳充分发挥他在 1705 年受哈特利布主义启发而发表的信用思想，向法国财政大臣提出了一项雄心勃勃的彻底改革财政、金融和商业机构的提案。[180] 他只取得了有限的成功。作为安慰，劳被授予开设私人发钞银行的特权。通过这家银行，即通用银行的成功组建，劳在巴黎精英中树立了自己的声望。他在发行钞票时承诺会用特定纯度的硬币赎回钞票，这使钞票免受贬值的影响。结果，这些钞票开始流行起来，不仅在巴黎，而且在整个欧洲自由流通。钞票的流动性在 1717 年得到进一步增强，当时地方税务员被指示使用这些钞票向财政部汇款。这实质上将钞票转变为官方货币。

　　在巴黎树立了自己的声誉后，劳试图效仿他一直崇拜的南海公司。[181] 他的第一步行动是建立西部公司，更为人所知的名字是密西西比公司，并在路易斯安那获得商业垄断权，那里包括法国在北美的大部分领地。在获得国家许可给公司增加 1 亿里弗的股本后，他提出用这些股份的四分之一交换硬币和银行钞票，四分之三交换未清偿的政府债券，也即国债，以 70% 的折价交易。[182]劳充分认识到制造有利于新证券的舆论和对公司贸易乐观想象的重要性。历史学家托马斯·凯泽指出，至少在早期，劳并没有对公众关于其银行和钞票的看法给予太多关注，但历史学家安托万·墨菲指出，劳确实组织了系统的宣传活动来塑造公众对密西西比公司的想象。[183]路易斯安那被田园诗般地描绘为享有温和的气候、丰富的贵金属资源和大量的猎物，而其首府新奥尔良据称是一个繁荣而健康的殖民城镇，而不是一片人烟稀少、疾病肆虐的湿地。

接下来通过收购塞内加尔公司（1718 年夏）和非洲公司（1719 年 5 月），劳有策略地扩大密西西比公司的收入基础。密西西比公司的股份现在得到了北美毛皮和烟草贸易，以及非洲奴隶贸易收入的支持。这就确保密西西比公司和南海公司不仅共享相同的基本金融架构，而且奴隶贸易与金融革命之间的联系在英吉利海峡两岸都得到了确立。[184]劳还将印度公司、中国公司和法国的烟草垄断纳入其企业帝国，从根本上控制了法国整个殖民地贸易。然而，最奢侈的交易发生在 1719 年 8 月，当时劳与法国政府达成协议，将总额达 15 亿里弗（即 4 亿英镑）的整个国债并入密西西比公司的股本，这一策略后来被南海公司效仿。因此，虽然约翰·劳最初模仿了南海公司的做法，利用奴隶贸易以及债转股来恢复政府信用，但现在南海公司转而效仿劳的策略，将全部国债纳入一个私人垄断公司的股本。

尽管南海公司成功恢复了濒临灾难的大不列颠的政府信用，但英格兰仍背负着公共债务的负担。1714 年，债务总额达到了 4800 万英镑，其中包括查理二世统治时期的一些旧债、1690 年代的大量高息不可赎回贷款、最近的抽签公债，以及国家欠英格兰银行、东印度公司和南海公司的债务。[185] 该债务中的大约 4000 万英镑已得到资金支持，但仍构成一个严重的负担。事实上，每年支付 300 万英镑的利息已占据了政府税收收入的一半。必须采取措施来重组这笔债务，将当前平均 6.25% 的利率至少降至私人商人可获得的 5% 的利率。因此，新任财政大臣罗伯特·沃波尔面临严峻挑战。1717 年，他说服这三家公司同意，将欠他们的许多债务的利率降至 5%。这样就腾出了一些资金，政府承诺将其投入偿债基金，用于逐步购买并取消其债务。[186]

财政部试图利用 1710 年代末普遍存在的有利金融条件进一步重组其债务。在将更多负债并入这三个公司的股本后，财政部开始转换其不可兑现的年金，其中一些按计划要持续至 1807 年。1719 年春，政府启动了一个项目，旨在衡量投资者是否愿意将其不可兑现的年金转换为高流动性的公司股票。因为南海公司最近在恢复政府信用方面取得的成功，财政部转而与该公司协商了一项计划，由该公司提供机会，将一系列于 1710—1711 年签订合同、1742 年到期的奖券年金转换成公司股票。[187] 除了增加股本以吸收年金之外，该公司还能够增加股本来支付逾期的利息，并为政府提供额外贷款筹集资金。增加到股本中以支付拖欠利息以及向政府提供贷款的金额，将根据提交转换的年金的比例确定。最终，价值 108.479 万英镑的年金被转换，这意味着 11.7912 万英镑的拖欠利息和向政府提供的 54.4142 万英镑的贷款也被并入股本中。这使公司股本增加至 1174.6844 万英镑，但更重要的是，这展示了一个极其有利可图的融资方案。

意外之财使年金所有者赚得盆满钵满。他们获得了价值 120.2702 万英镑的 100 英镑面值的股票，他们可以转身以市场价格出售，目前市场价格为 114 英镑。[188] 该公司也从市场价格和面值的差异中受益。政府赋予他们扩充 54.4142 万英镑股本的权力，

用于向政府提供贷款。为了筹集这笔资金，他们以 114 英镑的价格
出售了 5200 股面值 100 英镑的股票，净赚 59.28 万英镑。这给公
司留下了 4.8658 万英镑的现金和额外的 2.4142 万英镑的股票，可
以在市场上以 2.7522 万英镑的价值出售。因此，年金转换和对政
府的贷款使该公司迅速获利 7.6522 万英镑。这收益只会激发公司
的胃口，追求进一步的债务转换——尤其在公司的贩奴合同被取消
之后，它现在缺乏稳定的收入基础。[189]

结　论

　　1720 年 1 月，公司向议会提交了一份雄心勃勃的提案，旨在
将全部国债并入公司的股本，这基本上复制了劳的项目。[190] 由于
英格兰银行和东印度公司拒绝交出各自的债务部分，南海公司最终
竞购了剩余的未偿国债，金额为 3098.1712 万英镑。该公司提出从
1727 年开始，将利率从 5% 降至 4%，并向政府一次性捐款 300 万
英镑。南海公司成为大型金融公司的前景使英格兰银行受到巨大威
胁，后者也参与了接管国债的竞标。然而，最终南海公司获胜，他
们答应向政府支付 750 万英镑来获得这一特权。只要新股能以远高
于 100 英镑面值的价格出售，这个计划仍然能够为公司带来盈利。
显然，该公司现在的根本利益在于尽可能地提高股价，这种动机导
致公司采取了一系列臭名昭著的操控行为。这些操控行为，与整个
欧洲金融市场自始至终都弥漫着的亢奋情绪相结合，在 1720 年春
季和夏季制造了惊人的繁荣。泡沫破灭之后，英格兰金融系统的根
基也随之动摇。这次崩溃对英吉利海峡两岸和大西洋两岸在 18 世
纪余下的时间里如何看待和理解信用产生了深远的影响。

结　语

　　著名散文家约翰·特伦查德和托马斯·戈登在《加图书信》中将南海泡沫的灾后余波与 1720 年法国南部瘟疫的肆虐进行比较，声称英格兰"遭受了另一种传染病的侵袭，它比马赛的传染病更普遍，也更无情：据说，后者已经摧毁了大约 6 万人的生命；而我们的状况更糟糕，它使更多的人生活在悲惨之中，只差疾病来结束他们的灾难"[1]。另一个署名为"爱国者"的小册子作者抱怨说，泡沫后的情况是如此严峻，以至于"我们的中产阶级纷纷关闭了他们的店铺；我们的工匠和穷人在忍饥挨饿；孩子们诅咒让他们诞生的父母，而父母则诅咒他们诞生的时刻"[2]。愤怒的公众指责该公司的董事让国家被"该死的南海吞噬"。《地狱新闻》的作者写到了这些董事，这里以约翰·布朗特爵士和约翰·兰伯特为代表形象：

　　　　噢，布朗特！噢，兰伯特！
　　　　当你们邪恶的名字伤害到娇嫩的耳朵，
　　　　还未出生的孩子，当他们读到
　　　　你们用什么可怕的手段让国家流血，

> 他们惊恐万状，几乎不敢相信
>
> 如此伟大、如此臭名昭著的恶棍可以活下去。[3]

特伦查德和戈登将董事们称为"鳄鱼和食人者"，他们主张将这些除了"脖子和货币"之外一无所有的董事迅速送上绞刑架法办。[4]他们的处决不会得到任何公众的同情，甚至连"老妇人的一声叹息都不会有，尽管她也许已经习惯于为一个普通重罪犯或者凶手的不幸死亡而流泪"。与之相反，绞死董事们将实现"平息民愤"的目标。[5]

虽然董事和股票经纪人被视为这场混乱的罪魁祸首，但许多批评家宣称，整个南海公司计划从一开始就是腐败的，贩奴合同从来都只是一个虚妄的空想怪物。[6]一位匿名作者指责说，"众所周知"南海项目"没有任何坚实或真实的基础，无法指望从中可以获得任何诚实的利润"[7]。相反，作者认为，该计划"用一切可能的技巧和诡计来设计和实施，从而迷惑人们，并以巨大利润的虚假前景来吸引他们卷入其中"[8]。著名托利党讽刺写手爱德华·沃德在《南海歌谣》中表达了他的蔑视，他在其中写道：

> 五亿，钞票和债券，
>
> 我们的股票价值连城，
>
> 但它们不在于货物，不在于土地，
>
> 更不在于货币，让我告诉你们吧。
>
> 但我们的对外贸易已经失利，
>
> 我们巨大的财富还在蒸发，
>
> 我们夸耀的所有财富
>
> 都不过是废纸。[9]

公众也难辞其咎。特伦查德和戈登指控普通投资者在知情的情况下故意参与，促成了新的信用文化。他们认为，自私

> 引诱人们陷入虚假的希望，他们为了得到一个可能的好处，不惜承担一百个可能的坏处；不，他们为了得到纯粹是想象的、完全不可能的好处，经常付出令人心烦意乱的痛苦和代价。[10]

在特伦查德和戈登看来，社会鼓励人们根据他们的激情和想象而不是他们的理性来行事，这种观念正是英格兰衰落的根源。他们补充说："最近，我们英格兰人的激情主要是希望、贪婪和野心；这些激情对人们产生了如此巨大的冲击力，以至于他们因贪婪地渴望变得伟大和富有而变得凄惨和贫穷。"[11]公众已经显露出他们完全没有能力基于概率正确评估世界。每个人都"希望命运对他尤其仁慈，比对另外一千个人更仁慈。于是，这种疯狂的希望变成普遍现象，它所产生的灾难也变成了普遍现象"[12]。特伦查德和戈登评论了孟德斯鸠和休谟后来详尽阐述的激情和利益之间的动态关系，声称南海灾难已经表明"在人类激情面前，理性和真理的影响力是微乎其微的"[13]。

泡沫破灭后，即使是丹尼尔·笛福——他曾如此坚定地在公司运营的最初几年为公司辩护，也开始质疑新信用文化的知识和制度基础。[14]他直接向约翰·劳发难，声称：

> 你每天给民众带来新的惊喜和新的挑战，让他们每天都有新的冒险和探索，这反而削弱了他们天生的冒险精神。因此，用一个空想支撑另一个空想，在无限之上构建无限，很明显，最终必将使一切都陷入无限的混乱之中。[15]

因此，笛福否定了无限进步的观念，抛弃了对这样一种货币的需求。
笛福在哈雷宣传团队的前合作者乔纳森·斯威夫特，也对无限扩张
货币的概念嗤之以鼻。他认为，一个无限扩张的货币是不稳定的重
要来源，因此应该被淘汰。在《泡沫：一首诗》中，斯威夫特描述
了一位聪明而有创造力的冒险家：

> 他乘着纸翅膀飞翔，
> 父亲用蜡将它们绑牢；
> 蜡被高度熔化，
> 在高空飞翔的男孩被摔下。

> 道德家可能会在这里解释
> 克里特岛青年的鲁莽，
> 描述他向大海的坠落，
> 并从寓言中总结出真理。

> 他的翅膀来自他父亲的租金，
> 他借助每一处火焰熔化掉他的蜡；
> 他的信用下降了，他的钱花光了，
> 他在南海留下了他的名字。[16]

凭借这首诗，斯威夫特加入了批评者的行列，用炼金术的虚假希望
来嘲笑公众的轻信和信用的失败。在探索信用与炼金术之间的对应
关系时，斯威夫特要求：

> 聪明的炼金术士解释一下
> 是什么魔法让我们的钱增值，

是投入南方的大海，

还是这些杂技演员欺骗了我们的眼睛？

因此，我们在一个盆里投入一先令，

然后将容器装满；

当你将它装满时，你应该观察到，

沉重的金属似乎在浮动：

它的体积和高度都上升，

看，它冲向了顶部；

液体介质欺骗了你的视觉，

看它像泡泡一样膨胀。[17]

爱德华·沃德的《南海歌谣》也用炼金术揭露了信用货币的内在危险，他宣称："据说旧时的炼金术士 / 可以将铜水壶 / 或铅水箱变成金子⋯⋯但如果这里可以允许 / 纳入大大小小的事物 / 我们狡猾的南海，就像上帝一样，/ 无中生有。"[18]

　　正如这些记载所表明的那样，英格兰在南海泡沫事件中体会了痛苦，将其视作一个创伤性事件。[19] 然而，越来越多的现代历史学家认为，泡沫对英格兰经济的影响并没有如同时代人所相信和担心的那样深刻。历史学家朱利安·霍皮特利用破产和贸易统计数据得出结论，1720 年的危机并不比 1710—1711 年和 1727—1729 年的危机严重，金融历史学家安·卡洛斯和拉里·尼尔认为，即使南海泡沫暂时动摇了金融体系，但它并未造成持久损害。[20] 然而，即便对经济和金融体系没有深刻影响，泡沫仍然导致了在 18 世纪剩下的时间里，甚至更长的时间里，关于货币和信用问题的讨论发生重大转变。[21] 对货币和信用的哈特利布主义式理解，从在政治经济学领域中享有无可争议的地位，变成了现在受到新旧货币理论的双重挑战。

南海泡沫的后果显现期间，出现了三大类货币论述，下面将对每一类做简要介绍。一个极端是，在《探索者》中，爱尔兰哲学家乔治·贝克莱阐述的货币理论几乎再现了哈特利布主义者对信用货币的支持。贝克莱认为工业是财富的本质，以及货币的主要作用是"振兴工业，使人们能够分享彼此的劳动成果"[22]。为此，无需贵金属；信用货币可以同样好地协调交易。遵循哈特利布主义者的传统，贝克莱将货币描述为一种票据或代币，其材质无关紧要。事实上，大不列颠的大部分货币已经是纸钞，这足以证明其可行性。[23]然而纸币无法避免潜在的复杂性。密西西比公司和南海公司的这些计划已经改变了信用的本质，将其变成"游手好闲和赌博的手段，而非给予工业动力和帮助"[24]。然而，贝克莱相信此类问题很容易避免。[25]解决方案是维持一个公共土地银行来适当地管理信用货币的发行。他问道："这种公共银行的钞票难道不会比私人银行的钞票具有更广泛的流通性，并且更少受到欺诈和风险影响吗？"[26]

贝克莱在一个循环流动的框架内完成了货币的构想。他认为扩大纸币发行促进了贸易，既会增加国家的资本存量，也会增加土地的价值。流动和固定财富的增长可以作为创造更多信用货币的潜在保障，从而继续良性循环。虽然经济活动（就业、土地改良、制造业、贸易等）才是货币存量规模的真正决定因素，但人类的能动性仍然在控制新货币的规模和分配方面发挥着积极作用。因此，贝克莱的计划类似于许多在他的时代之前就已经拟议的土地银行计划，包括约翰·劳的方案。

在另一个极端，泡沫的破裂导致一些政治经济学家呼吁停止使用信用货币而回归安全的贵金属。例如，法国出生的伦敦商人艾萨克·热尔韦斯复兴了许多新亚里士多德主义的原则来论证向金属货币回归的主张。热尔韦斯不仅赞同金属硬币因其内在价值而流通的观点，他的世界观还建立在类似于新亚里士多德主义者的和谐和平衡观念的基础上。在一本旨在展示"不自然地使用信用的不良后果"的小册子里，他认为，一个国家要想健康繁荣，就必须在一些重要领域保持平衡。首先，社会等级制度必须保持平衡。他指出："人天生喜爱安逸，拥有一部分［国家的金银］会减少他的欲望，使他减少劳作；这使得那些拥有很少或没有财富的人有机会通过劳动迅速获得他的位置。"[27] 获得财富的欲望，他辩称：

> 可以被视作推动运动或劳作的巨大动力；而对安逸的向往，就像小弹簧或钟摆，使人们保持在持续平衡振动中，在富人和穷人之间摇摆：这样一来，一方总是平衡另一方，就像以一定的均衡比例保持劳作或运动不断进行一样。[28]

与这一原则相关，热尔韦斯坚持认为国家之间也必须保持一定的平衡。每个国家都应该拥有与他们的人数和工业成比例的黄金和白银。如果这个平衡被打破，一个国家吸引到的世界的金银超过了其应有的份额，"与穷人的比例相比，富人的数量太多了，那么这个国家就无法向世界提供与其所拥有的那部分［货币］成比例的劳动"[29]。结果，国家净出口下降，导致多余的货币外流。

此外，当一个国家吸引太多货币时，过多的资金会扰乱国家制造业的平衡。热尔韦斯认为，有些制造业的产量恰好满足国家的需求；有些产业的生产量低于国家需求，因此需要来自国外的额外供应；有些产业的生产超过国家需要，因此有能力出口他们的剩余产品。如果一个产业受到失衡的鼓励而生产更多产品，它吸引了"来自其他制造商的工人……因此，那些受到鼓励而被运送出去的制造业产品（超出正常水平的部分），只是平衡了其他产业的削弱"[30]。

热尔韦斯建议立法者不要干涉贸易和货币，让经济的内在动力带来最适合每一个国家的平衡与和谐，他认为，贸易"从来不会比它在自然的和自由的状态下更好；根据法律或根据税收强迫它，总是危险的"[31]。对热尔韦斯来说，信用构成了另一种类似的外部干预，但几乎很少或没有提供任何益处。信用扩张只会增加货币存量，超出"通过贸易获得的，自然属于它的那部分，信用的增加将会作用于那个国家，就好像它已经从金矿或银矿获取了同等总额的金银"[32]。这也将导致国家的硬币外流，留给国家的是与增加的信用同样规模的白银和黄金的减少。热尔韦斯因此得出结论："信用会造成有害后果。"[33]

苏格兰哲学家大卫·休谟采取了中间立场，介于以贝克莱和热尔韦斯为代表的两个极端之间。休谟接受了哈特利布主义者的观点，即货币的基本要素是信任，构成货币的材料的重要性是次要的。他发展了一套复杂的信任理论，适用于各种商业合同，也包括硬币和信用货币。[34]虽然这使得休谟在哲学上对以纸币为基础的货币体系持开放态度，但他相信，以白银和黄金为基础的货币更为实用。[35]

休谟认为，实物硬币流动机制能够根据每个国家的经济活动水平在全球范围内有效地分配货币。经济增长的国家因此需要更多的货币来流通其商品，就会自动从国外吸引适量的货币。商品生产更多，价格便会下跌，从而使该国的产出更具竞争力。随着出口的增加，货币流入，国家的商品和货币之间的适当比例得到恢复。产出下降的国家则向相反的方向触发相同的自动调整机制。对休谟来说，这一不可阻挡的实物硬币流动机制动态因此确保了由每个国家的商业、工业和制造业来决定其货币存量的规模。

虽然国家的人口规模和勤劳程度最终决定其财富和货币存量的

规模，但休谟并不否认，一个国家的货币存量是否正在扩张或收缩是重要的。事实上，他承认货币存量的增加能对经济活动产生有益的影响。与哈特利布主义者不同，他在 1752 年的论文《论货币》中指出："我们发现，在每一个王国里，当货币开始比以往更充裕时，一切都会焕然一新：劳动和工业获得生机；商人变得更进取，制造商更加勤劳和熟练，甚至农民也更加勤快和专注地耕作。"[36] 然而，货币存量的扩张也有引发通货膨胀的趋势。"看起来，"休谟建议，"大量的货币提高了各种劳动力的价格，这似乎是相当不利的。"[37] 虽然对于这些影响的相对强度含糊其词，但他坚持认为，只有由出口增加引起的货币扩张才可被视为有利的。虽然国外资金的流入与国家策划的扩大纸币发行一样会造成通货膨胀，但前者是"一种不可避免的不便，是我们所有愿望的目标——增加公共财富以及繁荣发展——的结果"。然而，对于后者，他指出"似乎没有理由用伪造的货币来增加那种不便"。[38] 因此，尽管休谟充分认识到纸币的便利性，并且承认此类货币将永远在"每个富裕的王国占有一席之地"，他还是坚信国家"努力人为地增加这种信用，绝不符合任何贸易国家的利益"。[39] 如果国家要在促进经济增长方面发挥任何作用，那也应仅限于保障基本商业机构。在确保基本的经济基础设施安全无虞的基础上，商业、工业和艺术都会蓬勃发展，休谟相信这会带来最大的财富和幸福。

　　休谟不仅对国家发行的纸币持批评态度，而且对整个政府信用体系深感怀疑。他认为金融革命期间引入的新公共财政体系背后的首要目的，是让国家能够筹集更多资金，主要用于支持其军事冒险。战争直接破坏了商业繁荣和政治自由的最根本基础，因此，任何系统地推动和促成战争的机构应该被取消。即使一个国家能够在武装冲突中生存下来，甚至取得胜利，它最终也很可能因为负债过多而崩溃。所以，休谟有一个著名的结论："要么国家必须摧毁政府信用，要么政府信用将会毁灭国家。"[40] 如果不能通过自愿破产或付款来消除沉重的公共债务，休谟警告说："一些大胆的投机者可能会出现，推出他们具有远见卓识的清偿计划。"特别针对约翰·劳，休谟继续说道："到那时，政府信用将开始变得有点脆弱，最轻微的触碰就会摧毁它，就像在法国摄政时期发生的那样；这样，它就会死于医生之手。"[41]

亚当·斯密和他的老朋友休谟一样，在论述货币时采取了中间立场。[42] 他也认为货币最好是由其本身支配；实物硬币流动机制可以确保每个国家保留适当数量的货币来流通其商品。因此，任何认为可能存在货币短缺问题的观点都是建立在谬论之上的。事实上，对斯密来说，最常见的问题"莫过于货币短缺"，这一事实暴露了当时普遍缺乏正确的经济知识。[43] 正是这种短视激发人们去追求"点金石的荒谬想法……［以及］追寻巨大金银富矿的同样荒谬的想法"[44]。然而，和休谟一样，尽管斯密在实践中更倾向金属货币，他仍然指出："经过良好管理的纸币系统可以提供所需的货币供应，这不仅不会带来任何不便，而且在某些情况下还会带来一些好处。"[45] 关键是人们必须"对银行家的财富、诚实和审慎充满信心"，以及他们可以信任为钞票做担保的资产的真实完整性。[46] 然而，呼应斯威夫特的代达罗斯的隐喻，斯密广为人知地警告说，事情很容易就出现偏差。他写道：

> 然而，必须承认的是，一个国家的商业和工业，虽然在某种程度上得到了发展，但当它们就这样悬挂在代达罗斯纸币的翅膀之上时，就不可能像在金银的坚实土地上一样安全。除了纸币管理者的不熟练所导致的意外之外，它们还可能遭受其他一些意外，此时这些管理者的谨慎或技巧都无法保护它们。[47]

破灭的半个多世纪之后，休谟和斯密仍在提及南海泡沫，这揭示了该泡沫在多大程度上影响了人们关于货币和信用的思考。泡沫的持续影响并不止于此。例如，安德鲁·杰克逊总统对美国第二银行——这是创建美国版英格兰银行的尝试——的敌意也是由他对南海泡沫的认识引发的。据称，杰克逊对第二银行行长说："我对你们银行的不喜欢，并没有比对其他银行的不喜欢更多。但自从我读了南海泡沫的历史后，我一直害怕银行。"[48]

这三种关于货币的论述的版本在接下来的两个世纪里一直贯穿于有关货币和信用的辩论之中——事实上，至今仍然如此。每一次新的信用危机，专家和权威人士都会质疑信用及其衍生物（预期、意见和想象）的稳定性。破产银行和信用计划的董事们受到比"鳄鱼和食人者"这种称呼更恶劣的辱骂和斥责，股票经纪人被辱骂并被指控欺诈，公众被嘲笑没有认识到危机的先兆，以及整个金融架构被指责为从根本上就是腐败的。人们提出了各种各样的解决方案，通常涉及将货币体系固定在贵金属之上，或者为货币发行量制定固定规则，并对私人和政府信用的发放和证券化实施更严格的限制。然而，一旦经济复苏，人们开始更加乐观地看待经济未来，传统形式的信用就会反弹，新的信用工具也会被引入。对未来财富的想象在当下实现，促进更多投资、就业和生产。盈利的机会随处可见，即使是在遥远的国家或新兴国家市场，以及在投资者自己永远不会梦想与之互动的社会阶层中间。随着经济繁荣发展，未来的风险因素被越来越多地忽略，信用的创造因此而加速，激发更多的经济活动。这种情况一直持续到那一时刻到来——对证券价值的信心、预期和信任受到干扰，信用再次陷入螺旋式下降。尽管关于这一动态的争论已经以不同思想学派的名义上演，例如，19 世纪的"银行学派"与"货币学派"，或 20 世纪的凯恩斯主义与货币主义，他们的基本论点仍然与那些在南海泡沫结束后提出的阐述非常相似。

与金融革命期间相比，许多因素都使今天的信用不再那么不稳定：金融工具变得更加复杂，用于管理信用的概率模型更加先进，降低风险的新型保险合同已经出台，国家作为"最后贷款人"发挥积极作用。此外，现在有更大的共识在主导关于货币的对话。现代经济学家保留了哈特利布主义者的无限进步思想作为增长理论的一部分，而新亚里士多德主义者的平衡概念在均衡概念中也得以保留。大多数经济思想家也相信，独立于政治机构的货币管理机构有能力以减少其内在波动性的方式管理货币体系。信用拜物教现在可能更难维持，因为人权组织呼吁人们关注全球各地的暴行；政治宣传写手现在面临着更大的挑战，因为他们要影响的是懂得更多金融知识的公众；现今存在的技术让伪造货币变得更加困难；以及政府选举通常取决于更广泛的议题，而不仅限于政府信用。然而，因为信用世界仍然具有不稳定、混乱、信息错误、操控、欺诈、剥削和暴力等特征，本书讨论的主题仍然与现代辩论相关。因此，信用之灾构成了现代文化的一种固有的、不可避免的特征。

注　释

导言

1　Charles Davenant, *Discourses on the Publick Revenues, and on The Trade of England* (London, 1698), 38.

2　关于金融在英格兰国家建设和帝国扩张中的作用的讨论，见 John Brewer, *The Sinews of Power: War, Money and theEnglish State, 1688–1783* (New York: Knopf, 1989)。关于金融与经济增长之间关系的讨论，见 Peter L. Rousseau and Richard Sylla, "Financial Revolutions and Economic Growth: Introducing this EEH Symposium," *Explorations in Economic History* 43 (2006): 1–12; and Ross Levine, "Financial Development and Economic Growth: Views and Agenda," *Journal of Economic Literature* 35 (1997): 688–726。

3　"Casualty." Def. 3a. *The Oxford English Dictionary*, 2nd ed., 1989.

4　Craig Muldrew, *The Economy of Obligation: The Culture of Credit and Social Relations in Early Modern England* (London: Palgrave, 1998).

5　虽然直到 18 世纪下半叶之前，"政治经济学"在英格兰并未得到普遍使用，但这个术语最能概括本书探讨的著作作者们的思想计划。"政治经济学"的首次使用通常被归于 Antoine de Montchrétien, *Traité de l'économie politique* (Rouen, 1615)。

6　由于 17 世纪出版的论著都是专门针对特定的货币危机而写的，所以本书的每一章都集中讨论了一组为了应对同一危机而撰写的文本，以及它们彼此的内部对话。因此我力求避免朱利安·霍皮特所强调的问题，即学术界对 17 世纪经济问题的思考往往带有选择性地关注、后见之明和预设目的来解释的色彩。"The Contexts and Contours of British Economic Literature, 1660–1760," *Historical Journal* 49 (2006): 79–80.

7　这本书建立在对 17 世纪信用概念的大量研究和对金融革命政治背景的多项关键分析基础之上，包括 J. G. A. Pocock, *The Machiavellian Moment: Florentine Political Thought and the Atlantic Republican Tradition* (Princeton, NJ: Princeton University Press, 1975); Julian Hoppit, "Attitudes to Credit in Britain, 1680–1790," *Historical Journal* 33 (1990): 305–322; Muldrew, *Economy of Obligation*; Bruce G. Carruthers, *City of Capital: Politics and Markets in the English Financial Revolution* (Princeton, NJ: Princeton University Press, 1999); Istvan Hont, *Jealousy of Trade: International Competition and the Nation State in Historical Perspective* (Cambridge, MA: Harvard University Press, 2005); Natasha Glaisyer, "'A Due Circulation in the Veins of the Publick': Imagining Credit in Late Seventeenth- and Early Eighteenth-Century England," *Eighteenth Century: Theory and Interpretation* 46 (2005): 277–297; and Steve Pincus, *1688: The First Modern Revolution* (New Haven, CT: Yale University Press, 2009)。

8　这一论点的早期版本见 Carl Wennerlind, "Credit-Money as the Philosopher's Stone: Alchemy and the Coinage Problem in Seventeenth-Century England," *History of Political Economy* 35 (2003): 235–262。我将在本文中谨慎使用"科学革命"这个术语，因为许多"历史学家现在甚至拒绝承认 17 世纪存在任何被称为'科学'的单一连贯文化实体，因此也就没有经历革命性的变化"。许多学者也提出，17 世纪自然哲学及其前身之间有很大的连续性。Steve Shapin, *The Scientific Revolution* (Chicago: University of Chicago Press, 1996), 3.

9　William Letwin, *The Origins of Scientific Economics, 1660–1776* (London: Routledge, 1963); Neal Wood, *Foundations of Political Economy: Some Early Tudor Views on State and Society* (Berkeley: University of California Press, 1994); Deborah A. Redman, *The Rise of Political Economy as a Science: Methodology and the Classical Economists* (Cambridge, MA: MIT Press, 1997); Pamela H. Smith, *The Business of Alchemy: Science and Culture in the Holy Roman Empire* (Princeton, NJ: Princeton University Press, 1997); Andrea

Finkelstein, *Harmony and Balance: An Intellectual History of Seventeenth-Century English Economic Thought* (Ann Arbor: University of Michigan Press, 2000); Margaret Schabas, *The Natural Origins of Economics* (Chicago: University of Chicago Press, 2005); Thomas Leng, *Benjamin Worsley (1618–1677): Trade, Interest, and the Spirit in Revolutionary England* (London: Royal Historical Society, 2008); and Ted McCormick, *William Petty and the Ambitions of Political Arithmetic* (Oxford: Oxford University Press, 2009).

10 自然哲学和政治经济学之间的思想交流并非单向的，许多关于自然和物质的重要见解，都是使用最初应用于经济的概念模型而发展起来的。有关经济如何影响自然哲学的示例，参阅 Julia Robin Solomon, *Objectivity in the Making: Francis Bacon and the Politics of Inquiry* (Baltimore, MD: The Johns Hopkins University Press, 1998); Deborah E. Harkness, *The Jewel House: Elizabethan London and the Scientific Revolution* (New Haven, CT: Yale University Press, 2007); and Harold J. Cook, *Matters of Exchange: Commerce, Medicine, and Science in the Dutch Golden Age* (New Haven, CT: Yale University Press, 2007)。

11 Ian Hacking, *The Emergence of Probability* (Cambridge: Cambridge University Press, 1975) Barbara J. Shapiro, *Probability and Certainty in Seventeenth-Century England* (Princeton, NJ: Princeton University Press, 1983); and Lorraine Daston, *Classical Probability in the Enlightenment* (Princeton, NJ: Princeton University Press, 1988).

12 Geoff rey Clark, *Betting on Lives: The Culture of Life Insurance in England, 1695–1775* (Manchester: Manchester University Press, 1999).

13 Steven Shapin and Simon Schaffer, *Leviathan and the Air-Pump: Hobbes, Boyle, and the Experimental Life* (Princeton, NJ: Princeton University Press, 1985); Simon Schaffer, "Defoe's Natural Philosophy and the Worlds of Credit," in *Nature Transfigured: Science and Literature, 1700–1900*, ed. John Christie and Sally Shuttleworth, 13–44 (Manchester: Manchester University Press, 1989); Steve Shapin, *A Social History of Truth: Civility and Science in Seventeenth-Century England* (Chicago: University of Chicago Press, 1994); and Mario Biagioli, *Galileo's Instruments of Credit: Telescopes, Images, Secrecy* (Chicago: University of Chicago Press, 2006).

14 Brewer, *Sinews of Power*; Carruthers, *City of Capital*; Michael J. Braddick, *State Formation in Early Modern England, c. 1550–1700* (Cambridge:

Cambridge University Press, 2000); Patrick K. O'Brien, "Fiscal Exceptionalism: Great Britain and its European Rivals from Civil War to Triumph at Trafalgar and Waterloo," in *The Political Economy of British Historical Experience, 1688–1914*, ed. Donald Winch and P. K. O'Brien, 245–265 (Oxford: Oxford University Press, 2002); David Stasavage, *Public Debt and the Birth of the Democratic State: France and Great Britain, 1688–1789* (Cambridge: Cambridge University Press, 2003); James Macdonald, *A Free Nation Deep in Debt: The Financial Roots of Democracy* (New York: Farrar, Straus, and Giroux, 2003); and Pincus, *1688*.

15　这一论点的早期版本见 Carl Wennerlind, "The Death Penalty as Monetary Policy: The Practice and Punishment of Monetary Crime, 1690–1830," *History of Political Economy* 36 (2004): 129–159。

16　一些现代经济学家认识到，理解货币的关键就是在分析中重新引入"外在信念或社会习俗，以及偏好和技术"。Nobuhiro Kiyotaki and Randall Wright, "On Money as a Medium of Exchange," *Journal of Political Economy* 97 (1989): 928. See also Thomas J. Sargent and François R. Velde, *The Big Problem of Small Change* (Princeton, NJ: Princeton University Press, 2002).

17　Frank H. Hahn, "On Some Problems of Providing the Existence of an Equilibrium in a Monetary Economy," in *The Theory of Interest Rates*, ed. F. H. Hahn and F. P. R. Brechling, 126–135 (London: Macmillan, 1965).

18　Joyce Oldham Appleby, *Economic Thought and Ideology in Seventeenth-Century England* (Princeton, NJ: Princeton University Press, 1978); C. George Caffentzis, *Clipped Coins, Abused Words, and Civil Government: John Locke's Philosophy of Money* (New York: Autonomedia, 1989); Peter Linebaugh, *The London Hanged: Crime and Civil Society in the Eighteenth-Century* (Cambridge: Cambridge University Press, 1993); Margot C. Finn, *The Character of Credit: Personal Debt in English Culture, 1740–1914* (Cambridge: Cambridge University Press, 2003); Marieke de Goede, *Virtue, Fortune, and Faith: A Genealogy of Finance* (Minneapolis: University of Minnesota Press, 2005); Christine Desan, "The Market as a Matter of Money: Denaturalizing Economic Currency in American Constitutional History," *Law and Social Inquiry* 30 (2005): 1–60; and Deborah Valenze, *The Social Life of Money in the English Past* (Cambridge: Cambridge University Press, 2006). 本书与新经济批评领域的文本分析也有许多共同的视角，其中包括 Patrick Brantlinger,

Fictions of State: Culture and Credit in Britain, 1694–1994 (Ithaca, NY: Cornell University Press, 1996); Laura Brown, *Fables of Modernity: Literature and Culture in the English Eighteenth Century* (Ithaca, NY: Cornell University Press, 2003); Ian Baucom, *Specters of the Atlantic: Finance Capital, Slavery, and the Philosophy of History* (Durham, NC: Duke University Press, 2005); Robert Markley, *The Far East and the English Imagination, 1600–1730* (Cambridge: Cambridge University Press, 2006); and Mary Poovey, *Genres of the Credit Economy: Mediating Value in Eighteenth- and Nineteenth-Century Britain* (Chicago: University of Chicago Press, 2008)。

19 我既探讨了经典作品也研究了较不重要的作品，因为正如马克·奈茨所指出的，发表在不那么重要、极短和匿名的作品中的想法和观点构成了对话的重要成分；参见 Mark Knights, *Representation and Misrepresentation in Later Stuart Britain: Partisanship and Political Culture* (Cambridge: Cambridge University Press, 2005), 45–46。

20 Pocock, *Machiavellian Moment*, 452.

21 Margaret C. Jacob, *Scientific Culture and the Making of the Industrial West* (Oxford: Oxford University Press, 1997); Joel Mokyr, *The Enlightened Economy: An Economic History of Britain 1700–1850* (New Haven, CT: Yale University Press, 2009).

22 P. G. M. Dickson, *The Financial Revolution in England: A Study in the Development of Public Credit, 1688–1756* (London: Macmillan, 1967); D. W. Jones, *War and Economy in the Age of William III and Marlborough* (Oxford: Blackwell, 1988); Brewer, *Sinews of Power*.

23 Keith Horsefield, *British Monetary Experiments, 1650–1710* (New York: Garland Publishing, 1983), xi–xix; Larry Neal, "How It All Began: The Monetary and Financial Architecture of Europe during the First Global Capital Markets, 1648–1815," *Financial History Review* 7 (2000): 123. 安妮·L. 墨菲重点强调了英格兰银行的建立、国债以及由此产生的债务工具的活跃二级市场是基本要素，见 Anne L. Murphy, *The Origins of English Financial Markets: Investment and Speculation before the South Sea Bubble* (Cambridge: Cambridge University Press, 2009), 2。

24 Douglass North and Barry Weingast, "Constitutions and Commitment: The Evolution of Institutions Governing Public Choice in Seventeenth-Century England," *Journal of Economic History* 49 (1989); Stasavage, *Public Debt*.

25 南海泡沫事件发生后，对话发生了根本性的变化。我将在结语中简要阐述。

26 跟随亨利·罗斯维尔的脚步，我选择不将金融革命限制在 1690 年代，他指出：
"17 世纪的英格兰长期以来一直致力于对金融体系进行根本性变革。"参见
Henry Roseaveare, *The Financial Revolution, 1660–1760* (London: Longman,
1991), 3。

27 在使用英格兰金融革命这个术语时，我并不排除其他金融革命的存在——
确实，在此之前和之后存在多场金融革命。例如，詹姆斯·D.特雷西声称
荷兰哈布斯堡王朝在 16 世纪经历了一场金融革命，参见 James D. Tracy,
*A Financial Revolution in the Habsburg Netherlands: Renten and Renteniers
in the County of Holland, 1515–1565* (Berkeley: University of California
Press, 1985)；而约翰·H.门罗则记录了更早的中世纪金融革命，见 John H.
Monroe, "The Medieval Origins of the Financial Revolution: Usury, Rentes,
and Negotiability," *International History Review* 25 (2003): 505–562。理查
德·西拉将另一场金融革命定位于 18 世纪最后几十年的美国，参见 Richard
Sylla , "Hamilton and the Federalist Financial Revolution, 1789–1795," *New
York Journal of American History* 2 (2004): 32-39。

28 例如，参见 David Armitage, *The Ideological Origins of the British Empire*
(Cambridge: Cambridge University Press, 2000); Tony Claydon, *Europe and
the Making of England, 1660–1760* (Cambridge: Cambridge University Press,
2007); Alison Games, *The Web of Empire: English Cosmopolitans in an Age
of Expansion, 1560–1660* (Oxford: Oxford University Press, 2008); and Jack
P. Greene and Philip D. Morgan, eds., *Atlantic History: A Critical Appraisal*
(Oxford: Oxford University Press, 2009)。

29 Erik S. Reinert, "Emulating Success: Contemporary Views of the Dutch
Economy before 1800," in *The Political Economy of the Dutch Republic*, ed.
Oscar Gelderblom, 19–39 (Farnham: Ashgate, 2009). 史蒂夫·平卡斯追溯了
英国人如何小心地实施只会使其经济"更加荷兰化而不是西班牙化"的政策
(*1688*, 51)。

30 Neal, "How It All Began", 123. 荷兰人的确发明了一些重要的金融机制，
例如固定利息，参见 Tracy, *Financial Revolution*；以及某些形式的衍生品
交易，参见 Oscar Gelderblom and Joost Jonker, "Amsterdam as the Cradle of
Modern Futures Trading and Options Trading, 1550–1650," in *The Origins of
Value: The Financial Innovations that Created Modern Capital Markets*, ed.
William N. Goetzmann and K. Geert Rouwenhorst, 189-205 (Oxford: Oxford

University Press, 2005)。但荷兰金融革命更多地关注私人金融而非公共金融。
Oscar Gelderblom and Joost Jonker, "Completing a Financial Revolution: The
Finance of the Dutch East India Trade and the Rise of the Amsterdam Capital
Market, 1595–1612," *Journal of Economic History* 64 (2004): 641–672。此外,
正如玛乔琳·德哈特指出的那样,阿姆斯特丹银行是一个与英格兰银行有着
根本性不同的机构,很难被视为后者的灵感来源;参见 Marjolein 't Hart,
"'The Devil or the Dutch': Holland's Impact on the Financial Revolution in
England, 1643–1694," *Parliaments,Estates and Representation* 11 (1991): 51。

31 有关信用这一特征的讨论,尽管是在较晚的时期,参见 Will Slauter,
"Forward-Looking Statements: News and Speculation in the Age of the
American Revolution," *Journal of Modern History* 81 (2009):759–792。

第一章　货币短缺与英格兰政治经济学的诞生

1   所谓的 17 世纪普遍性危机对英格兰产生了复杂的影响。它带来了广泛的失
业和贫困,但也为英格兰带来了变革,为其崛起为世界强国铺平道路。有
关普遍性危机的最新论述,请参阅 Jonathan S. Dewald, "Crisis, Chronology,
and the Shape of European Social History," *American Historical Review* 113
(2008): 1031–1052. See also Keith Wrightson, *Earthly Necessities: Economic
Lives in Early Modern Britain* (New Haven, CT: Yale University Press, 2000).

2   现代经济理论预测,当货币数量的增长速度低于经济活动的增长速度时,价
格、工资、利率和租金会自我调整。历史学家 B.E. 苏普莱指出,由于价格、
工资、利率和租金通常由长期习惯合同和传统决定,巨大的摩擦和粘性阻碍
了市场调整。因此,白银的短缺会阻碍交易并造成大量失业和混乱。B. E.
Supple, *Commercial Crisis and Change in England, 1600–1642: A Study in the
Instability of a Mercantile Economy* (Cambridge: Cambridge University Press,
1959), 177。

3   Appleby, *Economic Thought and Ideology*, 199.

4   Rice Vaughan, *A discourse of coin and coinage: the first invention, use, matter,
forms, proportions and differences, ancient & modern: with the advantages and
disadvantages of the rise or fall thereof, in our own or neighbouring nations:
and the reasons. Together with a short account of our Common law therein. As
also tables of the value of all sorts of pearls, diamonds, gold, silver, and other*

metals (London, 1675), 71.

5   克雷格·马尔德鲁通过综合多个历史学家的统计数据得出了这些数字。Craig Muldrew, *Economy of Obligation*, 100。

6   Eric Kerridge, *Trade and Banking in Early Modern England* (Manchester: Manchester University Press, 1988), 99.

7   Chris Briggs, *Credit and Village: Society in Fourteenth-Century England* (Oxford: Oxford University Press, 2009).

8   Gerard Malynes, *The center of the circle of commerce. Or, a refutation of a treatise, intituled The circle of commerce, or the ballance of trade, lately published by E.M.* (London, 1623), i–ii.

9   Neal Wood, *Foundations of Political Economy: Some Early Tudor Views on State and Society* (Berkeley: University of California Press, 1994); Andrea Finkelstein, *The Grammar of Profit: The Price Revolution in Intellectual Context* (Leiden: Brill, 2006); and Paul Slack, "Material Progress and the Challenge of Affluence in Seventeenth-Century England," *Economic History Review* 62 (2009): 576–603. 尼尔·伍德指出，早在 16 世纪英格兰就出现了受亚里士多德影响的关于政治经济学的论述。然而，正如斯莱克指出的那样："直到 1620 年代，我们才能辨认出一些看起来像是英格兰政治经济学的东西，它们有自己的基础文本、组织概念和思维方式。"（"Material Progress," 585）当然，我们也可以指出更早的 14 世纪的政治经济传统，其中包含了许多同样受亚里士多德思想启发的思想，参见 Joel Kaye, *Economy and Nature in the Fourteenth Century: Money, Market Exchange, and the Emergence of Scientific Thought* (Cambridge: Cambridge University Press, 1998)。

10   虽然大多数评论员用马林斯、米塞尔登和孟来嘲笑前休谟时代的政治经济学，但也有许多学者拒绝了这种做法，并将这些思想家放在 1620 年代危机的适当背景下进行研究。参见例如，William D. Grampp, "The Liberal Elements in English Mercantilism," *Quarterly Journal of Economics* 66 (1952): 465–501; R. W. K. Hinton, "The Mercantile System in the Time of Thomas Mun," *Economic History Review* 7 (1955): 277–290; and J. D. Gould, "The Trade Crisis of the Early 1620's and English Economic Thought," *Journal of Economic History* 15 (1955): 121–133。

11   Adam Smith, *An Inquiry into the Nature and Causes of the Wealth of Nations*, ed. E. Cannan (Chicago: University of Chicago Press, [1776] 1976), 450。约翰·斯图尔特·穆勒支持这一解读，声称 17 世纪早期思想家相信"任何有

助于在一个国家积累货币或贵金属的东西都增加了这个国家的财富"。John Stuart Mill, *Principles of Political Economy* (London: Parker and Son, 1852), vol. I, 2–3. 雅各布·维纳重申，他们相信"无限积累……贵金属是可取的"。Jacob Viner, "English Theories of Foreign Trade Before Adam Smith," *Journal of Political Economy*, 38 (1930), 264。

12　Richard H. Britnell, *The Commercialisation of English society, 1000–1500* (Cambridge: Cambridge University Press, 1993) and Christopher Dyer, *Standards of Living in the Later Middle Ages: Social Change in England, 1200–1500* (Cambridge: Cambridge University Press, 1989). 理查德·布里特内尔和克里斯托弗·戴尔声称英格兰社会到 14 世纪已经高度商业化，而基思·赖特森则提醒说，到了 14 世纪，英格兰主要还是农村社会。他认为，真正变革性的商业化发生在 16 世纪初至内战期间，当时英格兰从一个相对有限的商业社会，其中"大多数人口……作为生产商或消费者有限地参与更大的市场"，转变为一个更加一体化的市场社会，在这个社会中，"许多农村家庭作为生产者，或消费者，或两者都是，与英格兰的主要城市联系起来"（*Earthly Necessities*, 108–109, 175 ）。

13　根据 R.B. 乌思怀特估计，价格指数（基期为 1451—1475 年）在 1561 年为 298，1601 年为 527，1651 年为 687 ；参见 R. B. Outhwaite, *Inflation in Tudor and early Stuart England* (London: Macmillan, 1969), 10。

14　根据 C.G.A. 克莱估计，在英格兰，居住在人口超过 5000 的城市地区的民众比例从 1520 年的 5.5% 增加到 1600 的 8%，到 1670 年为 13.5% ；参见 C. G. A. Clay, *Economic Expansion and Social Change: England 1500–1700, Vol. I* (Cambridge: Cambridge University Press, 1984)。

15　虽然羊群圈地运动无疑使许多人流离失所，但应该注意到，受这波圈地浪潮影响的大部分土地在黑死病暴发后已经荒废。J.R. 沃迪估计到 1500 年英格兰大约 45% 的可耕地已经被圈占，参见 J. R. Wordie, "The Chronology of English Enclosure, 1500–1914," *Economic History Review* 36 (1983): 485–505。

16　Charles Wilson, *England's Apprenticeship, 1603–1763* (New York: St. Martin's Press, 1965), 25; Wordie, "Chronology of English Enclosure," 492.

17　Robert P. Brenner, "Agrarian Class Structure and Economic Development in Pre-Industrial Europe," in *The Brenner Debate: Agrarian Class Structure and Economic Development in Pre-Industrial Europe*, ed. T. H. Ashton and C. H. E. Philpin, 10–63 (Cambridge: Cambridge University Press, 1985); J. M. Neeson,

Commoners: Common Right, Enclosure and Social Change in England, 1700–1820 (Cambridge: Cambridge University Press, 1993).

18   Francis Bacon, "Advice to the King, Touching Mr. Sutton's Estate," in *The Letters and the Life of Francis Bacon*, ed. James Spedding, 252 (London: Longman, Green, Reader, and Dyer, 1868).

19   尽管人们对流浪文化深恶痛绝，但他们也同样为流浪文化所吸引。事实上，流浪汉创造了自己的语言、社交、等级和规范，敢于对抗和颠覆清教徒社会改革者所提倡的理想和道德，对社会上其他成员而言，这让流浪汉充满了魅力。Paul Slack, *Poverty and Policy in Tudor and Stuart England* (London: Longman, 1988), 91–107。

20   A. L. Beier, "Social Problems in Elizabethan London," *Journal of Interdisciplinary History* 9 (1978): 204–205。斯莱克在《都铎王朝和斯图亚特王朝时期，英格兰的贫困与政策》(*Poverty and Policy*, 93) 中估计，伦敦人口的相对增长率与流浪汉人数的相对增长率是相近的。

21   都铎济贫法包括了在半个世纪内引入的各种立法。参见 Braddick, *State Formation*, Chapters 3 and 4；以及 Paul Slack, *From Reformation to Improvement: Public Welfare in Early Modern England* (Oxford: Clarendon Press, 1999)。

22   正如玛戈特·托德所言："工作的神圣化、纪律的崇高化，以及对懒惰和轻浮的压制，已经被恰当地贴上了清教主义标志的标签。"参见 Margot Todd, *Christian Humanism and the Puritan Social Order* (Cambridge: Cambridge University Press, 1987), 147。

23   Edgar S. Furniss, *The Position of the Laborer in a System of Nationalism: A Study in the Labor Theories of the Later English Mercantilists* (New York: Sentry Press, 1965).

24   虽然苏普莱的《商业危机和变革》(*Commercial Crisis and Change*) 强调了纺织业对英格兰繁荣的重要性，但琼·瑟斯克指出，如果不考虑各种新的项目，例如别针和淀粉制作，就无法充分解释斯图亚特王朝早期的经济扩张，见 Joan Thirsk, *Economic Policy and Projects: The Development of a Consumer Society in Early Modern England* (Oxford: Clarendon Press, 1978)。

25   Edward Misselden, *Free Trade. Or, the meanes to make trade florish. Wherein, the causes of the decay of trade in this Kingdome, are discouered: And the remedies also to remooue the same, are represented. The second edition with some addition* (London, 1622), 40。

26   其他制造业，例如钢铁和玻璃制造，以及黎凡特和地中海等贸易地区，也被考虑在内，因为它们有能力带来额外的白银，从而缓解就业问题。但由于羊毛工业占出口额的 75%，而低地国家和北欧占伦敦布料出口的 75%，所以其他行业和地区得到的关注度较低。Robert F. Brenner, *Merchants and Revolution: Commercial Change, Political Conflict, and London's Overseas Traders, 1550–1653* (London: Verso, 2003), 3.

27　尽管詹姆斯传统上被视为一个不计后果的挥霍者，但最近的学术研究表明他"并不比他的都铎王朝前辈或早期现代的同时代人更奢侈"；参见 Brenner, *Merchants and Revolution: Commercial Change, Political Conflict, and London's Overseas Traders, 1550–1653* (London: Verso, 2003), 3。

28　军事革命开创了新的战场技术，需要训练更好的士兵、繁育用于战斗的马匹、增加火力使用和筑造新型防御工事。尽管英格兰在 1690 年代之前设法避免了大规模的陆地战役，但斯图亚特王朝仍花费大量资金来扩大英格兰的海军能力。参见 Braddick, *State Formation*, 202–213。

29　Walter Raleigh, "A Discourse of the Invention of Ships, Anchors, Compass,&c," in *The Works of Sir Walter Raleigh*, ed. Thomas Birch and William Oldys(Oxford: Oxford University Press, [1615] 1829), 8:325.

30　Wilson, *England's Apprenticeship*, 89.

31　在 1601 年一场著名的辩论中，人们指责垄断侵犯了英格兰人的自由，限制了生产和贸易，并使商品质量下降。在这场辩论之后，伊丽莎白做出让步并取消了一些垄断。David Harris Sacks, "The Countervailing of Benefits: Monopoly, Liberty and Benevolence in Elizabethan England," in *Tudor Political Culture*, ed. Dale Hoak, 7–66 (Cambridge: Cambridge University Press, 1995).

32　Slack, *From Reformation to Improvement*, 53。

33　克里斯托弗·希尔估计，到 1621 年大约有 700 个垄断专利，参见 Christopher Hill, *The Century of Revolution, 1603–1714* (New York: W.W. Norton, [1961] 1980), 25–26。

34　John Ulric Nef, *Industry and Government in France and England, 1540–1640*(Ithaca, NY: Cornell University Press, 1964), 129.

35　该提案将为詹姆斯国王提供每年 20 万英镑有保障的收入，作为取消监护权费和食物等征购的回报。Cramsie, *Kingship and Crown Finance*，95.

36　海关是一个复杂的机制，对进口和出口商品都征收关税，为国家提供了总收入的 30% 至 40%。Michael Braddick, *The Nerves of State: Taxation and the Financing of the English State, 1558–1714* (Manchester: Manchester University

Press, 1996), 49.

37   Theodore K. Raab, *Enterprise and Empire: Merchant and Gentry Investment in the Expansion of England, 1575–1630* (Cambridge, MA: Harvard University Press, 1967).

38   关于英格兰早期殖民尝试的思想背景的讨论，参见 David Armitage, *The Ideological Origins of the British Empire* (Cambridge: Cambridge University Press, 2000); and Andrew Fitzmaurice, *Humanism and America: An Intellectual History of English Colonisation, 1500–1625* (Cambridge: Cambridge University Press, 2003)。

39   Kenneth R. Andrews, *Trade, Plunder, and Settlements: Maritime Enterprise and the Genesis of the British Empire, 1480–1630* (Cambridge: Cambridge University Press, 1984), 313–314.

40   John C. Appleby, "War, Politics, and Colonization, 1558–1625," in *The Oxford History of the British Empire Vol. 1, The Origins of Empire*, ed. Nicholas Canny, 64, 71, 73 (Oxford: Oxford University Press, 1998).

41   James Horn, "Tobacco Colonies: The Shaping of English Society in the Seventeenth-Century Chesapeake," in *The Origins of Empire, ed. Nicholas Canny*, 183 (Oxford: Oxford University Press, 1998)。

42   除了弗吉尼亚和巴巴多斯之外，英格兰定居者也参与了百慕大、圣基茨、尼维斯、安提瓜岛和新英格兰等地相对成功的殖民活动，以及圭亚那、亚马孙三角洲和纽芬兰的失败项目。

43   努阿拉·扎赫迪耶估计，印度 70% 到 90% 的采购都是用金块进行的，见 Nuala Zahedieh, "Credit, Risk and Reputation in Late Seventeenth-Century Colonial Trade," in *Merchant Organization and Maritime Trade in the North Atlantic, 1660–1815*, ed. Olaf Uwe Janzen, 401 (St. John's, Newfoundland: International Maritime Economic History Association, 1998)。

44   Clay, *Economic Expansion and Social Change*, V. II, 207.

45   Ibid.

46   Kerridge, *Trade and Banking*; Muldrew, *Economy of Obligation*.

47   Muldrew, *Economy of Obligation*, 95.

48   根据马尔德鲁的说法，"这个国家的每个家庭，从乞丐到王室，在某种程度上都陷入了日益复杂的信用网络中"（*Economy of Obligation*，95）。

49   Ibid.,101.

50   Robert Ashton, *The Crown and the Money Market, 1603–1640* (Oxford:

Clarendon Press, 1960), 1–30.

51 内陆汇票的运作方式与国际汇票类似，主要由伦敦的批发商和将租金收入转移到伦敦的大地主使用。Kerridge, *Trade and Banking*,45–75.

52 Ashton, *Crown and the Money Market*, 16.

53 James Steven Rogers, *The Early History of the Law of Bills and Notes: A Study of the Origins of Anglo-American Commercial Law* (Cambridge: Cambridge University Press, 1995)。

54 这并不是说商人没有向其他商家转让票据和债券作为付款或取消其他债务的习惯。然而，克里奇澄清了"充分的可转让性由于法律限制而尚未实现"这一点，参见 Kerridge, *Trade and Banking*, 71。

55 Ashton, *Crown and the Money Market*, 5.

56 Ibid., 24–25; R. H. Tawney, *Business and Politics Under James I: Lionel Cranfield as Merchant and Minister* (Cambridge: Cambridge University Press, 1958).

57 Ashton, *Crown and the Money Market*, 2.

58 除了战争造成的不稳定外，英格兰的布料出口进一步受到德意志货币普遍贬值的伤害。所谓的"大贬值时期"*提高了国外进口产品的价格，让英格兰商人在欧洲大陆销售商品变得更加困难。Supple, *CommercialCrisis and Change*, 76.

59 Ibid.,174.

60 Gerard Malynes, *The maintenance of free trade, according to the three essentiall parts of traffique; namely, commodities, moneys, and exchange of moneys, by bills of exchanges for other countries, or, an answer to a treatise of free trade, or the meanes to make trade flourish, lately published* (London, 1622), 2; Thomas Mun, *A Discourse of Trade, From England unto the East Indies: Answering to diverse Objections which are usually made against the same* (London, 1621), 3; Misselden, *Free Trade*, 28.

61 杰拉尔德·马林斯出生于安特卫普，但他一生的大部分时间都在英格兰度过。除了担任试金师和贸易专员之外，他还从事大量的商业活动，经营约克郡和达勒姆的采矿项目，并与威廉·科凯恩合作试图铸造铅制法新（英格兰旧硬币）

---

* "大贬值时期"（Kipper-und-Wipper-Zeit）特指 1619 年至 1623 年间，德意志一些小领主为了获取财政收益，大量铸造了含银量很低的硬币，从而导致通货膨胀和货币贬值的时期。

以扩大小面额硬币的供应。他因后面这一项冒险而在 1609 年被关进了弗利特监狱。有关更多详细的传记内容，参阅 Finkelstein, *Harmony and Balance*; and E. A. J. Johnson, *Predecessors of Adam Smith* (New York: Augustus M. Kelley, [1937] 1965)。

62 Malynes, *The maintenance of free trade.*

63 Gerard Malynes, *A Treatise of the Canker of Englands Common wealth. Divided into three parts: Wherein the Author imitating the rule of good Phisitions, First, declareth the disease. Secondarily, sheweth the efficient cause thereof. Lastly, a remedy for the same* (London, 1601), 14.

64 爱德华·米塞尔登作为商人冒险家公司的一名商人而声名鹊起。后来他担任该公司在代尔夫特的副总督，并代表东印度公司与海牙当局进行谈判。有关更多传记信息，参阅 Finkelstein, *Harmony and Balance*; and Johnson, *Predecessors of Adam Smith*。

65 米塞尔登强调了贸易逆差问题，参见 Misselden, *The Circle of Commerce. Or, The Balance of Trade, in defence of free trade: Opposed to Malynes Little Fish and his Great Whale, and poised against them in Scale. Wherein also, Exchanges in generall are considered: and therein the whole Trade of this Kingdome with forraine Countires, is digested into a Balance of Trade, for the benefite of the Publique* (London, 1623)。在 *Free Trade*, 11 中，他强调白银和黄金的铸币比例是货币外流的主要原因。由于在造币厂白银相对于黄金被低估，于是白银流出该国，而黄金流入。然而，由于白银是主要货币金属，这便意味着流通中的货币数量减少。造币厂的白银价格低廉也导致许多人将白银留在他们的银盘中。

66 Misselden, *Free Trade*, 13, 14, 18, 35, 73. Malynes，" Maintenance of Free Trade"，马林斯同意米塞尔登的观点，造成货币外流的一系列原因在于过度进口、不平衡的东印度贸易以及欧洲大陆战争，等等。然而，米塞尔登指责马林斯抄袭。参见 Misselden, *Circle of Commerce*, 30。

67 Misselden, *Free Trade*, 77, 95, 98, 101; Misselden, *Circle of Commerce*, 137.

68 托马斯·孟以主要从事意大利贸易的商人身份发家致富。1619 年，他被选为东印度公司董事。他管理公司的重要对外事务以及审计许多成员的账目。有关更多传记详细信息，参阅 Finkelstein, *Harmony and Balance*; Johnson, *Predecessors of Adam Smith*。

69 Mun, *A Discourse of Trade*, 50–51.

70 Thomas Mun, *England's Treasure by Forraign Trade. Or, The Balance of our*

Forraign Trade is The Rule of our Treasure (London, 1664), 99.

71 Mun, *Discourse of Trade*, 55.

72 Mun, *England's Treasure by Forraign Trade*, 89. 出口金条的许可对孟所代表的东印度公司尤为重要，因为他们的生意依赖于使用白银购买原材料和未成品，后者可以在英格兰完成加工后出口获利。

73 Mun, *England's Treasure by Forraign Trade*, 35.

74 Aristotle, *Politics,* ed. Stephen Everson (Cambridge: Cambridge University Press, 1988), 167.

75 Aristotle, *Nicomachean Ethics,* trans. Martin Ostwald (New York: Macmillan Publishing Company, 1962), 124.

76 Ibid.,125.

77 与孟德斯鸠早期提出的"和气贸易"（doux commerce）概念有一定相似，亚里士多德指出国家在市场上"建立了美惠女神的避难所"，以促进正义和社会所必要的互惠互动（Ibid., 124）。

78 Ibid.,127.

79 Keith Thomas, *The Ends of Life: Roads to Fulfillment in Early Modern England* (Oxford: Oxford University Press, 2009), 16.

80 Finkelstein, *Grammar of Profit*, 12. 在描述这一世界观时，尼尔·伍德指出，"从他们的角度来看，社会秩序是且应该是不平等的，依赖于从最低到最高的等级和地位的层次结构，每个人都有不同的职责和特权。每一位社会成员，无论是任何阶层，都应该勤奋地从事自己的职业并努力与同胞友好合作，让个人利益服从于促进共同利益"（*Foundations of Political Economy*, 4）。

81 Malynes, *Maintenance of Free Trade*, 2.

82 Gerard Malynes, *Saint George for England, Allegorically described* (London,1601), 16.

83 Ibid.

84 参见 Appleby, *Economic Thought and Ideology*, chap. 3。

85 Thomas, *Ends of Life*, 111.

86 Misselden, *Free Trade*, 12.

87 Aristotle, *Politics*, 15.

88 Malynes, *Saint George for England*, 42.

89 Ibid., ix.

90 Ibid., 45.

91 亚里士多德澄清说："外部物品有一个限度，就像其他任何工具一样，所有有用的东西都有其目的，如果有太多这样的东西，它们要么对所有者造成伤害，要么至少毫无用处"（*Politics*，157）。

92　Ibid.,11.

93　Mun, *Discourse of Trade*, 48.

94　Ibid.,49.

95　Mun, *England's Treasure by Forraign Trade*, 31.

96　Malynes, *Saint George for England*, xi.

97　Malynes, *Maintenance of Free Trade*, 4.

98　玛丽·普维指出，"贵金属的内在价值应成为价值的基础，而这种价值既反映了国王的权威，也反映在国王的权威上，而国王的权威来自上帝，并且是国家强盛的基础"；参见 Mary Poovey, *A History of the Modern Fact:Problems of Knowledge in the Sciences of Wealth and Society* (Chicago: University of Chicago Press, 1998), 72。

99　Mun, *Discourse of Trade*, 1–3.

100　Mun, *England's Treasure by Forraign Trade*, 180.

101　Malynes, *Treatise of the Canker of England's Common Wealth*, 5–6.

102　Gerard Malynes, *Consvetvdo, vel lex mercatoria, or The Ancient Law-merchant. Diuided into three parts: According to the essentiall parts of trafficke. Necessarie for all statesmen, iudges, magistrates, temporall and ciuile lawyers, mint-men, merchants, marriners, and all others negotiating in all places of the world* (London, 1622), 253.

103　Bernard Davanzati, *A Discourse upon Coins, trans. John Toland* (London, [1588] 1696), 18.

104　乔治·卡芬特齐斯等人指出"医学和经济思想之间存在着频繁的概念交流"，参见 C. George Caffentzis, "Medical Metaphors and Monetary Strategies in the Political Economy of Locke and Berkeley"，*History of Political Economy* 35 (2003): 204。另见 Alain Clément and Ludovic Desmedt, "Medicine and Economics in Pre-Classical Economics," in *Open Economics: Economics in Relation to other Disciplines*, ed. Richard Arena, Sheila Dow, and Matthias Klaes, 108–124 (London: Routledge, 2009)。

105　Malynes, *The center of the circle of commerce*, i–ii.

106　Vaughan, *A discourse of coin and coinage*, 58.

107　Ralph Maddison, *Englands Looking in and out. Presented to the High Court of Parliament now assembled* (London, 1640), 12.

108 Ralph Maddison, *Great Britains remembrancer, looking in and out. Tending to the increase of the monies of the Commonwealth. Presented to his highness the Lord protector, and to the High court of Parliament now assembled* (London, 1655), 12.

109 Ibid., 21.

110 Malynes, *Maintenance of Free Trade*, 2; Mun, *England's Treasure by Forraign Trade*, 72.

111 Mun, *England's Treasure by Forraign Trade*, 42; Misselden, *Free Trade*, 118; Malynes, *Maintenance of Free Trade*, 98.

112 Mun, *England's Treasure by Forraign Trade*, 42.

113 Misselden, *Free Trade*, 118.

114 Malynes, *Maintenance of Free Trade*, 98.

115 Ibid.

116 Ibid.,102-103.

117 孟认为贷款对于商人（尤其是一开始没有任何自己的资本的年轻商人和店主）的成功绝对至关重要。马林斯和米塞尔登也主张在伦敦和其他纺织业地区建立伦巴第银行（或当铺）网络。向穷人提供信贷可以鼓励穷人劳动，并"让许多失去父亲的孩子准备好开始工作"（Misselden, *Free Trade*, 118）。

118 Malynes, *Lex Mercatoria*, 254; Mun, *England's Treasure by Forraign Trade*, 72.

119 保罗·斯莱克指出，虽然新亚里士多德主义者在思想上具有影响力，但他们对政府政策几乎没有直接影响，参见 Paul Slack, "Material Progress," 586。

120 Supple, *Commercial Crisis and Change*, 190.

121 Robert Cotton, *A Speech made by Sir Robert Cotton, Knight, and Baronet. Before the Lords of His Majesty's most Honorable Privy Council, At the Concil-Table: Being Thither called to deliver his Opinion. Touching the Alteration of Coin* (London, [1626] 1679), 4.

122 Henry Peacham, *The Worth of a Penny, or, A Caution to Keep Money. With the causes of the scarcity and misery of the want thereof, in these hard and mercilesse Times: As also how to save it, in our Diet, Apparrell, Recreations, etc. And also what honest Courses men in want may take to live* (London, [1642] 1664), 5.

123 Peacham, *Worth of a Penny*, 3.

124 这些写作者大量借鉴了 1620 年代的辩论，最极端的辩论案例是托马斯·罗伊在名为《托马斯·罗伊爵士在关于货币改革的讨论会议上的发言》[Thomas Roe, *Sir Thomas Rowe's Speech at the Councel Table about the Alteration of the Coyn* (1640)] 的著作中公开发表了罗伯特·科顿向议会的演讲；以及麦迪逊在 Maddison, *Englands Looking in and out* (London, 1640) 中复制了马林斯大量段落，却没有注明出处。

第二章　信用的炼金术基础

1　在研究 17 世纪的宇宙学革命时，科学史家亚历山大·柯瓦雷将其描述为"将世界视作一个有限的、封闭的、有等级秩序的整体的观念……消失了，取而代之的是不确定的，甚至无限的宇宙"。Alexandre Koyré, *From the Closed World to the Infinite Universe* (Baltimore, MD: The Johns Hopkins University Press, 1957), 2.

2　Reinhart Koselleck, *Futures Past: On the Semantics of Historical Time, trans. Keith Tribe* (New York: Columbia University Press, 2004), 22.

3　培根主义对经济思想的影响已被大量记载：例如，Letwin, *Letwin, The Origins of Scientific Economics*; and Redman, *Rise of Political Economy*。另一方面，炼金术思想在科学革命中发挥了重要作用，这一点已经得到了证实，参见 Bruce T.Moran, *Distilling Knowledge: Alchemy, Chemistry, and the Scientific Revolution* (Cambridge, MA: Harvard University Press, 2005)。然而，炼金术思想在影响政治经济学方面却很少被承认，唯一的例外是 Smith, *The Business of Alchemy*。

4　Walter W. Woodward, *Prospero's America: John Winthrop, Jr., Alchemy and the Creation of New England Culture, 1606–1676* (Chapel Hill: University of North Carolina Press, 2010), 22. 关于炼金术在其精神和实用目标上的混合性质的讨论，参见，例如 B.J.T.Dobbs, *The Foundations of Newton's Alchemy or "The Hunting of the Greene Lyon"* (Cambridge: Cambridge University Press, 1975); J. T. Young, *Faith, Medical Alchemy and Natural Philosophy: Johan Moriaen, Reformed Intelligencer, and the Hartlib Circle* (Aldershot: Ashgate, 1998); Harkness, *Jewel House*; Leng, *Benjamin Worsley*; and Ted McCormick, *William Petty*。

5　塔拉·努梅达尔指出，炼金术知识到 16 世纪末已成为对即时回报感兴趣的投机者们主要寻求的商品，参见 Tara Nummedal, "Practical Alchemy and Commercial

Exchange in the Holy Roman Empire", in *Merchants and Marvels: Commerce, Science, and Art in Early Modern Europe*, ed. Pamela H. Smith and Paula Findlen, 204 (London: Routledge, 2002)。关于炼金术界保密的重要性的有关示例，参见 Lawrence M. Principe, *The Aspiring Adept: Robert Boyle and his Alchemical Quest* (Princeton, NJ: Princeton University Press, 1998)。

6 在《炼金术的商业》(*The Business of Alchemy*)中，帕梅拉·史密斯介绍了约翰·约阿希姆·贝克尔，一位撰写了有关政治经济学的重要著作以及据称成功地进行了金属炼制的德意志博物学家，他认为炼金术是一种有用的手段，可以促进更普遍的改进过程。炼金术对于贝克尔来说，就像对于哈特利布主义者一样，既是理解自然和社会的框架，又是一门能够扩大货币存量的技术。虽然贝克尔和哈特利布学术团体之间的确切关系尚未完全明了，但史密斯表示，他们了解彼此的著作和项目。

7 Richard Drayton, *Nature's Government: Science, Imperial Britain, and the 'Improvement' of the World* (New Haven: Yale University Press, 2000), 54.

8 赞助炼金术士的欧洲大陆摄政者名单很长而且都是杰出人物，包括红衣主教黎塞留、克里斯蒂娜王后、克里斯蒂安四世、古斯塔夫·阿道夫、鲁道夫二世、斐迪南三世和利奥波德一世。Robin Briggs, "The Academie Royale des Sciences and the Pursuit of Utility," *Past and Present* 131 (1991): 40–41; Susanna Åkerman, *Queen Christina of Sweden and Her Circle: The Transformation of a Philosophical Libertine* (Leiden: Brill, 1991); Allison Coudert, *Alchemy: The Philosopher's Stone* (Boulder, CO: Shambhala, 1980), 199–200; E. J. Holmyard, *Alchemy* (New York: Dover, 1990), 15; R. J. W. Evans, *Rudolf II and His World: A Study in Intellectual History, 1577–1612* (Oxford: Clarendon Press, 1973); Smith, Business of Alchemy, 17, 179, 178.

9 乔治·里普利将《炼金术的复方；或通往发现点金石的十二道大门》(George Ripley, *The Compound of Alchemy; or the Twelve Gates Leading to the Discovery of the Philosopher's Stone*)献给了爱德华四世，见 Michael White, *Isaac Newton: The Last Sorcerer* (Reading, PA: Helix Books, 1997), 115。

10 Frances A. Yates, *Occult Philosophy in the Elizabethan Age* (London: Routledge, 1979).

11 Holmyard, *Alchemy*, 210.

12 J. Andrew Mendelsohn, "Alchemy and Politics in England 1649–1665," in *Past and Present* 135 (1992): 30–78.

13 艾琳·里夫斯是重视马林斯在《商事法例》中的炼金术讨论的少数几个评论

家之一；参见 Eileen Reeves, "As Good as Gold: The Mobile Earth and Early Modern Economics," *Journal of the Warburg and Courtauld Institutes* 62 (1999): 126–166。

14 关于 17 世纪炼金术知识根源的最新总结，参见 Woodward, *Prospero's America*, 16–42。

15 塔拉·努梅达尔引用帕拉塞尔苏斯的话，宣称他曾向"理发师、沐浴者、博学的医生、妻子、那些养成黑魔法习惯的人、炼金术士、修道院、贵族和平民、聪明人和头脑简单的人"寻求信息，参见 Tara Nummedal, *Alchemy and Authority in the Holy Roman Empire* (Chicago: University of Chicago Press), 31。

16 地球内部产生金属的证据在于金属矿石呈树状形状——狄安娜之树，以及有许多关于在先前被耗尽的矿山中发现新贵金属的可靠报告，参见 Thomas Heton, *Some account of mines, and the advantages of them to this kingdom. With an appendix relating to the mine-adventure in Wales* (London,1707), 18–19, 111–115。

17 Arthur O. Lovejoy, *The Great Chain of Being: A Study of the History of an Idea* (Cambridge, MA: Harvard University Press, [1936] 1964).

18 John Henry, "Magic and Science in Sixteenth and Seventeenth Centuries," in *Companion to the History of Modern Science*, ed. R. C. Colby, G. N. Cantor, and M. J. S. Hodge, 584 (London: Routledge, 1990).

19 Ibid., 584.

20 Moran, *Distilling Knowledge*, 26.

21 Ibid.,29.

22 Malynes, *Lex Mercatoria*, 255.

23 Ibid.

24 Ibid. 布鲁斯·莫兰指出，七种金属对应于七大星体，其中包括太阳和月亮，参见 Bruce Moran, *Distilling Knowledge*, 68。

25 Malynes, *Lex Mercatoria*, 256.

26 查尔斯·韦伯斯特指出，新的科学思维赋予人类操控自然–宇宙复合体为自身谋利的能力。对自然力量和宇宙力量的理解"可以转化为实践效果，为人类提供了通过自然手段实现迄今为止被视为奇迹的事情的可能性……这一切都可以通过自然的巧妙协助、模仿或引导而获得"；参见 Charles Webster, *From Paracelsus to Newton: Magic and the Making of Modern Science* (Cambridge: Cambridge University Press, 1982), 58。

27　Moran, *Distilling Knowledge*, 29, 70–71.

28　Keith Thomas, *Religion and the Decline of Magic* (New York: Oxford University Press, 1971), 269.

29　Malynes, *Lex Mercatoria*, 256.

30　Ibid.

31　Ibid.,257.

32　Ibid.

33　Ibid.,258.

34　Ibid.

35　弗拉基米尔·卡彭科基于据称由炼金术嬗变生产的大约 80 枚硬币分析证明，有许多方法可以让人觉得已经成功地将贱金属转变为黄金。明显的嬗变可能只是一种欺骗性的操控的结果，即在实验期间秘密地将贵金属加入坩埚的内容物中。从合金或混合物中分离出贵金属，也可以制造出黄金的外观。第三种方法是用贵金属和普通金属制成合金，使黄金的数量看起来比实验开始时多。炼金术士还可以使用一种被称为"胶结"的技术来获得层状复合材料，只要外层由金构成，它就可以被视作金子。同样，炼金术士也可以用黄金处理普通金属的表面来愚弄人们。最后，炼金术士还可以寻找方法处理贱金属，使其呈现金色，以此来欺骗他们的观众，参见 Vladimir Karpenko, "Coins and Medals Made of Alchemical Metal" *Ambix* 35 (1988): 66–67; and "The Chemistry and Metallurgy of Transmutation," *Ambix* 39 (1992): 47–62。

36　Heton, *Some account of mines*, 127.

37　Holmyard, *Alchemy*, 259–267.

38　正如史蒂文·夏平和西蒙·谢弗指出的那样：为了确定事实，有相关团体见证该实验这一点很重要，这样实验结果才能"通过目击者的证词得到证明"，参见 Steven Shapin and Simon Schaffer, *Leviathan and the Air-Pump*, 55–56。

39　Alan Gabbey, "Spinoza's Natural Science and Methodology," in *The Cambridge Companion to Spinoza*, ed. Don Garrett, 151–152 (Cambridge: Cambridge University Press, 1996).

40　例如，著名的剑桥柏拉图主义者亨利·莫尔声称，除了奠定"路西法知识的基础工作"之外，哈特利布主义者什么也没做，引用自 Mark Greengrass, Michael Leslie, and Timothy Raylor,eds., *Samuel Hartlib and Universal Reformation: Studies in Intellectual Communication* (Cambridge: Cambridge University Press, 1994), 20。

41　Peacham, *Worth of a Penny*, 13.

42   Cotton, *A Speech made by Sir Robert Cotton*, 4.

43   Vaughan, *A discourse of coin and coinage*, 10.

44   Ibid.,6. 布鲁斯·莫兰指出，谴责炼金术是某种形式的伪造至少可以追溯到 14 世纪，参见 Bruce Moran, *Distilling Knowledge*, 31–32。

45   Ibid.,35。

46   Ibid.,6。

47   保罗·斯莱克指出，哈特利布主义者对"线性物质进步的信心"的产生负有责任，参见 Paul Slack, *Material Progress*, 588-589。亦可参见 James Jacob, "The Political Economy of Science in Seventeenth-Century England," in *The Politics of Western Science, 1640–1990*, ed. Margaret C. Jacob, 19-46 (Atlantic Highlands: Humanities Press, 1994).

48   Charles Webster, *The Great Instauration: Science, Medicine, and Reform 1626–1660*, (Oxford: Peter Lang, 2002), xxi.

49   威廉·埃蒙指出，"培根式的开放意识形态之所以吸引英格兰清教徒，是因为它包含道德的成分。他们认为，发明家和发现者的天赋是上帝赐予的，因此应该被用于造福所有人"；请参阅 William Eamon, *Science and the Secrets of Nature: Books of Secrets in Medieval and Early Modern Culture* (Princeton, NJ: Princeton University Press, 1994), 319。

50   引述于 McCormick, *William Petty*, 57。

51   虽然哈特利布本人也撰写了许多小册子，但他的主要作用是协调、出版和传播该团体在知识、社会和技术方面的各种追求。哈特利布出版的许多书籍和小册子是合作的结果。参见 Kevin Dunn, "Milton among the Monopolists: Areopagitica, Intellectual Property and the Hartlib Circle," in *Samuel Hartlib and Universal Reformation: Studies in Intellectual Communication*, ed. Mark Greengrass, Michael Leslie, and Timothy Raylor, 183 (Cambridge: Cambridge University Press, 1994)。

52   关于炼金术项目的世界性本质，参见 Margaret C.Jacob, *Strangers Nowhere in the World: The Rise of Cosmopolitanism in Early Modern Europe* (Philadelphia: University of Pennsylvania Press, 2006), chap. 2。

53   Woodward, *Prospero's America*, 3.

54   虽然新科学或炼金术传统中几乎没有必然或逻辑上的激进或清教徒式内容，但培根和炼金术思想家所推动的精神、道德和社会进步的愿景，与内战末期出现的新改革团体的进步思想产生了共鸣。Mendelsohn, "Alchemy and Politics," 37.

55   Peter Dear，*Revolutionizing the Sciences: European Knowledge and Its Ambitions, 1500–1700* (Princeton, NJ: Princeton University Press,2001) 。彼得·迪尔指出，伊丽莎白女王的医生威廉·吉尔伯特比培根早几年就发表了他的关于经验、实验与功利自然哲学相结合的优点的观点。然而，影响最大的还是培根对这种新认识文化的基本哲学的表述。

56   Harkness, *Jewel House*, 2.

57   正如玛丽·普维指出的那样，"培根的自然哲学计划是一项王家事业，不仅因为它需要大量资金，而且因为它的目的是提供知识以加强国王决定哪些措施能够服务于人民利益的权力"（Mary Poovey, *History of the Modern Fact*, 102）。

58   Francis Bacon, *Proemium, of the Interpretation of Nature, quoted in John Henry, Knowledge is Power: How Magic, the Government and an Apocalyptic Vision Inspired Francis Bacon to Create Modern Science* (Cambridge: Icon Books, 2002), 2.

59   Eamon, *Science and the Secrets of Nature*, 319.

60   Francis Bacon, *The New Organon, ed. Lisa Jardine and Michael Silverthorne* (Cambridge: Cambridge University Press, 2000), 66.

61   Bacon, *New Organon*, 99.

62   威廉·R.纽曼表明炼金术士提前大约四个世纪已预见到了培根的论点，即技术可以改进自然，参见 William R. Newman, "The Homunculus and His Forebears: Wonders of Art and Nature," in *Natural Particulars: Nature and the Disciplines in Renaissance Europe*, ed. Anthony Graft on and Nancy Siraisi, 324 (Cambridge, MA: MIT Press, 2000)。尽管培根本人对炼金术传统持强烈批评的态度，但正如沃尔特·伍德沃德表明的，"培根和炼金术士在许多基本假设上是一致的"。他继续说道："两者都强调实验和对自然世界的观察的重要性。两者都希望将自然哲学从愚蠢的经院学者权威中解放出来；两者都强调科学调查的实用价值。"（Walter Woodward, *Prospero's America*, 26.）

63   Christopher Hill, *The World Turned Upside Down: Radical Ideas during the English Revolution* (London: Penguin, 1972).

64   Margaret C. Jacob, *Scientific Culture and the Making of the Industrial West* (New York: Oxford University Press, 1997), 51–57.

65   Gabriel Plattes, *A Description of the Famous Kingdome of Macaria; shewing its excellent government: Wherin The Inhabitants live in great Prosperity,Health, and Hapinesse; the King obeyed; the Nobles honoured; and all good men*

respected, vice punished, and vertue rewarded. An Example to other Nations. In a Dialogue between a Schollar and a Traveller (London, 1641).

66   Gabriel Plattes, *A discovery of infi nite treasure, hidden since the worlds beginning. Whereunto all men, of what degree soever, are friendly invited to be sharers with the discovered* (London, 1639), xiv.

67   Ibid.,xv。

68   Plattes, *Kingdome of Macaria*, 11.

69   Plattes, *A discovery of infinite treasure*, ii.

70   Ibid.,v.

71   Ibid.

72   Ibid.,vi.

73   Ibid.,

74   Ibid.

75   Ibid.,ii.

76   Ibid.

77   Ibid.,iv.

78   Lovejoy, *Great Chain of Being*, 101, 108.

79   Ibid.,109.

80   Finkelstein, *Harmony and Balance*, 213–214, and Slack, "Material Progress," 589, 芬克尔斯坦和斯莱克都认识到了无限性对哈特利布主义政治经济学的重要性。

81   Samuel Hartlib, *Cornu copia. A miscellanium of luciferous and most fructiferous experiments, observations, and discoveries, immethodically distributed; to be really demonstrated and communicated in all sincerity* (London, 1652); and Samuel Hartlib, *Samuel Hartlib his legacy of husbandry. Wherein are bequeathed to the Common-wealth of England, not onely Braband, and Flanders, but also many more outlandish and domestick experiments and secrets (of Gabriel Plats and others) never heretofore divulged in reference to universal husbandry. With a table shewing the general contents of sections of the several augmentations and enriching enlargements in this third edition* (London, 1655).

82   Hartlib, *Samuel Hartlib his legacy of husbandry*.

83   如果说正面激励还不够，普拉特斯还建议，拒绝新技术的人应该受到惩罚。Jacob, "Political Economy of Science," 24.

84 Cressy Dymock, *A discoverie for division or setting out of land, as to the best form published by S. Hartlib Esquire . . . And an essay to shew how all lands may be improved in a new way to become the ground of the inerease of trading and revenue to this Common-wealth* (London, 1653), 3.

85 Slack, *From Reformation to Improvement*, 77–92.

86 Samuel Hartlib, *Londons charity inlarged, stilling the orphans cry* (London, 1650), 10.

87 特德·麦考密克指出，佩蒂的社会、政治和经济思想是从哈特利布学术团体的改进理念（特别是他们对于穷人的教育、培训和就业的重视）发展出来的（Ted McCormick, *William Petty*, 72）。

88 William Petty, *The Advice of W.P. to Mr. Samuel Hartlib. For the Advancement of some particular Parts of Learning* (London,1648).

89 Slack, *From Reformation to Improvement*, 87–92.

90 Hartlib, *Londons charity inlarged*, 1.

91 Ibid.,2, 9.

92 Henry Robinson, *The office of adresses and encovnters: where all people of each rancke and quality may receive direction and advice for the most cheap and speedy way of attaining whatsoever they can lawfully desire. Or, the only course for poor people to get speedy employment, and to keep others from approaching poverty, for want of emploiment. To the multiplying of trade, the advancement of navigation, and establishing this famous city of London 'n a more plentifull and flourishing condition than ever, as is earnestly desired, and shall be diligently endeavoured by a wel-willer of hers* (London, 1650).

93 Samuel Hartlib, *An essay for advancement of husbandry-learning: or propositions for the errecting Colledge of husbandry; and in order thereunto, for the taking in of pupills or apprentices. And also friends or fellowes of the same colledge or society* (London, 1651), ii.

94 Hartlib, *Samuel Hartlib, his legacy of husbandry*, 291.

95 Cheney Culpeper, *An essay upon Master W. Potters designe: concerning a bank of lands to be erected throughout this common-wealth. Whereby lands may be improved in a new way to become the ground for increase of trading, and of publique and private revenue* (London, 1653), 28.

96 Ibid.

97 Ibid.

98   Leng, Benjamin Worsley; *Steve Pincus, Protestantism and Patriotism: Ideologies and the Making of English Foreign Policy, 1650–1668* (Cambridge: Cambridge University Press, 1996).

99   Henry Robinson, *Englands safety, in trades encrease. Most humbly presented to the high court of Parliament* (London, 1641), 4–5.

100   Ibid.,8.

101   沃斯利的论点在实施 1651 年《航海法》的过程中起到了重要作用。关于《航海法》的通过以及沃斯利在其中所扮演角色的完整背景的讨论，参见 Charles Webster, "Benjamin Worsley: Engineering for Universal Reform from the Invisible College to the Navigation Act," in *Samuel Hartlib and Universal Reformation: Studies in Intellectual Communication*, ed. Mark Greengrass, Michael Leslie, and Timothy Raylor, 213-235 (Cambridge: Cambridge University Press, 1994); Pincus, *Protestantism and Patriotism*; and Thomas Leng, "Conflict and Co-Operation in the Discourse of Trade of Seventeenth -Century England," *Historical Journal* 48 (2005): 933–954。

102   John French, *The art of distillation* (London, 1667), 190.

103   Ibid.,193.

104   Ibid.,194. 法兰希继续详细阐述了"黄金油"的各种配方，以及如何让黄金在土地里生长出来的方法。为了实现后者，炼金术士必须："取金叶，将它们埋在土里，望向东方，让它经常沾满人尿和鸽粪，你会看到，过不了多久，它们就会增多。""增长的原因，"他解释说，"可能是黄金吸收了来自地心的宇宙蒸汽和种子，并通过粪便的腐败和热量将其净化并同化为自身。"（204）

105   Ibid.,i.

106   Ibid.,iii.

107   Ibid.

108   Ted McCormick, "Economics and the Decline of Alchemy: Gabriel Plattes's Discovery of Subterraneall Treasure (1639)" (unpublished).

109   Gabriel Plattes, *A discovery of subterraneall treasure, viz. of all manner of mines and mineralls, from the gold to the coale; with plaine directions and rules for the finding of them in all kingdomes and countries. And also the art ofmelting, refining, and assaying of them is plainly declared* (London, 1639), 42.

110   Ibid.,43.

111   Gabriel Plattes, *Caveat for Alchymists, or, A warning to all ingenious*

Gentlemen,whether Laicks or Clericks, that study for the finding out of the Philosophers Stone; shewing how that they need not to be cheated of their Estates, either by the perswasion of others, or by their own idle conceits (London, 1655), 88.

112 Ibid.,87.

113 查尔斯·韦伯斯特指出，沃斯利"是 17 世纪中叶培根主义实验哲学和重商主义经济政策的主要支持者之一"（*Benjamin Worsley*，234）。

114 Leng, *Benjamin Worsley*, 38.

115 Young, *Faith, Medical Alchemy and Natural Philosophy*, 230.

116 William R. Newman and Lawrence M. Principe, *Alchemy Tried in the Fire: Starkey, Boyle, and the Fate of Helmontian Chymistry* (Chicago: University of Chicago Press, 2002), 12.

117 1651 年，莫里亚恩和沃斯利之间通信频繁，几乎完全只涉及他们各自的炼金术实验，这表明他们的合作正在取得进展。Young, *Faith, Medical Alchemy and Natural Philosophy*, 226.

118 Quoted in Young, *Faith, Medical Alchemy and Natural Philosophy*, 229.

119 Ronald Sterne Wilkinson, "The Hartlib Papers and Seventeenth Century Chemistry, Part II: George Starkey," *Ambix* 17 (1970): 85–110.

120 Michael Hunter, Antonio Clericuzio, and Lawrence M. Principe, eds., *The Correspondence of Robert Boyle, Vol. I* (London: Pickering and Chatto,2001), 93.

121 Ibid.,94.

122 Ibid.,114-115.

123 Ibid.,115.

124 Ibid.,99.

125 斯塔基对货币和商业的批评与激进的清教徒杰拉尔德·温斯坦利相似。这位掘土派领袖宣称货币是魔鬼的工具，一旦从这个残暴的诡计中解放出来，人们将"自由地享用地球的馈赠，不需要将魔鬼的兽印带在手上或承诺中；并且他们将，正如以赛亚所说，无需货币或付出代价即可购买酒和牛奶"；参见 *A declaration from the poor oppressed people of England, directed to all that call themselves, or are called lords of manors, through this nation; that have begun to cut, or that through fear and covetousness, do intend to cut down the woods and trees that grow upon the commons and waste land* (n.p., 1649), 101。关于温斯坦利炼金术影响的讨论，请参阅 David Mulder, *The*

Alchemy of Revolution: Gerrard Winstanley's Occultism and Seventeenth-Century English Communism (New York: Peter Lang, 1990)。

126 引自 William R. Newman, "George Starkey and the Selling of Secrets," in *Samuel Hartlib and Universal Reformation: Studies in Intellectual Communication* ed. Mark Greengrass, Michael Leslie, and Timothy Raylor, 11(Cambridge: Cambridge University Press, 1994)。

127 有关炼金术和保密的讨论，参阅 Eamon, *Science and the Secrets of Nature*。

128 引自 Michael Hunter, "Alchemy, Magic, and Moralism in the Thought of Robert Boyle," *British Journal for the History of Science* 23 (1990): 407。亨特探讨了波义耳令人费解的参与废除禁止金银增殖法的行为。

129 引自 Young，*Faith*，*Medical Alchemy and Natural Philosophy*，233。

130 Hunter, *Clericuzio, and Principe, Correspondence of Robert Boyle*, 155.

131 Newman, "George Starkey and the Selling of Secrets," 204.

132 从 1653 年开始，沃斯利与另一位受哈特利布思想影响的杰出炼金术士弗雷德里克·克洛狄乌斯，就金属炼制问题进行了持续的辩论。参见 Leng, *Benjamin Worsley*, 99–102。

133 *A Bank of Lands; or, an Improvement of Lands, never thought of in former Ages: Begun to be presented upon most rationable and demonstrable grounds by Mr. William Potter (a Gentleman of great deserts, and of a most Publique Spirit) which being more fully cleared in all its Particulars, and established by publique Authority, may become a standing and setled Meanes to enrich the whole Nation, and also to remove Taxes, and other publique Burdens, in Hartlib, Samuel Hartlib his legacy of husbandry,* 290. 目前尚不清楚波特首次发表他的土地银行提案是在哪一年。*A Bank of Lands* 和 *An Essay upon Master W. Potters Designe* (1653)，这两者非常相似，它们甚至可能是同一个人创作的。不过，遵循迈克尔·布拉迪克和马克·格林格拉斯的观点，我认为后一篇文章的作者是切尼·卡尔佩珀，而依照惯例，我认为前者的作者是威廉·波特。Michael Braddick and Mark Greengrass, eds., *Seventeenth-Century Political and Financial Papers,* 105–402 (Camden: Camden Miscellany xxiii, 1996)。

134 卡尔佩珀写给哈特利布的许多信件都详细描述了他对炼金术的积极参与，以及与炼金术研究圈内一些核心人物的频繁接触。参见 "The Letters of Sir Cheney Culpeper (1641–1657)," in *Seventeenth-Century Political and Financial Papers,* ed. Michael Braddick and Mark Greengrass (Camden:

Camden Miscellany xxiii, 1996)。

135 Potter, *Bank of Lands*, 294.

136 William Potter, *The key of wealth: or, a new way, for improving of trade: lawfull, easie, safe and effectual: shewing how a few tradesmen agreeing together, may (borrow wherewith to) double their stocks, and the increase thereof* (London, 1650), 38.

137 私人债务工具流通的主要障碍是只允许最初债权人起诉债务人。更多讨论参见本书第三章。

138 Mun, *England's Treasure by Forraign Trade; Robinson, Englands safety.*

139 Henry Robinson, *Certain proposalls in order to the peoples freedome and accommodation in some particulars. With the advancement of trade and navigation of this Commonwealth in generall. Humbly tendered to the view of this prosperous Parliament, in this juncture of time* (London, 1652), 18.

140 Ibid.

141 Culpeper, *An essay upon Master W. Potters designe*, 30.

142 Ibid.,29.

143 Potter, *Bank of Lands*, 295.

144 Robinson, *Englands safety*, 34.

145 在波特看来，货币是"一种证据或证言，以表明人们（通过某种共同协议接受了它，用来交换具有真正价值的商品，而它自身没有价值）欠下了多少债务，即承诺用其他商品或必需品来补偿他们曾用货币交换而失去的劳动果实或财产"（*The key of wealth*, 7）。

146 Ibid.,38.

147 Ibid.,56.

148 Ibid.,46.

149 Ibid.,52.

150 Ibid.,28.

151 Ibid.,10.

152 Ibid.,iv.

153 William Potter, *Humble proposalls to the honorable the Councell for trade: And all merchants and others who desire to improve their estates* (London, 1651), 15.

154 Potter, *Bank of Lands*, 293–294.

155 Potter, *Bank of Lands*, 295; Culpeper, *An essay upon Master W. Potters*

designe, 30.

156 Potter, *Bank of Lands*, 295.

157 Ibid.,297.

158 Ibid.,299.

159 通过提供《致富之钥》的精华缩写版，波特继续推广该计划，参见 *The trades-man's jewel: or a safe, easie, speedy and effectual means, for the incredible advancement of trade, and multiplication of riches; shewing how men of indifferent estates, may abundantly increase both their own and other mens trading and riches, without parting with money or any stock out of their own hands: by making their bills to become current instead of money, and frequently to revolve through their hands, with as much in money as the sums therein mentioned do amount unto* (London, 1650)。

160 Peter Chamberlen, *The poore mans advocate, or, Englands samaritan. Powring oyle and wyne into the wounds of the nation. By making present provision for the souldier and the poor, by reconciling all parties by paying all arreares to the Parliament army. All publique debts, and all the late kings, queenes, and princes debts due before this session* (London, 1649), v.

161 Ibid.,1.

162 长期议会的残党最终出售了大约七百名保王派成员的土地，威廉·波特可能积极参与了这个过程。Christopher Hill, *The Century of Revolution,1603–1714* (New York: Norton, 1966), 97.

163 Chamberlen, *The poore mans advocate*, 48.

164 Ibid.,9.

165 Ibid.,4.

166 Ibid.,v.

167 Culpeper to Hartlib, March 15, 1647–1648, in "The Letters of Sir Cheney Culpeper,1641–1657," 325.

168 Dunn, "Milton among the Monopolists," 184. 另见 Gweneth Whitteridge, "William Harvey: A Royalist and No Parliamentarian," in *The Intellectual Revolution of the Seventeenth-Century*, ed. Charles Webster, 182-188 (London: Routledge, 1974)。

169 Potter, *The key of wealth*, 2.

170 Chamberlen, *The poore mans advocate*, 31.

171 乔伊斯·阿普尔比追溯了关于穷人的话语从关注人口过剩到以生产劳动力的

短缺为重点的转变。参见 *Economic Thought and Ideology*, 129–157。

172　Culpeper to Hartlib, March 4, 1645–1646, in "The Letters of Sir Cheney Culpeper," 269–270.

173　查尔斯·韦伯斯特指出，哈特利布的著作与"其他改革运动，例如平等主义者的小册子和温斯坦利的作品"一样，都受到了怀疑，参见 Charles Webster, ed., *Samuel Hartlib and the Advancement of Learning* (Cambridge: Cambridge University Press, 1970), 64。亦参见 Mendelsohn, "Alchemy and Politics," 30。

174　Lotte Mulligan, "Civil War Politics, Religion, and the Royal Society," in *The Intellectual Revolution of the Seventeenth-Century*, ed. Charles Webster, 342–346 (London: Routledge, 1974).

175　佩蒂宣称"我们必须建立一家银行，它经过精心计算，几乎可以比铸币的效果好上一倍：在英格兰，我们有足够的材料可以成立一家银行，它将提供充足的资金来推动整个商业世界的贸易发展"；参见 *Quantulumcunque Concerning Money. To the Lord Marquess of Halyfax* (London, 1682), 7。佩蒂在其他地方也提到了信用货币的好处，他主张土地"不仅应该成为货币，还应该成为一家货币银行，这远比铸币更加安全和便利"；参见 *The Petty Papers: Some Unpublished Writings of Sir William Petty*, ed. Marquis of Lansdowne (London: Constable, 1927), 1:78。

176　Bacon, *New Organon*, 71.

第三章　信用的认识论

1　William Petty, *Quantulumcunque Concerning Money* (London, 1682), 7; Barbon, *A Discourse of Trade* (London, 1690), 27; Davenant, *Discourses on the Publick Revenues*, 38.

2　玛丽·普维最近强调了货币与它所代表的实物担保物之间的相对独立性，将其称为"表征问题"（*Genres of the Credit Economy*, 62）。

3　Georg Simmel, *The Philosophy of Money*, ed. David Frisby, trans. Tom Bottomore and David Frisby (London: Routledge [1978] 1991).

4　Ibid.,178.

5　Ibid.,179.

6　Ibid.,180.

7 Ibid.

8 Ibid.,179.

9 在欧洲大陆，许多哲学家为概率思想的兴起做出了贡献，从安托万·阿尔诺、皮埃尔·尼科尔和帕斯卡尔开始，并继续到克里斯蒂安·惠更斯、莱布尼茨和雅各布·伯努利。有关概率思想的出现的综合论述，参见 Hacking, *Emergence of Probability*; Shapiro, *Probability and Certainty*; Daston, *Classical Probability*; Lorraine Daston, "Domestication of Risk: Mathematical Probability and Insurance, 1650–1830," in *The Probabilistic Revolution*, Vol. 1, ed. Lorenz Krüger, Lorraine Daston, Michael Heidelberger, Gerd Gigerenzer, and Mary S. Morgan, 237–260 (Cambridge, MA: MIT Press, 1987); Peter Dear, *Discipline and Experience: The Mathematical Way in the Scientific Revolution* (Chicago: University of Chicago Press, 1995); and James Franklin, *The Science of Conjecture: Evidence and Conjecture before Pascal* (Baltimore, MD: The Johns Hopkins University Press, 2001)。

10 对这些信用计划的更多机制设计细节感兴趣的读者，参见 R. D. Richards, *The Early History of Banking in England* (London: Frank Cass and Company, 1958); J. Keith Horsefield,*British Monetary Experiments, 1650–1710* (New York: Garland Publishing,1983)。另请参阅伊藤盛一郎即将发表的文章 Seiichiro Ito, "The Making of Institutional Credit in England, 1600–1688," *European Journal of the History of Economic Thought* 18。伊藤探讨了各种银行提案如何处理安全、担保和可信这些核心问题，重点关注了许多同样出现在本章讨论中的银行倡导者。

11 Shapiro, *Probability and Certainty*.

12 一些科学史学家反对概率思想兴起或涌现的观点。参见 Daniel Garber and Sandy Zabell, "On the Emergence of Probability," *Archive for History of Exact Sciences* 21 (1979): 33–53。

13 达斯顿指出，射幸合同，特别是博弈游戏，引起了伯努利兄弟和约翰·德威特等数学家的关注。然而，他们对这些游戏的数学处理没有被广泛实施。达斯顿认为，彩票的利润是如此之高，以至于没有必要采用更复杂的数学技术；参见 Daston, *Classical Probability*, 168。关于射幸合同的文化历史，参见 Clark, *Betting on Lives*。

14 Hacking, *Emergence of Probability*, 38.

15 正如史蒂文·夏平和西蒙·谢弗指出的那样（Steven Shapin and Simon Schaffer, *Leviathan and the Air-Pump*, 19），霍布斯对实验方法持批评态度，

声称他们只能产生意见，永远不会达到被称为哲学知识或科学知识所需的确定性程度。

16　Thomas Hobbes, *Leviathan*, ed. Richard Tuck (Cambridge: Cambridge University Press, [1651] 1991), l.vii, 48.

17　Ibid.

18　Ibid.

19　Ibid.

20　Ibid.,49. 社会学家格奥尔格·齐美尔呼应霍布斯的主张，认为信用所依赖的信任"最明显地体现在宗教信仰中"（*Philosophy of Money*, 179）。其他人，例如托马斯·M.卡瓦纳认为，"信用与宗教信仰无关……信用必须做的，不是扎根于过去的任何教条，而是与对未来的信念有关"；参见 Thomas M. Kavanagh, *Enlightenment and the Shadows of Chance: The Novel and the Culture of Gambling in Eighteenth-Century France* (Baltimore, MD: The Johns Hopkins University Press, 1993), 69。虽然鼓励人们发展宗教信仰的方式和呼吁信任货币的方式这两者之间可能存在相似之处 ——例如，参见 Marc Shell, *Art and Money* (Chicago: University of Chicago Press, 1995), 7–22—— 但考虑到 17 世纪关于信用的文献并不经常使用信仰上帝和信任货币之间的类比，本章不会重点讨论它。欲了解更多关于信仰与货币之间的关系，参见 Philip Goodchild, *The Theology of Money* (Durham, NC: Duke University Press, 2009)。

21　Shapin, *Social History of Truth*, 211.

22　Ibid., chap. 2.

23　Ibid.,42-43. 夏平补充道，"恒定性、可靠性和真实性"遵循着"权威和权力的轮廓"（69）。

24　Ibid.,212. 其他科学史学家对上流阶层的重要性提出了质疑，认为技能和专业知识是可信度最重要的决定因素。Barbara Shapiro, *A Culture of Fact: England 1550–1720* (Ithaca, NY: Cornell University Press, 2000), 165.

25　Simon Schaffer, "Social History of Plausibility: Country, City and Calculations in Augustan Britain," in *Rethinking Social History: English Society 1570-1920 and its Interpretations,* ed. Adrian Wilson (Manchester: Manchester University Press), 137.

26　克雷格·马尔德鲁是少数认识到霍布斯对契约和协议的讨论"事实上只不过是对市场信用交换的描述"的学者之一（*Economy of Obligation*,324）。

27　Thomas Hobbes, *On the Citizen, ed. Richard Tuck and Michael Silverthorne*

(Cambridge: Cambridge University Press, [1651] 1998), 35.

28   Hobbes, *On the Citizen*, 36. 另外，在《利维坦》(Hobbes, *Leviathan*) 中，霍布斯声称 "在买卖以及其他合同行为中，承诺相当于盟约"（1.xiv，95 ）。

29   Ibid.,96.

30   Margaret J. Osler, "Certainty, Scepticism, and Scientific Optimism: The Roots of Eighteenth-Century Attitudes Toward Scientific Knowledge," in *Probability, Time, and Space in Eighteenth-Century Literature*, ed. Paula R.Backscheider, 13 (New York: AMS Press, 1979). See also Shapiro, *Probability and Certainty*, 17, 32.

31   John Locke, *An Essay Concerning Human Understanding*, ed. Peter H. Nidditch (Oxford: Clarendon Press, 1975), IV.xv.2.

32   Ibid.,I.i.5. 洛克并不是唯一认识到根据意见采取行动的必要性的人。达斯顿指出，像罗伯特·波义耳、约翰·威尔金斯、皮埃尔·伽桑狄和格老秀斯这样的作家，"坚持认为几乎所有人类知识都具有无可救药的不确定性"，但他们仍 "肯定了信仰的理性基础的存在"（ *Classical Probability*, 56–58 ）。

33   Locke, *Essay*, IV.xv.3. 我按照大卫·欧文的观点，将 "同意" 解读为 "只是信念或意见的另一个术语"。David Owen, "Locke on Judgment," in *The Cambridge Companion to Locke's 'Essay Concerning Human Understanding,'* ed. Lex Newman, 423 (Cambridge: Cambridge University Press, 2006).

34   因此，正如迭戈·甘贝塔指出的那样，如果没有 "背叛、欺骗和失望"，信任就不能存在（ Diego Gambetta, "Can We Trust Trust?" in *Trust: Making and Breaking Cooperative Relations*, ed. Diego Gambetta, 233 [Oxford: Blackwell, 1988] ）。查尔斯·蒂利补充说，信任甚至可以被定义为 "将有价值的成果置于他人渎职、错误或失败的风险之下"；Charles Tilly, *Trust and Rule* (Cambridge: Cambridge University Press, 2005), 12。

35   Locke, *Essay*, IV.xv.2. 关于合理性或意见渐变的讨论，参见 Gerd Gigerenzer, Zeno Swijtink, Theodore Porter, Lorraine Daston,John Beatty, and Lorenz Krüger, eds., *Empire of Chance: How Probability Changed Science and Everyday Life* (Cambridge: Cambridge University Press, 1989), 7–8。信任与不信任之间缺乏明确的界限，甘贝塔因此坚持认为 "信任最好被视作一个临界点，位于更普遍的预期的概率分布上，可以取完全不信任和完全信任之间的多个悬浮值"（ "Can We Trust," 218）。

36   Locke, *Essay*, IV.xv.4.

37   Ibid.

38　Ibid.,IV.xv.5.

39　Ibid.,IV.xv.4. 另见 Shapin, *Social History of Truth*, chap. 3。

40　Hacking, *Emergence of Probability*, 33.

41　Locke, *Essay*, IV.xv.4.

42　正如哲学家迈克尔·艾尔斯指出的那样，"知识和信念并不是……相互排斥的范畴。相反，信念是知识的一种条件"；参见 Michael Ayers, *Locke. Vol. 1: Epistemology* (London: Routledge,1991), 125。

43　Locke, *Essay*, IV.xvi.6.

44　Ibid.,IV.xvi.7.

45　Ibid.,IV.xvi.8.

46　与许多评论家相反，约瑟夫·希伯肯定了"作为证据来源的证词在洛克关于知识的讨论中的中心地位"。"Locke on Testimony: A Reexamination," *History of Philosophy Quarterly* 26(2009): 31.

47　Locke, *Essay*, IV.xvi.9.

48　Ibid.

49　Ibid.

50　Ibid.,IV.xvi.10.

51　Ibid. 几年后，约翰·克雷格用数学方法展示了证词可信度随着证人们的顺序、距该地点的距离和时间跨度的增加而下降的速度。参见 "Theologiae Christianae Principia Mathematica (1699)," *History and Theory* 4 (1964): 1–31。

52　Locke, *Essay*, IV.xvi.10.

53　Ibid.,IV.xv.6.

54　Shapiro, *Probability and Certainty*, 9.

55　Michael Braddick, *God's Fury, England's Fire: A New History of the Civil Wars* (London: Penguin, 2009), 389。保罗·斯莱克指出，由于英格兰的财富扩张和人口增长趋于平稳，"毫无疑问，1650 年之后……英格兰的财富在人均计算上是在增长的"——在 17 世纪后半叶至少增长了三分之一（"Material Progress," 577–578）。

56　乔尔·莫吉尔指出，农业生产力的提高促进了城市化加速，使伦敦在 1700 年发展成为人口达到 57.5 万人的大城市。Joel Mokyr, *Enlightened Economy*, 14.

57　Jan de Vries, "Between Purchasing Power and the World of Goods: Understanding the household economy in early modern Europe," in *Consumption and the World of Goods*, ed. John Brewer and Roy Porter, 87 (London: Routledge, 1994). 杰

弗里·霍姆斯将功劳归于王家学会，因此也扩大至哈特利布学术团体，因为他们促进了农业技术和实践的改进。Geoffrey Holmes, *The Making of a Great Power: Late Stuart and Early Georgian Britain, 1660–1722* (London: Longman, 1993), 51.

58　Joan Thirsk, *Agricultural Change: Policy and Practice 1500–1750* (Cambridge: Cambridge University Press, 1990), 155–161.

59　G. E. Aylmer, "Navy, State, Trade, and Empire," in *The Origins of Empire*, ed. Nicholas Canny, 467–480 (Oxford: Oxford University Press, 1998).

60　Pincus, *1688*, 57–59.

61　Joyce Oldham Appleby, "Consumption in Early Modern Social Thought," in *Consumption and the World of Goods*, ed. John Brewer and Roy Porter,162-176 (London: Routledge, 1994); Linda Levy Peck, *Consuming Splendour: Society and Culture in Seventeenth-Century England* (Cambridge: Cambridge University Press, 2005); Maxine Berg, *Luxury and Pleasure in Eighteenth-Century Britain* (Oxford: Oxford University Press, 2005).

62　莫吉尔认为 1622 年至 1700 年间的进出口"几乎翻了一番"（*Enlightened Economy*, 18 ）。

63　到 17 世纪末，布料只占英格兰出口的一半左右，而殖民地再出口贸易和英格兰制造商品对殖民地的出口则占到了 40%；参见 Charles Wilson, *England's Apprenticeship, 1603–1763* (New York: St. Martin's Press, 1965), 160–164。

64　Appleby, *Economic Thought and Ideology*, chap. 6.

65　扬·德弗里斯的研究结果表明，从 1650 年代开始，英格兰家庭便更广泛地从事市场化生产，并在市场上消费更多商品，看来英格兰民众大约在这个时候开始改变他们的习惯和做法；参见 Jan de Vries, *The Industrious Revolution: Consumer Behavior and the Household Economy, 1650 to the Present* (Cambridge: Cambridge University Press, 2008)。

66　William J. Ashworth, *Customs and Excise: Trade, Production, and Consumption in England 1640–1845* (Oxford: Oxford University Press, 2003).

67　Braddick, *State Formation*.

68　银行以 5%—6% 的利率接受存款，以 10% 的利率向王室提供贷款。这种有利的利差导致许多银行家主要专注于国债贷款。例如，1666 年，巴克韦尔向私人客户提供的贷款金额只占到他的资本的 9%，其余的则借给了国王。Henry Roseveare, *The Financial Revolution 1660–1760* (London: Longman, 1991), 19–20.

69 由于英格兰政府没有生产足够数量的小额硬币，私人发行者便主动发行半便士和法新硬币——在本地流通的代币。丽莎·皮卡德认为在 1660 年代，伦敦和它周围有超过 3500 个代币生产商，提供各种尺寸、形状和材料的小硬币，参见 Liza Picard, *Restoration London: Everyday Life in London 1660–1670* (London: Phoenix, 1997), 144；有关代币的广泛讨论，参见 J. R. S. *Whiting, Trade Tokens: A Social and Economic History* (Newton Abbot: David and Charles, 1971)；关于代币短缺的影响，参阅 Sargent and Velde, *Big Problem*。

70 Robert Ashton, *The Crown and the Money Market, 1603–1640* (Oxford: Oxford University Press, 1960), 14.

71 Frank T. Meton, *Sir Robert Clayton and the Origins of English Deposit Banking 1658–1685* (Cambridge: Cambridge University Press, 1986).

72 阿尔伯特·费维耶认为，第一个明确记录的，用于向第三方付款的金匠钞票出现于 1668 年，参见 Albert Feavearyear, *The Pound Sterling: A History of English Money* (Oxford: Clarendon Press, 1963), 107–108。然而，由于财政止付令，金匠钞票"在 1670 年代是不可以接受的货币"，相关解释参见 "Peter Temin and Hans-Joachim Voth, Banking as an Emerging Technology: Hoare's Bank, 1702–1742," *Financial History Review* 13 (2006): 149。

73 例如，拉里·尼尔认为，在 1690 年代，金匠钞票是"伦敦金融城内最受欢迎的交易媒介"。参见 Larry Neal, "How It All Began: The Monetary and Financial Architecture of Europe during the First Global Capital Markets, 1648–1815," *Financial History Review* 7 (2000): 124。

74 意大利银行因只迎合商人而受到批评，荷兰公共银行被认为无法大幅扩大流通中的货币量，因为它承诺在金库中保持 100% 的硬币储备。西奥多·詹森爵士后来描述到，阿姆斯特丹银行以及汉堡和斯德哥尔摩银行"只是个大财宝箱，方便从一个账户转账给另一个账户；商人们如果认为把钱存在那里比存在自己家里更安全，就会把钱存入其中"(*Discourse Concerning Banks* [London,1697], 2)。最近，玛乔琳·德哈特指出，阿姆斯特丹银行不是英格兰银行的模板，因为前者没有发行钞票，并且没有借款给政府，参见 Marjolein 'T Hart, "'The Devil of the Dutch': Holland's Impact on the Financial Revolution in England, 1643–1694," *Parliaments, Estates and Representation* 11 (1991): 39–52。

75 Niklas Luhmann, *Trust and Power* (Chichester: Wiley, 1979), 39–60; Anthony Giddens, *The Consequences of Modernity* (Stanford, CA: Stanford University

Press, 1991), 80.

76   Luhmann, *Trust and Power*, 50.

77   John Bland, *Trade revived, or a way proposed to restore, increase, inrich, strengthen and preserve the decayed and even dying trade of this our English nation, in its manufactories, coin, shiping and revenue* (London, 1659), 6.

78   经过半个多世纪的倡导,《本票法》(the Promissory Notes Act)于 1704 年通过,它规定所有债务工具都可以流通。Richards, *Early History of Banking in England*, 23.

79   *The Grand Concern of England Explained; in several proposals offered to the consideration of the Parliament. 1. For payment of publick debts. 2. For advancement and encouragement of trade. 3. For raising the rents of land* (London, 1673), 56.

80   Bland, *Trade revived*, 7.

81   Ibid.

82   Ibid.

83   Ibid.,8.

84   Ibid.

85   Andrew Yarranton, *England's improvement by sea and land. To out-do the Dutch without fighting, to pay debts without moneys, to set at work all the poor of England with the growth of our own lands* (London, 1677), 6.

86   Ibid.

87   Ibid.,8.

88   Ibid.,11.

89   Ibid.,16.

90   Samuel Lambe, *Seasonable observations humbly offered to His Highness the Lord Protector* (London, 1658).

91   Ibid.,12, 15.

92   兰贝还建议银行应该为伦巴第银行的附属机构提供资金,专门向穷人提供贷款。虽然穷人支付的利率比商人高得多,但仍然远低于目前向穷人收取的高利贷利率。

93   Lambe, *Seasonable observations*, 12.

94   Ibid.,15.

95   银行不仅会提供信贷额度,还会吸引目前由英格兰商人出口到阿姆斯特丹保管的黄金和白银。更多的贵金属也将随着其日益繁荣的商业流入英格兰。

96 Lambe, *Seasonable observations*, 12.

97 Ibid.,11.

98 Ibid.,16.

99 关于复式记账的认识论影响的讨论，参见 Poovey, *History of the Modern Fact*, chap. 2; Jacob Soll, "Accounting for Government: Holland and the Rise of Political Economy in Seventeenth-Century Europe," *Journal of Interdisciplinary History* 40 (2009): 215–238。

100 Hobbes, *Leviathan*, 15.

101 约瑟夫·艾迪生后来在《旁观者》中使用了类似的定义。他所谓的次要"想象"乐趣源于"对可见物体的构想，这些物体实际上不在眼前，而是被召唤进入我们的记忆，或形成要么不存在要么是虚构的令人愉悦之事物的幻象"，重刊于 Gregory Smith, ed., *The Spectatorin Four Volumes, Vol. III* (London: Dent, 1945), 277。

102 William Killigrew, *To the King and Queens most excellent majesties; the lords spiritual and temporal; and to the knights, citizens, and burgesses assembled in Parliament. An humble proposal shewing how this nation may be vast gainers by all sums of mony given to the crown, without lessening the prerogative* (London, 1663), 2. 有关荷兰国债贷款的讨论，请参阅 Marjolein 'T Hart, "Mutual Advantages: State Bankers as Brokers between the City of Amsterdam and the Dutch Republic," in *The Political Economy of the Dutch Republic*, ed. Oscar Gelderblom, 116–119 (Farnham: Ashgate, 2009)。

103 Killigrew, *To the King and Queens*, 2.

104 Ibid.,3.

105 Ibid.,4.

106 Ibid.

107 Feavearyear, *Pound Sterling*, 110, 117.

108 远非所有金匠银行家和文书人员都因财政止付令而破产，霍尔斯、蔡尔兹、平克尼和斯托克斯这样的银行家逃过一劫，留下来继续向政府提供贷款。斯蒂芬·奎恩指出，在 1670 年有 32 名金匠银行家，1677 年有 44 名，这个数字在 1700 年下降到了 42 名，参见 "Goldsmith-Banking: Mutual Acceptance and Interbanker Clearing in Restoration London," *Explorations in Economic History* 34 (1997): 411。

109 虽然国库令在财政止付令期间运作失败，但新的更成功的版本——国库券——于 1697 年发行。巧合的是，基利格鲁的提案于 1690 年和 1696 年再次发表。

110 Hugh Chamberlen, *A Description of the Office of Credit; By the use of which, none can possible sustain Loss, but every man may certainly receive great Gain and Wealth* (London, 1665), 1.

111 Ibid. 关于加勒比地区这一实践的讨论，见 John J. McCusker, *Money and Exchange in Europe and America, 1600–1775: A Handbook* (Chapel Hill: University of North Carolina Press, 1992)。

112 Chamberlen, *Description of the Office of Credit*, 18.

113 Ibid.,19.

114 Ibid.,2.

115 Ibid.,3.

116 Ibid.,18.

117 Ibid.,19.

118 Ibid.,19-20. 张伯伦后来重新审视他关于设立一个信贷办公室的提议时，不情愿地承认信贷发行不可避免地存在人为因素。他认为："安全性只能寄望于承保人的诚信，是存放的货物使他们有能力履行职责；而少许诚实和谨慎足以使一些人值得信任，有资格保管他人的物品。"然而，最后在考虑了所有关于人为因素在信用创造中不应构成信任障碍的令人信服的理由之后，他重申，承保人"受到的信任不像货物本身那样多，他们只是其保管者"；参见 Hugh Chamberlen, *Several Objections Sometimes Made against the Office of Credit Fully Answered* (London, 1682), 6。

119 Ibid.,9.

120 Mark Lewis, *Proposals to the King and Parliament. Or a large model of a bank, shewing how a fund of a bank may be made without much charge, or any hazard, that may give out Bills of credit to a vast extent, that all europe will accept it, rather than mony. Together with some general proposals in order to an Act of Parliament for the establishing this bank. Also many of the great advantages that will accrue to the nation, to the crown, and to the people, are mentioned, with an answer to the objections, that may be made against it* (London, 1678), 3.

121 Ibid.

122 Ibid.,15.

123 Ibid.,28.

124 *Bank-Credit: or the Usefulness and Security of the bank examined; in a dialogue*

between and gentleman and a London merchant (London, 1683)。其他倡导类似银行计划的提案包括 Robert Murray, *An Account of the Constitution and Security of the General Bank of Credit* (London, 1683); Robert Murray, *Corporation— Credit Or, A Bank of Credit made Currant, by Common Consent in London. More Useful and Safe than Money* (London, 1682). John Houghton, *An Account of the Bank of Credit in the City of London* (London, 1683)，约翰·霍顿也推行了类似的银行计划。

125 *Bank-Credit*, 11.

126 Ibid.,11-12.

127 Ibid.,12.

128 Ibid.,13.

129 Ibid.,23.

130 符木记账系统是一个以使用凹口木来代表债务为基础的古老系统。在签订债务的那一刻，木棒将被刻上刻痕，显示有多少资金已转手以及债务的到期日。然后，木棒将从中间被分成两份，制造出两个有完全相似的凹口的计数棒。这样一来，当出示一根计数棒兑现其所代表债务时，很容易便能确定它的有效性。Feavearyear, *Pound Sterling*, 110, 117.

131 有关这些贷款的讨论，请参阅 Dickson, *The Financial Revolution in England*,45; and Brewer, *Sinews of Power*, 122–125。

132 England and Wales. *An abstract of the Charter to the governour and company of the Bank of England* (n.p., 1694).

133 Michael Godfrey, *A Short Account of the Bank of England* (London, 1695), 1.

134 Richards, *Early History of Banking in England*, 172–173.

135 这些封存票据是印刷的，可通过背书转让并计息。流动现金票据类似于金匠钞票，最初以本票形式充当存款收据。除了少数一些系列的流通现金票据之外，它们不衍生利息。虽然封存票据的最通用面值是 100 英镑，但流通现金票据通常以 20 英镑面值发行。可计账票据是存款收据的一种形式，从一开始就以 5 英镑面额发行。Richards, *Early History of Banking in England*, 156–160.

136 Jones, *War and Economy*, 13. 安妮·L.墨菲解释了英格兰的金融市场为什么会在 1690 年代出现。最重要的是，英格兰当时的财富、工业和贸易都取得了相当大的进步，产生大量资金盈余。由于那段时间的道德标准变得更宽松，更多的人愿意将剩余资金投资于金融市场。金融机构和技能状况的改进也为此做出了贡献，其中很多是由胡格诺派难民引进的（Murphy, *Origins of*

English Financial Markets, 11–19)。

137   W. R. Scott, *The Constitution and Finance of English, Scottish and Irish Joint-Stock Companies to 1720, Vol. 1* (Cambridge: Cambridge University Press,1910), 327。然而，墨菲提醒说不应高估股票市场活跃程度，因为市场仍然由相对少数几支股票主导 (Murphy, *Origins of English Financial Markets*, 37)。

138   Natasha Glaisyer, *The Culture of Commerce in England, 1660–1720* (Woodbridge, Suff olk: Boydell Press, 2006).

139   理查德·克莱尔重新构建了帕特森在 1691 年提出的建议。Richard Kleer, "'Fictitious Cash': English Public Finance and Paper Money, 1689–97," in *Money, Power, and Print: Interdisciplinary Studies on the Financial Revolution in the British Isles,* ed. Charles McGrath and Chris Fauske, 75–77 (Newark: University of Delaware Press, 2008).

140   William Paterson, *A Brief Account of the Intended Bank of England* (London, 1694), 1.

141   Paterson, *Brief Account*, 10.

142   Ibid.

143   Ibid.,14.

144   Ibid.,11-12.

145   Ibid.

146   有关庆祝银行董事业绩的声明，参见 Janssen, *Discourse Concerning Banks*。

147   Ibid.12.

148   Linda Colley, *Britons: Forging the Nation 1707–1837* (New Haven, CT: Yale University Press, 1992). 帕特森认为，英格兰对财产安全的重视由来已久，但现在受到第二次斯图亚特王朝复辟的威胁，这挑战了道格拉斯·C. 诺思和巴里·R. 温加斯特后来的断言，他们认为凭借光荣革命，财产在英格兰首次得到充分保障，参见 Douglass C. North and Barry R. Weingast, "Constitutions and Commitment," 803–842。

149   Paterson, *Brief Account*, 14–5.

150   Ibid.,16.

151   Godfrey, *Short Account*, 1.

152   Ibid.,2.

153   Ibid.

154   Ibid.,3.

155 Ibid.,4.

156 Humphrey Mackworth, *England's glory; or the great improvement of trade in general, by a royal bank, or office of credit, to be erected in London; wherein many great advantages that will hereby accrue to the nation, to the crown, and to the people, are mentioned; with answers to the objections that may be made against this bank* (London, 1694), iv.

157 Ibid.,v.

158 Ibid.,4-5.

159 Ibid.,40.

160 *Some observations upon the Bank of England* (London, 1695), 8.

161 Ibid.,1.

162 Isaac Kramnick, *Bolingbroke and His Circle: The Politics of Nostalgia in the Age of Walpole* (Ithaca, NY: Cornell University Press, 1968).

163 Dennis Rubini, "Politics and the Battle for the Banks, 1688–1697," *English Historical Review* 85 (1970): 697.

164 Sir Edward Forde, *Experimented proposals how the king may have money to pay and maintain his fleets with ease to his people. London may be rebuilt, and all proprietors satisfied. Money be lent at six per cent. on pawns. And, the fishing-trade set up, which alone is able and sure to enrich us all, And all this without altering, straining or thwarting any of our laws or customes now in use* (London, 1666), 1.

165 Ibid.,1-2.

166 Ibid.,2.

167 Ibid.

168 Francis Cradocke, *Wealth discovered: or, An essay upon a late expedient for taking away all impositions, and raising a revenue without taxes* (London,1661), i.

169 Ibid.,4.

170 Ibid.,9.

171 John Cary, *An Essay on the Coyn and Credit of England: As they stand with Respect to its Trade* (London, 1695), 2–3.

172 *Some Observations*, 25. 正如历史学家彼得斯指出的那样，"新的纸币系统似乎使无限扩张的信用体系成为可能，这一想法既引人注目又令人……恐惧"，参见 J. S. Peters, "The Bank, the Press, and the 'Return of Nature':

On Currency, Credit, and Literary Property in the 1690s," in *Early Modern Conceptions of Property*, ed. John Brewer and Susan Staves, 371 (London: Routledge, 1996)。

173 Cradocke, *Wealth discovered*, 11.

174 Ibid.,12.

175 Ibid.,13.

176 Ibid.,29、36.

177 Ibid.,43. 克拉多克声称，他只听说过，但并没有读过波特的土地银行计划。然而他提交的那份提案却与波特的计划高度相似。

178 有关巴本经济思想的讨论，参阅 Christopher Berry, *The Idea of Luxury: A Conceptual and Historical Investigation* (Cambridge: Cambridge University Press, 1994)。另见 Paul Slack, "The Politics of Consumption and England's Happiness in the Later Seventeenth Century," *English Historical Review* 497 (2007): 609–631，该文分析了巴本如何受到哈特利布改革计划的影响。

179 Barbon, Discourse of Trade, 6。安德烈亚·芬克尔斯坦指出，"巴本不仅断言劳动可以通过有限但可再生的地球资源创造无限的财富，还断言资源（自然存量）本身是无限的"；参见 Andrea Finkelstein, "Nicholas Barbon and the Quality of Infinity," *History of Political Economy* 32 (2000): 92。

180 Barbon, *Discourse of Trade*, 6

181 正如保罗·斯莱克指出的那样，效仿是"经济增长的发动机，具有永恒动力和无限潜力"（ Paul Slack, "Politics of Consumption," 615）。

182 Barbon, *Discourse of Trade*, 15.

183 Ibid.

184 Ibid.,16. 保罗·斯莱克指出，一位与巴本同时代的人形容他"衣着华丽，就像过生日的内侍大臣一样"（"Politics of Consumption," 615）。

185 Barbon, *Discourse of Trade*, 69.

186 Ibid.,21.

187 Ibid.,23.

188 Ibid.,26.

189 Ibid.

190 Horsefield, *British Monetary Experiments*, 196–210.

191 John Asgill, *Several assertions proved, in order to create another species of money than gold and silver* (n.p., 1696), 42.

192 张伯伦出版了大量宣传土地银行的小册子，包括 Chamberlen, *A Proposal for*

Erecting a General Bank: which may be Fitly Called the Land Bank of England (London, 1695); *A proposal by Dr. Hugh Chamberlain in Essex-Street, for a bank of secure current credit to be founded upon land. In order to the general good of landed men. To the great increase of the value of land, and the no less benefit and augmentation of trade and commerce* (London, 1695); *and Papers, relating to a bank of credit, upon land-security; proposed to the Parliament of Scotland. published by order of the committee, to which the consideration of the proposal is referred* (Edinburgh, 1693)。

193 Chamberlen, *Papers, relating to a bank of credit*, 2.

194 Ibid.

195 Ibid.,3-4.

196 Horsefield, *British Monetary Experiments*, 180–195.

197 John Briscoe, *The Following Proposals for, and Accounts of, a National Land-Bank having been Printed at London* (Edinburgh, 1695), 3.

198 Ibid.

199 John Briscoe, *Proposals for supplying the government with money on easie terms, excusing the nobility and gentry from taxes, enlarging their yearly estates, and enriching all the subjects in the Kingdom . . . With a suplement to his explanatory dialogue thereupon* (London, 1694), 11.

200 Ibid.,4.

201 有关该计划的更详细描述，参阅 Rubini, "Politics and the Battle for the Banks," 699–700; Kleer, "Fictitious Cash," 92–93。

202 Rubini, "Politics and the Battle for the Banks," 709.

203 Davenant, *Discourses on the Public Revenues*, 40.

204 Ibid.,39.

第四章　捍卫信用的死刑

1　历史学家马尔科姆·加斯基尔指出，"遍布这片土地的伪造者和剪裁者的历史与货币经济一样悠久，因此甚至引起了中世纪英格兰国王们的关注"。参见 Malcolm Gaskill, *Crime and Mentalities in Early Modern England* (Cambridge: Cambridge University Press, 2000), 125。

2　"Locke to William Molyneux, 1696," in *John Locke: Selected Correspondence*,ed.

Mark Goldie, 223 (Oxford: Oxford University Press, 2002).

3   约翰·洛克指出"剪裁硬币是一个巨大的漏洞，近些年来对我们的危害比敌
     人所有力量加起来都要大"，参见 *Further considerations concerning raising
     the value of money* (London,1695), 100。

4   Caff entzis, *Clipped Coins*, 28.

5   大多数学者倾向于将他们的评论局限于硬币大重铸运动在国家土地银行失败
     中所扮演的角色。彼得斯是一个例外，他认识到"硬币重铸辩论揭示了货币
     表征的复杂性问题，突显了纸质信用发行引发的更广泛的货币本质危机"(J.
     S. Peters, "The Bank, the Press, and the 'Return of Nature,'" 375)。皮埃尔·维
     拉尔还认为，不能孤立地理解重新铸币，而要与英格兰银行的成立联系起来。
     参见 Pierre Vilar, *A History of Gold and Money: 1450 to1920*, trans. Judith White
     (London: Verso, 1976), 211–221。

6   有关英格兰财政-军事国家的经典描述，参阅 Brewer, *Sinews of Power*。彼
     得·莱恩博创造了"Thanatocracy"一词来表示英格兰政府用"频繁行使死刑"
     来进行统治，参见 Peter Linebaugh, *London Hanged*, 50。莱昂·拉齐诺维奇
     告诉我们，在漫长的 18 世纪，英格兰实施了 187 项新死刑法令，参见 Leon
     Radzinowicz, *A History of English Criminal Law and Its Administration from
     1750. Vol. 1* (London: Henry Bonwick, 1948), 4–5。

7   《许可经营法》于 1695 年失效，关于英格兰经济的辩论因此激增。Hoppit,
     "Contexts and Contours," 79–110.

8   James Hodges, *A supplement to The present state of England as to coin and
     publick charges. Containing some further considerations of the circumstances
     of the Kingdom, with a proposal of help by raising the value of credit. Most
     humbly offered to the King and Parliament, by J.H.* (London, 1697), 9.

9   Ibid.,11.

10   Gaskill, *Crime and Mentalities*, 132.

11   有关围绕光荣革命的动荡岁月的描述，参见 Gary Stuart De Krey, *A Fractured
     Society: The Politics of London in the First Age of Party, 1688–1715* (Oxford:
     Clarendon Press, 1985); Julian Hoppit, *A Land of Liberty? England 1689–1727*
     (Oxford: Oxford University Press, 2000); and Pincus, *1688*。

12   Jones, *War and Economy*, 1.

13   Brewer, *Sinews of Power*, 30.

14   Mark Overton, "Weather and Agricultural Change in England, 1660–1739,"
     Agricultural History 63 (1989): 77–88.

15 Patrick H. Kelly, *Locke on Money* (Oxford: Clarendon Press, 1991), 55–57.

16 金条银条的净损失（几乎全是白银）从 1693 年（35.4302 万英镑）到 1694 年几乎翻了一番（70.3204 万英镑）。Kelly, *Locke on Money*, 58.

17 理查德·A.克莱尔详细记录了推动英格兰银行成立的政治辩论，参见 Richard A. Kleer, "Fictitious Cash," 75–82。史蒂夫·平卡斯对推动银行成立的知识和政治争论进行了更长期的分析，Steve Pincus, *1688*, chap. 12。

18 Hoppit, "Attitudes to Credit," 308.

19 R. D. Richards, *The Early History of Banking in England* (London: Frank Cass, 1958), 175.

20 Rubini, "Politics and the Battle for the Banks," 696.

21 关于英格兰硬币的信托性质，参阅 Kelly, *Locke on Money*, 45–46; Horsefield, *British Monetary Experiments*, 26。

22 以 Hopton Haynes, *Brief Memoires Relating to the Silver and Gold Coins of England* 为基础，凯利整理了以下送至铸币厂的银币统计数据：

年份	法定重量百分比（%）	比上一年损失百分比（%）
1686	88. 6	
1687	87. 5	1. 2
1688	84. 7	3. 3
1689	84. 0	0. 8
1690	81. 2	3. 3
1691	78. 9	3. 0
1692	72. 9	7. 5
1693	66. 7	8. 5
1694	60. 1	9. 8
1695	50. 6	16. 0
1696（4 月）	45. 0	11. 0

见 *Locke on Money*, 116。理查德·韦斯特福尔进一步证实了这些数字："重新铸币的记录显示，在财政部收到并熔毁的近 500 万英镑的硬币，重量不足法定重量的 54%。"韦斯特福尔还指出，"牛顿估计，[在重新铸币过程中] 收到的硬币中有近 20% 是假币"；参见 Richard Westfall, *Never at Rest: A Biography of Isaac Newton* (Cambridge: Cambridge University Press, 1980), 554。

23 对英格兰银币铸币情况的信心丧失引发几内亚金币价值上涨 35%，而英格兰
    硬币在国外的兑换价值下降了 20%。Jones, *War and Economy*, 21.

24 这些新技术于 1662 年引入英格兰。然而，因为旧币没有被收回并继续按面
    值流通，新铸造的全重硬币很快就退出流通，要么被囤积、熔化，要么被出
    口。这就产生了一种情况，大多数流通中的硬币都是那些伤痕累累、破烂不
    堪的旧硬币。

25 William Lowndes, *A Report Containing an Essay for the Amendment of the
    Silver Coins* (London, 1695), 97.

26 Ibid.,98. 关于新旧铸币方法的描述，见 pp. 93-96。

27 朗兹在给财政大臣的私人信件中提到：因为他的计划本质上意味着政府的
    一些债务要违约，这可能会导致政府未来借贷变得困难。Richard Kleer,
    "'The Ruine of Their Diana': Lowndes, Locke, and the Bankers," *History of
    Political Economy* 36 (2004): 548. 有关朗兹的立场的详细讨论，参见 Ming-
    Hsun Li, *The Great Recoinage of 1696 to 1699* (London: Weidenfeld and
    Nicolson, 1963), chap. 6。

28 Lowndes, *Report Containing*, 115.

29 Ibid., 84-85. 虽然关注信用总体状况，但朗兹本人并不是信用货币的提倡者。
    例如，他指出："货币存量不足是引入这么多纸质信用（即使在最有利的情
    况下，这种信用也是危险的，并且也可能被过度使用）的主要原因。"（85）

30 朗兹的 *Report Containing* 于 1695 年 9 月完成，但直到 11 月才付印。

31 该专家小组还包括约翰·阿斯吉尔、威廉·沃利斯、亚伯拉罕·希尔、约翰·霍
    布隆爵士、查尔斯·张伯伦和约瑟夫·赫恩爵士。Kelly, *Locke on Money*,
    25.

32 John Locke, *Two Treatises of Government, ed. Peter Laslett* (Cambridge:
    Cambridge University Press, [1689] 1960), 293–302.

33 Ibid., 293. 凯伦·沃恩指出，对洛克来说，黄金和白银"本身对人类生活
    没有任何价值（没有内在价值），它们的价值仅仅来自普遍的协议"。参
    见 Karen Vaughn, *John Locke: Economist and Social Scientist* (Chicago:
    University of Chicago Press, 1980), 33。

34 John Locke, *Some Considerations of the Consequences of the Lowering of
    Interest and Raising the Value of Money* (London, 1691), 31.

35 Locke, *Two Treatises*, 391. 沃恩承认"在洛克体系中，这是对内在价值的一
    种奇怪的使用，因为他已经将银的价值归类为想象中的价值，但它确实反映
    了使银成为有效货币的一种品质"（*John Locke*, 35）。帕特里克·凯利还指

出，洛克在使用"内在价值"这个概念时存在明显的混乱，因为他有时将价
值归于金属的内在品质，有时则归于人的想象。然而，凯利最终完全相信，
洛克认为是人们的普遍同意赋予货币以价值，而人们一旦同意赋予货币价值，
它就呈现出一种如洛克描述那般更客观、不变的、不可动摇的作用，也就是
洛克所表述的"内在价值"。Patrick Kelly, "'All Things Richly to Enjoy':
Economics and Politics in Locke's Two Treatises of Government," Political
Studies 36 (1988): 290.

36　John Locke, *Further Considerations Concerning Raising the Value of Money.*
Wherein Mr. Lowndes's Argument for it in his late Report Concerning An
Essay for the Amendment of the Silver Coins, are Particularly Examined
(London,1696), 1.

37　Ibid.,5.

38　Ibid.,8-9.

39　Ibid.,9.

40　有关个人和国家操控硬币之间的差异的讨论，参见 Ludovic Desmedt and
Jérôme Blan, "Counteracting Counterfeiting? Bodin, Mariana, and Locke on
False Money as a Multidimensional Issue," *History of Political Economy* 42
(2010): 323–360。

41　Ibid.,12.

42　洛克认为，一旦外国商人不再能够在英格兰获得全重硬币并带回他们自己国
家的港口，这个临界点就会到来。到那时，所有被剪裁的硬币都将被迫折价
出售。Locke, *Some Considerations*, 157–158. Daniel Carey expands upon this
point in "Locke's Philosophy of Money" (unpublished essay), 6–7.

43　Locke, *Further Considerations*, 9

44　需要注意的是，洛克和朗兹的分歧掩盖了议会成员之间在重新铸币问题上更
深层次的分歧，详细探讨见 Patrick Kelly, *Locke on Money*。

45　Locke, *Some Considerations*, 156.

46　Locke, *Further Considerations*, 15。虽然洛克不是信用货币的倡导者，但他
也没有坚决反对。他认为，只要通过适当的法律变革，就有可能使私人债务
工具可以普遍转让。然而，洛克并不认为信用货币是扩大货币存量的唯一途
径。他建议，如果工资和房租支付得更频繁，货币的流通速度会增加，这会
产生与增加货币数量相同的效果。Locke, *Some Considerations*, 32–43.

47　Locke, *Some Considerations*, 33. 艾萨克·牛顿支持朗兹的想法，指出朗兹的
重新铸币提案给土地所有者和债权人造成的损害不会比硬币剪裁者已经造成

的损害更多。参见 Li, *Great Recoinage*, 218。

48 Locke, *Further Considerations*, 12–13.

49 Kelly, *Locke on Money*, 103.

50 我很感谢丹尼尔·凯里分享他手里《关于银行的对话》(Locke, "Dialogues about Banks")的抄本，Bodleian MS. Locke b. 3, ff . 33–37。

51 Ibid.,36v. 银行规定其现金"应该被小心地保管在三把或更多的锁之下，其钥匙应由行长、副行长和董事中的三位或更多人持有"；参阅 *Rules, Orders, and By-Laws; For the Good Government of the Corporation of the Governor and Company of the Bank of England* (n.p., 1697)。

52 Ibid.,36r.

53 Ibid.,36v.

54 Ibid.,37r.

55 洛克在他的《关于银行的对话》(Locke, "Dialogues about Banks")中似乎对银行和信用货币持不可知论态度，既没有大声认可，也没有明确谴责。

56 Locke, *Further Considerations*, 12–13.

57 达文南特在给戈多芬勋爵的一份备忘录中写道："全世界都明显看到了，英格兰银行以最大的热情推动了这一进程。"（引自 Li, *Great Recoinage*, 79）彼得·拉斯莱特声称"这是因为当时政府的关键人物约翰·萨默斯爵士，受到洛克观点极大影响，而他的政策被采纳了"，参见 "John Locke, the Great Recoinage, and the Origins of the Board of Trade: 1695–1698," *William and Mary Quarterly* 14 (1957): 378。帕特里克·凯利认为，"是威廉的个人干预最终决定了维持现有货币标准的立场"(*Locke on Money*, 27)。值得注意的是，洛克坚持认为硬币只能被允许按重量流通直至重铸完成的这一要求没有被采纳。一些同时代人认为这一规定是不可取的，因为它会因无法激励人们将硬币交给铸币厂而延长重新铸币的时间。参见 Li, *Great Recoinage*, 69。

58 Nicholas Barbon, *A Discourse Concerning Coining the New Money Lighter* (London, 1696), preface.

59 Joyce Oldham Appleby, "Locke, Liberalism and the Natural Law of Money," *Past and Present* 71 (1976): 43–69. 托马斯·J. 萨金特和弗朗索瓦·R. 韦尔德更严厉地批评了洛克的经济推理，称其为"一个令人尴尬的问题"(*Big Problem*, 288)。Appleby, "Locke, Liberalism," 55, 60.

60 Appleby, *Economic Thought and Ideology*, 217.

61 Appleby, "Locke, Liberalism," 68.

62 洛克在一封信中告诉莫利纽克斯："我认为每个人……都有义务在力所能及

的范围内为公共利益而劳动，否则他就无权吃饭。"（引述载于 Kelly, *Locke on Money*, 16）。

63　尽管洛克主张货币数量与经济活动之间存在直接联系，但卡芬特齐斯和凯利则声称，洛克实际上并不相信他的重新铸币政策会导致商业衰退。卡芬特齐斯认为洛克的"王牌"是一种"格雷沙姆式货币囤积"*，即大量未被剪裁的合法硬币并未处在流通中 (Clipped Coins, 41)。

64　Appleby, "Locke, Liberalism," 58.

65　皮埃尔·维拉尔将硬币大重铸运动和英格兰银行联系起来，声称正是后者发行信用货币才引起价格上涨，从而造成硬币价值下降。他认为钞票和硬币的价值跌幅大致相同(Pierre Vilar, *History of Gold and Money*, 220)。理查德·克莱尔也认识到公共财政是洛克和朗兹争论的焦点。由于财政部正试图向金匠银行家借钱，他暗示"朗兹认为有必要悄无声息地为金融家提供补贴"。克莱尔随后辩称，因为洛克对金匠银行家有偏见，认为他们操控货币危机以谋取自己的利益，所以他反对朗兹的计划。因此洛克提出了一项重新铸币计划，有效地对被剪裁的硬币的持有者征税，其中就包括金匠银行家；参见 "Ruine of Their Diana," 553。

66　Appleby, "Locke, Liberalism," 68.

67　Christopher Wren, untitled manuscript, reprinted in Li, *Great Recoinage*,184.

68　Ibid.,187.

69　伊斯特万·洪特表示，达文南特"可能是研究英格兰 17 世纪最后几年的贸易及其可能后果的最有影响力的分析家"，参见 Istvan Hont, "Free Trade and the Economic Limits to National Politics: Neo-Machiavellian Political Economy Reconsidered," in *Jealousy of Trade*, 201。

70　Charles Davenant, "Essay on Public Virtue, Part 1. To his Grace the Duke of Shrewsbury and the Rt. Hon:ble Sidney Lord Godolphin," reprinted in Li, *Great Recoinage*, 210.

71　Ibid.

72　Charles Davenant, "Memorial Concerning the Coine of England in which are Handled these 4 Questions," reprinted in Li, *Great Recoinage*, 198.

73　Ibid.

74　达文南特承认，推迟重新铸币可能会增加支付大陆部队的军费的困难。不过，

---

* 托马斯·格雷沙姆，16 世纪英国商人和金融家，提出了著名的"劣币驱逐良币"法则，即在同时流通的两种货币中，人们倾向于花掉贬值的货币，保留储存成色较好的货币。

他相信一个健康的政府信用可以克服这样的不便，这不会太麻烦（Ibid.,199）。

75 John Blackwell, *An essay towards carrying on the present war against France and other publick occasions. As also, for paying off all debts contracted in the same, or otherwise. And newcoyning of all our moneys, without charge, to the great encrease of the honour, strength, and wealth of the nation. Humbly propos'd, for the Parliament's consideration, and submitted to their great wisdom, and love to their country, &c* (London, 1695), 9–10.

76 Ibid.,19.

77 Ibid.,17.

78 L. R., *A Proposal for Supplying His Majesty with The twelve Hundred thousand Pounds, by Mending the Coin, and yet Preserve the Ancient Standard of the Kingdom* (London, 1695), 2.

79 Ibid.,9.

80 Ibid.

81 Ibid.,15.

82 *Some of the mischiefs arising from the exportation of gold and silver with the consequences which will follow the continuing of clipping: humbly represented to the Parliament of England* (n.p., 1695), 3.

83 Pincus, 1688, 459.

84 Wren, untitled manuscript, reprinted in Li, *Great Recoinage*, 185–186.

85 Locke, *Further Considerations*, 13. 彼得·鲍尔表明，伪造货币很快成为破坏敌人的货币体系稳定的常见策略。参见 Peter Bower, "Economic Warfare: Banknote Forgery as a Deliberate Weapon" in *The Banker's Art; Studies in Paper Money*, ed. Virginia Hewitt, 46-50 (London: British Museum Press, 1995)。

86 约翰·布鲁尔认为在 1690 年代存在一套共享的国家话语。他指出，"当然，国家意识形态也有辉格党和托利党的特殊变体……但是，当谈到战争、对外政策、货币和国家时，[国家意识形态]是通用语言"（John Brewer, *Sinews of Power*, 157）。反之，平卡斯则看到了政党之间存在着更加激进的极端化，特别是在银行问题上（*1688*, 389-393）。

87 *Positions Supported by their Reasons Explaining the Office of Land-Credit* (London, 1696), 5.

88 Ibid.

89 Ibid.,2.

90   Hugh Chamberlen, *A collection of some papers writ upon several occasions, concerning clipt and counterfeit money, and trade, so far as it relates to the exportation of bullion* (London, 1696), 9.

91   R. B., *Proposals humbly offered to the honourable House of Commons, first, for a way, or method, to procure bullion. Secondly, that his majesty, and subject, will be gainers thereby. Thirdly, that it will highly tend to the good of trade, and commerce in general, during the time the moneys shall be re-coining* (n.p., 1696), 1.

92   James Hodges, *The present state of England, as to coin and publick charges. In three parts. Treating of the necessity of more money before taxes can be effectual, or trade revived, and of ways and means to procure it: . . . against which the opposite prejudices, as injurious to King, Parliament and people, with Mr. Lock's chief positions, are refuted by demonstrable reason and matter of fact. Most humbly presented to the King and Parliament, by J.H.* (London, 1695), 7.

93   Ibid.,8.

94   Ibid.,10-11. 因此，将钞票设定为法定货币并不会有太大区别。霍奇斯称"通过法律强加信用……是一件与强迫信仰一样不自然和不合理的事情，这是不可能的和令人厌恶的，因为信用完全依赖说服力，而说服力完全取决于真实的证据或者通报者的信用"（12）。

95   Ibid., 25.

96   Henry Pollexfen, *A Discourse of Trade, Coyn, and Paper Credit: And of Ways and Means to Gain, and Retain Riches. To which is added The argument of a learned counsel, upon an action of the case brought by the East-India-Company against Mr. Sands an interloper* (London, 1697), 65.

97   Ibid.,75-76.

98   Ibid.,75.

99   例如，托马斯·霍顿抱怨说，成千上万的人已经感受到了这种恶果，并"在一种他们已经无法再承受太久的负担下呻吟；一些人是因为缺乏货币，另一些人是因为缺乏信用"。参见 Thomas Houghton, *A plain and easie method for supplying the scarcity of money, and the promoting of trade, whereby all persons may manage their affairs with ease and profit, and be enabled to make payments in the way of trade, till a sufficient quantity of money can be coin'd. Most humbly offer'd to the consideration of both houses of Parliament* (London,

1696), 3。

100　R. J., *A Letter of Advice to a friend about the currency of cliptmoney wherein all the material clauses contain'd in the several acts made in these two last sessions of Parliament for the cure of that evil, are recited; And now printed for the use of the publick* (London, 1696), 3.

101　William Fleetwood, *A Sermon against Clipping, Preach'd before the right Honourable the Lord Mayor and Court of Aldermen, at Guild-Hall Chappel, on Decemb. 16, 1694* (London, 1694), 6.

102　Ibid.

103　Gaskill, *Crime and Mentalities*, 132.

104　Ibid. 斯蒂芬·米姆指出 19 世纪下半叶美国的假币伪造者通过改善经济流动性促进了国家的工业化发展；参见 Stephen Mihm, *A Nation of Counterfeiters: Capitalists, Con Men, and the Making of the United States* (Cambridge, MA: Harvard University Press, 2007)。D.W. 琼斯同样认为剪裁和伪造硬币的行为可能拯救了 1690 年代的英格兰。他的结论是："剪裁硬币不仅使英格兰免于遭受货币紧缩之苦，也避免了汇款和贸易失败所导致的支出、产出和就业的崩溃。"（*War and Economy*, 228）

105　Fleetwood, *Sermon*, 17.

106　Ibid.,20-21.

107　Ibid.,24.

108　5 Eliz. c. 11. s. 2. "An Act Against the Clipping, Washing, Rounding and Filing of Coines," *Statutes of the Realm*.

109　马尔科姆·加斯基尔指出，更认真的伪造者"不会存储或花费他或她自己的硬币，而是将其转交给第三方。即使在当时，伪造者也经常成双成对地工作——一个人花费，另一个则携带硬币到远方——这样，如果花钱的人被抓住，他或她能够以不知情为借口，而运送人则能够带着大部分证据而脱身"（Malcolm Gaskill, *Crime and Mentalities*, 155）。

110　William Chaloner, *To the honourable, the knights, citizens, and burgesses, in Parliament assembled. Proposals humbly offered, for passing an act to prevent clipping and counterfeiting of money* (London, 1694), 3.

111　有关查洛纳的生平和著作的说明，参阅 Thomas Levenson, *Newton and the Counterfeiter: The Unknown Detective Career of the World's Greatest Scientist* (Boston: Houghton Mifflin Harcourt, 2009)。

112　Joseph Aicken, *The Mysteries of the Counterfeiting of the Coin of the Nation,*

Fully Detected: and Methods Humbly Offered to both Houses of Parliament, for Preventing the said Abuse for ever, by Easie and Reasonable Laws; and for the Raising the Sum of 200000 l. in Three Months Time, and Augmenting his Majesty's yearly Revenue Considerably (London, 1696), 4.

113　Ibid.

114　艾肯列出的可能的同谋包括木炭商、瓦工、铁匠、五金商、铜匠、锡器匠、金匠、雕刻师等。他补充道："没有人能够如此巧妙地自己制作所有工具；没有人能够如此充足地储备所需的各种原料"（*Mysteries of the Counterfeiting*, 5）。

115　Ibid.,7.

116　Ibid.,8.

117　William Chaloner, *The Defects in the Present Constitution of the Mint. Humbly offered to the consideration of the Honourable House of Commons* (London, 1693), 1.

118　Aicken, *Mysteries of the Counterfeiting*, 4.

119　Ibid.

120　Ibid.

121　Ibid.,5.

122　Simon Clement, *A discourse of the general notions of money, trade, & exchanges, as they stand in relation each to other. Attempted by way of aphorism: with a letter to a minister of state, further explaining the aphorisms, and applying them to the present circumstances of this nation. Wherein also some thoughts are suggested for the remedying the abuses of our money. By a merchant* (London, 1695), 20.

123　R. J., *Letter of Advice*, 9.

124　John Lewis, *A Proposal to Prevent the Corruption of the Coyn* (n.p., 1695), 1.

125　*Some Questions Answered, Relating to the Badness of the Now Silver Coin of England* (London, 1695), 2.

126　Ibid.

127　*Journals of the House of Commons, Volume 11*, 265–266 (London: H. M. Stationary Office, 1803). 该报告包含十四项决议，其中一些涉及重新铸币的拟议，另一些则涉及针对剪裁和伪造的新法律。前者在 1695 年春季全部被拒绝。

128　6 & 7 Will. 3. c. 17. "Act to prevent counterfeiting and clipping the Coine of this Kingdom," *Statutes of the Realm*, 598–600; 8 & 9 Will. 3. c. 26. "An Act for the Better Preventing the Counterfeiting the Current Coin of this Kingdom," *Statutes of the Realm*, 269–270.

129 该法还宣布悬赏 40 英镑，奖励为伪造者、剪裁者或金条交易者的逮捕和定罪提供信息的人。*Statutes of the Realm*, 598–599.

130 8 & 9 Will. 3. c. 26. s. 1. *Statutes of the Realm*, 269.

131 8 & 9 Will. 3. c. 26. s. 3–4. *Statutes of the Realm*, 270.

132 15 Geo. 2. c. 28. "An Act for the More Effectual Preventing the Counterfeiting of the Current Coin of this Kingdom, and the Uttering or Paying of False or Counterfeit Coin," *Statutes of the Realm*, 464. 法院宣布"使用伪币……在全国范围内频繁发生，而此类罪行中的违法者并没有被吓倒，理由是这只是一种轻罪，而且处罚往往很轻，尽管有充分的理由相信，这些假币的普通使用者要么是伪币制造者本人，要么是伪币制造者的同伙"。《使用法》（The Utterance Law）导致铸造货币的法律对妇女的惩罚与其罪行的严重程度不相称。Nicholas Tosney, "Women and 'False Coining' in Early Modern London," *London Journal* 32 (2007): 103. 许多伪造犯罪团伙使用贫穷的妇女散布新伪造的硬币，因此 1742 年《使用法》通过后妇女甚至更容易遭受惩罚。

133 Bank of England, Minutes of the Court of Directors, G4/1/34/August 11, 1694. Randall McGowen, "Making the 'Bloody Code'? Forgery Legislation in Eighteenth-Century England," in *Law, Crime, and English Society, 1660–1840*, ed. Norma Landau, 128 (Cambridge: Cambridge University Press, 2002)。历史学家亨利·罗兹指出，仿造纸张往往是伪造者面临的最大障碍。参见 Henry Rhodes, *The Craft of Forgery* (London: John Murray, 1934), 86。

134 Bank of England, Minutes of the Court of Directors, G4/2/60/August 14,1695.

135 Ibid.

136 Ibid.,G4/2/154/August 11, 1696.

137 8 & 9 William III. c. 20. *Statues of the Realm*. Bank of England, Minutes of the Court of Directors, G4/2/172/October 21, 1696.

138 Samuel Pratt, *The Regulating Silver Coin, Made Practicable and Easie to the Government and Subject. Humbly submitted to the consideration of both houses of Parliament. By a lover of his country* (London, 1696), 14.

139 Ibid.

140 Ibid.

141 A Person of Honour, *Further Proposals for Amending and Settling the Coyn* (London, 1696), 11.

142　Ibid.

143　Locke, *Further Considerations*, 13.

144　Pollexfen, *Discourse of Trade*, 39–40.

145　洛克此前曾要求萨默斯考虑亲自担任该职位。Roger Woolhouse, *Locke: A Biography* (Cambridge: Cambridge University Press, 2007), 357。在相对默默无闻地辛苦工作多年之后，《自然哲学的数学原理》的出版"确认了牛顿是英格兰最聪明的人，因此，在国家危急时刻，牛顿自然成为应当被召唤的人物"（Levenson, *Newton and the Counterfeiter*, 110）。

146　牛顿和蒙塔古在 1680 年代成为亲密的朋友，当时他们合作在剑桥建立了一个哲学协会。Westfall, *Never at Rest*, 557–558。

147　在蒙塔古给牛顿的聘书中，他暗示典狱长的职务"工作量并不繁重，不会过多占用你的可支配时间"；参见 J. F. Scott, ed., *The Correspondence of Isaac Newton* (Cambridge: Cambridge University Press, 1967), 4:195。

148　Newton quoted in Westfall, *Never at Rest*, 566.

149　Scott, *Correspondence of Isaac Newton*, 4:209。具有讽刺意味的是，在牛顿参与重新铸币辩论时，他将"对任何揭发剪裁者或伪造者及其同伙之人的丰厚奖励"列为阻止剪裁和伪造硬币的必要条件（重印于 Li, *Great Recoinage*, 219）。然而，这是他在赴造币厂任职之前写下的。

150　牛顿的开支账目显示，他付钱给一名助手"给他买一套西装，使他有资格与一伙知名伪币制造者交谈，以便找出他们的破绽"(John Craig, "Isaac Newton—Crime Investigator," *Nature* 182 [1958]: 150)。

151　牛顿传记作者弗兰克·曼努埃尔声称，牛顿"可以在不损害自身清教徒良知的情况下 [在造币厂] 伤人或杀人。伪币制造者和剪裁者的鲜血滋养了他"；参 见 Manuel, *A Portrait of Isaac Newton* (Cambridge: Belknap Press, 1980), 244。然而，列文森声称曼努埃尔的说法"几乎肯定是无稽之谈"。他继续争论说牛顿"只是在做他的工作，是一位并不特殊的官僚，使用当时普遍适用的手段"（Levenson, *Newton and the Counterfeiter*,165）。

152　Scott, *Correspondence of Isaac Newton*, 4:308.

153　John Craig, "Isaac Newton and the Counterfeiters," *Notes and Records of the Royal Society of London* 18 (1963): 139.

154　Scott, *Correspondence of Isaac Newton*, 5:68–69.

155　Scott, *Correspondence of Isaac Newton*, 6:289.

156　关于牛顿如何最终成功将查洛纳送上绞刑架的完整故事，请参阅 Craig, "Isaac Newton"; Levenson, *Newton and the Counterfeiter*。

157 Scott, *Correspondence of Isaac Newton*, 4:211.

158 在讨论这些问题时，米歇尔·福柯声称，"其目的是树立榜样，不仅通过让人们意识到最轻微的罪行也很可能会受到惩罚，也通过让权力的愤怒降临在有罪者身上的场景来唤起恐惧感……人们不但必须知道，而且要亲眼见证。因为必须让他们变得害怕；而且他们必须是惩罚的见证者、确认实施之人，并在一定程度上参与其中"，参见 Michel Foucault, *Discipline and Punish: The Birth of the Prison*, trans. Alan Sheridan (New York: Vintage Books, 1979), 58。

159 泰伯恩刑场是最重要的处决地点，但它绝不是唯一的。事实上，伦敦有如此多的绞刑架，以至于被赋予"绞刑架之城"这个名字。"当时，陌生人无论以什么方式进入伦敦，只要看到绞刑架，就会对英格兰刑法的严酷留下最深刻的印象"，参见 Radzinowicz, *History of English Criminal Law*, 200。

160 Ibid.,171.

161 有关泰伯恩文化的描述，参见 Simon Devereaux, "Recasting the Theater of Execution: The Abolition of the Tyburn Trial," *Past and Present* 202 (2009): 128。

162 引自 Radzinowicz, *History of English Criminal Law*, 211。

163 这些数字可与 1696 年因公路抢劫而提起的 11 项诉讼中 6 项判决死刑进行比较。

164 所有统计数据均来自 T*he Proceedings of the Old Bailey*, www.oldbaileyonline. org (accessed July 21, 2010)。

165 Craig, "Isaac Newton," 139. 乔塞特声称，重新铸币和打击伪造行为的新的处罚措施成功杜绝了造假币的现象，参见 C. R. Josset, *Money in Britain: A History of the Currencies of the British Isles* (London: Warne, 1962), 90。

166 对于 18 世纪货币操控的两篇重要论述，参见 John Styles, "'Our Traitorous Money Makers': The Yorkshire Coiners and the Law, 1769–83," in *An Ungovernable People: The English and their Law in the Seventeenth and Eighteenth Centuries*, ed. John Brewer and John Styles (New Brunswick, NJ: Rutgers University Press, 1980); Gaskill, *Crime and Mentalities*, chaps. 4 and 5。

167 British Library, Add. Ms. 28,924. 我非常感谢蕾切尔·韦尔分享她的档案研究成果。

168 Feaveryear, *Pound Sterling*, 139–142.

169 Levenson, *Newton and the Counterfeiter*, 140, 143.

170 Horsefield, *British Monetary Experiments*, 14.

171 Jones, *War and Economy*, 24.

172 Feavearyear, *Pound Sterling*, 143.

173 Kelly, *Locke on Money*, 64.

174 英格兰银行积极地促成了土地银行的失败。董事们于 1696 年 1 月决定向下议院请愿，并"使用其他他们认为合适的谨慎策略……来阻止议会立法设立一个新的银行"（Bank of England, Minutes of the Court of Directors, G4/2/102/January 29, 1696）。

175 Horsefield, *British Monetary Experiments*, 14.

176 Davenant, *Discourses on the Publick Revenues*, 38.

177 Ibid.

178 Ibid.

179 Charles Davenant, *A Postscript to a Discourse of Credit, and the Means and Methods of Restoring it* (n.p., 1701), 14–15.

180 Ibid.,5.

181 Davenant, *Discourses on the Publick Revenues*, 56.

182 Davenant, *Postscript*, 5.

183 Davenant quoted in Hont, *Jealousy of Trade*, 235.

184 Davenant, *Discourses on the Publick Revenues*, 57.

185 Ibid.,58.

186 Ibid.,59.

187 Isaac Newton quoted in Findlay Shirras and J. H. Craig, "Sir Isaac Newton and the Currency," *Economic Journal* 55 (1945): 231.

188 Mint Papers 19.2, f. 611. Quoted in Westfall, *Never at Rest*, 618.

189 Newton quoted in Shirras and Craig, "Newton and the Currency," 217–218.

190 Mark Goldie, ed., *John Locke: Selected Correspondence*, 223 (Oxford: Oxford University Press, 2002). 1696 年上半年在家中休息后，洛克很快加入了贸易委员会，并在接下来的四年中任职于该委员会。

191 Shirras and Craig, "Newton and the Currency," 240; Appleby, "Locke, Liberalism," 61. 费维耶不同意这种观点，并提出"按旧面值重新铸币可能给债务人和债权人带来更大程度的公正"。考虑到英格兰在 1690 年代面临的状况，他得出这样的结论："洛克理论造成的后果使国家的所得远远超过所失"(Feavearyear, *Pound Sterling*, 147, 149)。

192 数据显示，在 1693—1695 年间，因铸币罪而受审的人数迅速增加。在 1696—1697 年间，这一数字仍然很高，但有所下降，1697 年之后才稳定在

1693 年之前的水平 (*The Proceedings of the Old Bailey*, www.oldbaileyonline. org, accessed July 21, 2010)。

193 John Evelyn, *Numismata. A discourse of medals, antient and modern. Together with some account of heads and effigies of illustrious and famous persons, in sculps, and taille-douce, of whom we have no medals extant; and of the use to be derived from them. To which is added a digression concerning physiognomy* (London, 1697), 260–261.

第五章　政府信用与公共领域

1　约翰·卡斯韦尔指出，"1710 年的变革是国家仍在经历的商业和金融革命中第一次全面危机的政治表现"，参见 John Carswell, *The South Sea Bubble* (Stanford,CA: Stanford University Press, 1960), 37。

2　迈克尔·布拉迪克认为，17 世纪早期"借贷的安全依赖于君主的承诺，并且借款是通过贿赂或胁迫个人、团体充当中介而筹集的"（Michael Braddick, *State Formation*, 259）。以 1672 年为例，王室债务总额的 97.5% 是欠付给 12 位金匠银行家的。Carruthers, *City of Capital*, 62。

3　蒂姆·哈里斯将统治精英描述为"一个小团体，由君主以及他或她的宫廷顾问和大臣、贵族、主教、议会议员和负责维持整个王国的法律和秩序的法官、郡最高军事长官和治安官组成"，参见 Tim Harris, *Politics under the Later Stuarts: Party Conflict in a Divided Society, 1660–1715* (London:Longman, 1993), 14。

4　Locke, *Essay*, IV.xv.6.

5　波考克指出，舆论现在决定了公共债券的价值，这反过来"成为衡量政府稳定或不稳定的指标"，参见 J. G. A. Pocock, *Virtue, Commerce, and History: Essays on Political Thought and History, Chiefly in the Eighteenth Century* (Cambridge: Cambridge University Press, 1985), 112–113。波考克补充说，既然意见现在决定了财产的价值，财产便"已经不再是真实的，不仅变得飘忽不定，还是想象出来的"（Ibid.）。关于一个强大的英格兰议会体制外的政治文化的系统论述，参见 Katherine Wilson, *The Sense of the People: Politics, Culture and Imperialism in England, 1715-1785* (Cambridge: Cambridge University Press, 1998)。

6　朱利安·霍皮特指出，"信用对他们来说就像特洛伊木马，表面上看起来很好，但实际上却是对和谐的道德秩序造成灾难性破坏的元凶"（Julian Hoppit, "Attitudes to Credit," 320）。

7　帕特里克·布兰特林格同样指出，"政府信用既与国家合法性紧密联系……又与舆论的政治范畴联系起来，而后者是启蒙运动期间新兴的民主公共领域的一个方面"（Patrick Brantlinger, *Fictions of State*, 22）。

8　Knights, *Representation and Misrepresentation*, 316.

9　Brewer, *Sinews of Power*, xiii.

10　Braddick, *State Formation*, 165, 214。布鲁尔指出，17 世纪的战时平均入伍人数低于百年战争时期（1337—1453 年）。然而，光荣革命后，军队扮演了更重要的角色。除了入伍人数大幅增加外，武装部队也成为"最大的借款人和花费者，以及最大的单一雇主"（Brewer, *Sinews of Power*, 27）。

11　Charles Spencer, *Battle for Europe: How the Duke of Marlborough Masterminded the Defeat of the French at Blenheim* (Hoboken, NJ: Wiley, 2004).

12　Jones, *War and Economy*.

13　正如第三章所述，金融革命发生在 17 世纪下半叶，或者如布鲁尔所说，"后革命时代的金融是建立在革命前的模式之上的"（Brewer, *Sinews of Power*, 95）。诺思和温加斯特的《宪法与承诺》（"Constitutions and Commitment"）强调光荣革命对英格兰金融体制的根本重要性，帕特里克·K. 奥布莱恩针对他们强烈的时间、概念和因果关系主张提出了一个更细致的版本。他认为他们的研究"夸大了光荣革命作为一个间断点的重要性"，并且"忽视了光荣革命前夕非常重要的内战、共和中断期和复辟时期的历史，在那时一个财政国家的宪法和行政基础已经就位"（Patrick K. O'Brien, "Fiscal Exceptionalism," 246）。

14　帕特里克·奥布莱恩和菲利普·亨特指出，"从一个在很大程度上依赖王室财产和其他收入作为补充的税收财政制度，过渡到一个拥有政治支持、行政能力和财政基础来积累和偿还长期债务的制度，这应该被称为一场金融革命"，参见 Patrick O'Brien and Philip Hunt, "The Rise of a Fiscal State in England, 1485–1815," *Historical Research* 66 (1993): 134。

15　Ashworth, *Customs and Excise*, 15–30.

16　Brewer, *Sinews of Power*, 91.

17　财政部能够大幅增加筹集的资金数额。1672 年，王室收入为 230 万英镑，支出达 250 万英镑，而 1712 年的收入和支出分别为 570 万英镑、790 万英镑；参见 Carruthers, *City of Capital*, 54。

18　先前乡村派与宫廷派之间的政治冲突已使我们了解了辉格党与托利党的分

歧，尽管这两种冲突并不总是重叠。而且，应该指出两党在意识形态上都不是铁板一块。琳达·科利让我们可以感受到托利党的多元化 [Linda Colley, *In Defiance of Oligarchy: The Tory Party, 1714-60* (Cambridge: Cambridge University Press, 1982)]，马丁·P. 汤普森则指出了辉格党中许多不同的派别，包括第一辉格党、老辉格党、新辉格党、真正的辉格党、礼貌的辉格党、粗俗的辉格党、政权辉格党、怀疑的辉格党和科学的辉格党。参见 Martyn P. Thompson, "Daniel Defoe and the Formation of Early-Eighteenth Century Whig Ideology," in *Politics, Politeness, and Patriotism*, ed. Gordon J. Schochet, 109–124 (Washington DC: Folger Institute)。

19　辉格党政治联盟成员包括萨默斯男爵、沃顿男爵、查尔斯·蒙塔古（哈利法克斯勋爵）和爱德华·拉塞尔（奥福德伯爵）。Harris, *Politics under the Later Stuarts*, 15.

20　戈多芬的职业生涯长盛不衰，他为查理二世，詹姆斯二世，威廉和玛丽，以及安妮服务，在财政部担任过各种职务。在安妮统治时期，作为财政大臣，戈多芬成功地使财政体系更加高效。

21　蒂姆·哈里斯警告说，辉格党金钱利益集团和托利党土地利益集团之间没有严格的界限。现实要复杂得多。哈里斯指出，"托利党金融富豪是存在的；事实上，在金融革命之前，伦敦金融城的金融利益者主要是托利党。托利党反对 1690 年代建立的新信用体系，并非因为他们反对这种类型的经济企业，而是因为从中获得的大部分利益都与他们无关"(Tim Harris, *Politics under the Later Stuarts*, 198)。

22　地主精英厌恶常备军的根本原因在于他们担心其天文数字的成本将不可避免地带来更多借贷以及最终更高的税收。相反，他们倾向于建立一个以强大的海军和繁荣的全球商业为基础的海洋帝国。一支庞大的王家海军将能够扩大英格兰在全球的影响力，从而形成更多的商业活动和更高的海关收入，其中部分可用于支付海军的费用，从而使这一帝国战略在很大程度上是自负盈亏的。Armitage, *Ideological Origins*, 100–124.

23　在审视伦敦精英时，加里·斯图尔特·德克雷发现，尽管商人中存在辉格党倾向，但许多商人、实业家和放债人都是托利党人。Gary Stuart De Krey, *A Fractured Society: The Politics of London in the First Age of Party, 1688-1715* (Oxford: Clarendon Press,1985).

24　土地税被广泛使用，为长达两个十年的对法战争提供资金。布鲁尔表示，"英格兰的总体税收负担在光荣革命后增加了一倍多。至少在西班牙王位继承战争结束之前，大部分增加的税收是通过土地税实现的"（Brewer, *Sinews of*

Power，200）。

25 英格兰银行和东印度公司都被认为偏向辉格党，从两家公司中大约每个托利
    党股东对应两名辉格党股东这一事实可见一斑。Carruthers, *City of Capital*,
    155。

26 Pincus, *1688*, 366–399.。

27 戈多芬与英格兰银行和伦敦商业界建立了密切的关系，这使他能够相对容易
    地管理政府的借贷需求。Dickson, *Financial Revolution in England*, 59–62.
    J.R. 琼斯赞扬戈多芬内阁管理财政部的成功，声称"很少（如果有的话）
    有后来的政府能够取得类似的胜利"，参见 J. R. Jones, *Country and Court:
    England, 1658–1714* (Cambridge, MA: Harvard University Press, 1979), 316。

28 Braddick, *State Formation*, 265.

29 Dickson, *Financial Revolution in England*, 362.

30 *The Case of the proprietors of the army and transport debentures* (n.p., 1711).

31 Brian W. Hill, "The Change of Government and the 'Loss of the City,' 1710–
    1711," *Economic History Review* 24 (1971): 395–413.

32 Lee Horsley, "Vox Populi in the Political Literature of 1710," *Huntington
    Library Quarterly* 38 (1975): 335.

33 Harris, *Politics under the Later Stuarts*, 181.

34 Roseveare, *Financial Revolution*, 45.

35 Sarah Jennings Churchill, Duchess of Marlborough, *Private Correspondence of
    Sarah, Duchess of Marlborough*, Vol. 1 (London: Henry Colburn, 1838), 344.

36 罗伯特·哈雷有影响力的政治生涯自他在 1689 年当选议会成员开始。最初
    他站在辉格党一边，但后来滑向托利党阵营。哈雷在 1690 年代担任公共账
    目专员而完成了 7 年公共财政学徒期，他也是 1695 年土地银行计划的主要
    支持者之一。随后，哈雷成为戈多芬内阁的核心成员，担任下议院议长（1701—
    1705 年）和国务大臣（1704—1708 年）。他于 1708 年被驱逐出内阁，据称
    他参与了针对戈多芬的阴谋。尽管如此，他仍然保持着对女王的影响力，后
    来女王选拔他来管理政府。有关哈雷的更多信息，参阅 Brian W.Hill, *Robert
    Harley: Speaker, Secretary of State and Premier Minister* (New Haven, CT:
    Yale University Press, 1988)。

37 银行在 8 月和 9 月向财政部提供了两笔贷款。第一笔贷款金额为 5 万英
    镑——哈雷要求的金额是这个数字的两倍——第二笔贷款金额为 10 万
    英镑。这两项贷款的还款期限都比哈雷要求的要短。Hill, "Change of
    Government," 402–403.

38   亨利·罗斯维尔认为，政府信用的去人格化是国家的非实体化与证券的
      市场化同时导致的结果，构成了"真正的现代创新"（Henry Roseveare,
      FinancialRevolution, 14）。

39   虽然政府债券以前就曾进行过交易，但 1690 年代兴起的新的信用文化催生
      了一个更加活跃的金融市场。使政府证券更容易转让的尝试源于 1660 年代
      唐宁的国库令，但这些债务工具仅在理论上可转让。金匠银行家持有其中大
      部分作为担保，因此只形成了有限的二级市场。终身年金是另一种流行的长
      期贷款，在理论上也可以转让，但由于在交易中涉及的法律和行政障碍，其
      流动性仍然很差。Larry Neal, *The Rise of Financial Capitalism: International
      Capital Markets in the Age of Reason* (Cambridge: Cambridge University
      Press, 1990), 14.

40   由于在金融革命期间累积的许多长期债务从未偿还过，这就产生了一种情况，
      即波考克所描述的，"政府是……由投资者对一个永远不会在现实中存在的
      时刻的想象来维持的"（*Virtue, Commerce, and History*, 112）。

41   马克·奈茨表明，舆论不仅对决定政府信用是很重要的，而且在为所有政治
      决策提供信息、评估、判断和使之合法化等方面发挥着越来越积极的作用，
      参见 Mark Knights, *Representation and Misrepresentation*, 5。

42   Dickson, *Financial Revolution in England*, 260–262. 持有英格兰银行股票的
      投资者数量也以同样的比例增加，从 1694 年的 1272 人增加到 1712 年的
      4419 人。Carruthers, *City of Capital*, 83.

43   Ann M. Carlos and Larry Neal, "The Micro-Foundations of the Early London
      Capital Market: Bank of England Shareholders during and after the South Sea
      Bubble, 1720–25," *Economic History Review* 59 (2006): 525.

44   Dickson, *Financial Revolution in England*, 254, 301。应当指出的是，辉格党
      和托利党都试图影响金融市场的价格。有关此类出于政治动机的交易的讨论，
      参阅以下关于笛福的讨论。

45   迪克森估计，大约 20% 的政府基金和公司股票投资者是女性（Dickson,
      Financial Revolution in England, 260）。因此，妇女，特别是寡妇，还有老
      处女，都在新兴金融市场中发挥重要作用。尽管女性在正式结婚后被剥夺
      拥有固定或流动财产的权利，但她们可以通过设立一个信托来规避这项法
      律，从而保留结婚时带来的财产。女性在婚姻中获得的财产（通常是丈夫
      去世后继承的一部分财产）往往由股票和债券组成，因为与土地不同，它
      们不需要纳税，也没有法律禁止妇女持有此类资产。Catherine Ingrassia,
      Authorship, Commerce, and Gender in Early Eighteenth-Century England: A

Culture of Paper Credit (Cambridge: Cambridge University Press, 1998); and Ann M. Carlos and Larry Neal, "Women Investors in Early Capital Markets: 1720–1725," *Financial History Review* 11 (2004): 197–224.

46　Roseveare, *Financial Revolution*, 19.

47　Neal, *Rise of Financial Capitalism*, 14. 安妮·L.墨菲表明，抽签公债专门针对那些无力购买政府债券的人。有关彩票和它们在金融革命中的地位的更广泛讨论，参见 Murphy, "Lotteries in the 1690s: Investment or Gamble?" *Financial History Review* 12 (2005): 227–246。

48　尽管迪克森的论述仍然是关于这个主题最完整的探讨，但最近的研究扩大了我们对投资大众的了解。例如，参见 Carlos and Neal, "Women Investors," 197–224; Anne L.Murphy, "Dealing with Uncertainty: Managing Personal Investment in theEarly English National Debt," *History* 91 (2006): 200–218; and Glaisyer, *Culture of Commerce*。

49　James Van Horn Melton, *The Rise of the Public in Enlightenment Europe* (New York: Cambridge University Press, 2001), 22.

50　朱利安·霍皮特指出，1710—1711 年的辩论与围绕重新铸币和南海泡沫的辩论一起，构成了 18 世纪之交最激烈的小册子运动时期（Julian Hoppit, "Contexts and Contours," 79–110）。

51　当时英格兰男性的识字率约为 45%，女性为 25%。然而，在伦敦，这个数字可能是男性高达 80%，这为报纸、大幅印刷品和小册子创造了大量受众。David Cressy, *Literacy and the Social Order: Reading and Writing in Tudor and Stuart England* (Cambridge: Cambridge University Press, 1980), 47. 剩下的不能阅读的伦敦人可以通过公开朗读获取新闻和政治评论，进一步丰富了原本就信息灵通、政治话语权极高的公众的知识面。

52　保罗·威辛顿认为，在 17 世纪早期，一个公民公共领域已经出现。他指出，到 1640 年，在 181 个法人城市和自治市镇中，人们"完全有能力以公民的身份说话和行动，反对中央权威的财政、官僚或军事偏见，以及乡村和城市贵族的家长式统治"；参见 Paul Withington, "Public Discourse Corporate Citizenship, and State Formation in Early Modern England," *American Historical Review* 112 (2007): 1027。

53　彼得·莱克和史蒂夫·平卡斯强调，关于政治经济问题的这些辩论为"后革命时代的公共领域"奠定了基础，参见 Peter Lake and Steve Pincus, "Rethinking the Public Sphere in Early Modern England," *Journal of British Studies* 45 (2006): 284。霍皮特补充说，在最常讨论的问题中，信用占据了

最重要的位置。Hoppit, "Contexts and Contours," 94.

54   Jürgen Habermas, *The Structural Transformation of the Public Sphere: An Inquiry into a Category of Bourgeois Society* (Cambridge, M. A.: MIT Press, 1991)。17 世纪下半叶，大不列颠各地咖啡馆的迅速扩张带来了"公众讨论机会在质和量两方面的进步"。史蒂夫·平卡斯因此总结道："咖啡馆提供了早期现代英格兰公共领域的社会和文化场所。"参见 Steve Pincus, "'Coffee Politicians Does Create' : Coffeehouses and Restoration Political Culture," *Journal of Modern History* 67 (1995): 833. 布莱恩·科恩进一步指出，"在咖啡馆的社交互动，实现了且实际上鼓励了顾客之间地位平等这一社会虚构情境"，参见 Brian Cowan, *The Social Life of Coffee: The Emergence of the British Coffeehouse* (New Haven, CT: Yale University Press, 2005), 104。

55   哈贝马斯的公共领域概念一直为历史研究人员所沿用。但最近，历史学家发现有必要对其版本进行修订。哈贝马斯的概念受到历史学家批评，哈罗德·马认为，是因为历史学家倾向于将公共领域视作一种地理空间，而哈贝马斯则认为它是一种只存在于政治想象中的虚构。参见 Harold Mah, "Phantasies of the Public Sphere: Rethinking the Habermas of Historians," *Journal of Modern History* 72 (2000): 168。另见 Conal Condren, "Public, Private and the Idea of the 'Public Sphere' in Early-Modern England," *Intellectual History Review* 19 (2009): 15–28。

56   卡琳·鲍伊指出，在同一时期，苏格兰政府也参与了类似的公共领域活动，参见 Karin Bowie, *Scottish Public Opinion and the Anglo-Scottish Union, 1699–1707* (Suffolk: Boydell Press, 2007)。

57   Habermas, as quoted in Mah, "Phantasies of the Public Sphere," 156.

58   历史学家注意到，人们在公共领域使用了许多不同类型的话语。例如，参见 Alan Downie, "Gulliver's Travels, the Contemporary Debate on the Financial Revolution, and the Bourgeois Public Sphere," in *Money, Power, and Print: Interdisciplinary Studies on the Financial Revolution in the British Isles*, ed. Charles Ivar McGrath and Chris Fauske, 129 (Newark: University of Delaware Press, 2008); Knights, *Representation and Misrepresentation*, 248, 255。

59   关于使用多个公共领域进行分析的益处和问题的详细讨论，参见 Michael Warner, "Publics and Counterpublics," *Public Culture* 14 (2002): 49–90。

60   John Oldmixon, *The False steps of the ministry after the revolution . . . with some reflections on the license of the pulpit and press, in a letter to my lord* (London, 1714), 33.

61 在 1730 年代关于民众的政治影响的讨论中，舆论开始变得更加突出和明确。在此之前，更常使用的是公共精神和民众之声等替代术语。 J. A. W.Gunn, "Court Whiggery—Justifying Innovation," in *Politics, Politeness, and Patriotism*, ed. Gordon J. Schochet, 125–156 (Washington DC: Folger Institute).

62 Knights, *Representation and Misrepresentation*, 7.

63 Ibid.,273.

64 本杰明·霍德利此后相继担任班戈、赫里福德、索尔兹伯里和温彻斯特的主教。除了关于神学问题的大量著作之外，霍德利写了许多捍卫光荣革命的小册子，回应萨切弗雷尔的许多批评。从约翰·洛克的政治著作中汲取灵感，霍德利成为安妮统治时期的辉格党领袖和低教会派主要宣传写手之一。有关霍德利的更多信息，参阅 William Gibson, *The Enlightenment Prelate: Benjamin Hoadly, 1676–1761* (Cambridge: James Clark and Co., 2004)。

65 Benjamin Hoadly, *The thoughts of an honest Tory, upon the present proceedings of that party. In a letter to a friend in town* (London, 1710), 4.

66 Ibid.,11.

67 Ibid.,12.

68 Benjamin Hoadly, *The fears and sentiments of all true Britains; with respect to national credit, interest and religion* (London, 1710), 7.

69 Ibid.,5.

70 除了商业社会对意识形态政治的明确限制外，金融也对政治思想、辩论和实践形成了强有力的制约。Hont, *Jealously of Trade*, 185–266.

71 Hoadly, *The fears and sentiments*, 5.

72 Ibid.,9.

73 尽管光荣革命可能使金融财产更加安全，但正如诺思和温加斯特所说，霍德利的担忧表明产权仍远未被认为是完全安全的。

74 J. A. Downie, *Robert Harley and the Press: Propaganda and Public Opinion in the Age of Swift and Defoe* (Cambridge: Cambridge University Press, 1979), 116.

75 西蒙·克莱门特最初是一名股票经纪人和商人。在 1690 年代期间，他为辉格党撰写有关重新铸币和英格兰银行成立等事务的文章。当哈雷离开辉格党转向托利党时，克莱门特也跟随其后。

76 Simon Clement, *Faults on both sides: or, An essay upon the original cause, progress and mischievous consequences of the factions of this nation* (London,

1710), 39.

77   Ibid.

78   Clement, *Faults on both sides*, 40.

79   例如，丹尼尔·笛福早就记录下他对股票经纪人的蔑视，参见 Daniel Defoe, *The Villainy of Stock-Jobbers Detected, and the Causes of the Late Run upon the Bank and Bankers Discovered and Considered* (London, 1701)。

80   有关洛克对信任和意见的观点的讨论，参见第三章。

81   安妮·L. 墨菲表明，尽管早期现代投资者想要收集尽可能多的准确信息，但他们仍"面临着许多障碍，而这些障碍会阻止他们获得有关任何股票或债务产品的前景的完整信息"(*Origins of English Financial Markets*, 130)。

82   Simon Clement, *A vindication of the faults on both sides, from the reflections of the medley, the specimen maker, and a pamphlet, entitled, Most faults on our side. With a dissertation on the nature and use of money and paper-credit in trade, and the true value of joint-stocks, maintaining the assertions of the author, in relation to those matters. By the author of the Faults on both sides* (London, 1710).

83   Ibid.,16.

84   阿贝尔·博耶，荷兰胡格诺教徒，光荣革命后来到英格兰。他先后担任词典编纂者、记者、历史学家和宣传写手，翻译了许多关于礼仪和道德的法语论文，但他的历史著作为他赢得了在整个欧洲的声誉。早在 1704 年他就开始为哈雷工作，成为哈雷手下的一名情报员。1711 年，在与乔纳森·斯威夫特闹翻后，博耶远离哈雷和博林布鲁克转向辉格党。1718 年，针对阿奇博尔德·哈奇森对政府财政政策的批评，他发表了一篇长篇文章质疑。

85   Abel Boyer, *An Essay towards the history of the last ministry and Parliament: containing seasonable reflections on I. Favourites. II. Ministers of state. III. Parties. IV. Parliaments. and V. Publick credit* (London, 1710), 60。

86   Ibid.,59.

87   Ibid.

88   博耶描述了"辉格党政治联盟确实对 S___ 伯爵被撤职感到震惊，但并没有完全被吓倒，而是在恢复斗志之后，决心尝试新的手段来支撑他们摇摇欲坠的制度。为此，他们的使者在公众中散布了一个疯狂的观念：英格兰的政府信用完全取决于已离去的财政大臣，以及上届议会的延续"(Ibid.,20)。

89   Ibid.,64.

90   Hoadly, The fears and sentiments, 7.

91 Ibid.,63.

92 Ibid.

93 丹尼尔·笛福的小说（*Robinson Crusoe*,1719；*Moll Flanders*，1722；*Roxana*，1724）开创了一种新的文学流派，并因此贡献而为后人所熟知。在成为小说家之前，笛福从事过许多商业活动，并以多产的记者和宣传写手而闻名。他在一生的大部分时间里效忠于辉格党，支持光荣革命。然而，1704 年开始为哈雷工作之后，他首先担任中间人和情报员，后来还担任宣传写手，他的出版物呈现出对托利党更友好的基调。更多关于笛福的介绍，参见 Paula Backscheider, *Daniel Defoe: His Life* (Baltimore, MD: The Johns Hopkins University Press, 1989)。

94 Defoe quoted in Backscheider, *Daniel Defoe*, 269.

95 Daniel Defoe, *An essay upon publick credit: being an enquiry how the publick credit comes to depend upon the change of the ministry, or the dissolutions of Parliaments; and whether it does so or no. With an argument, proving that the publick credit may be upheld and maintain'd in this nation; and perhaps brought to a greater height than it ever yet arriv'd at; tho' all the changes or dissolutions already made, pretended to, and now discours'd of, shou'd come to pass in the world* (London, 1710). 这篇文章暂时被认为是哈雷所作。

96 笛福使用了与博耶相同的基本论据来表明政府信用依赖议会和君主制度。笛福质疑这个"奇怪的暗示"，即认为新当选的议会和女王将以有悖于维护政府信用的方式行事。与博耶类似，他认为政府信用更多地取决于制度系统而不是管理它的特定个人。他后来写道，政府信用取决于人们对政府的信心，这里指的是"并非内阁，并非这个或那个政党，不，不是女王本人——而是宪法、当时的女王或国王和议会"；参见 Daniel Defoe, *The Review of the State of the British Nation, August 9, 1711, reprinted in Defoe's Review: Reproduced from the Original Editions, with an Introduction and Bibliographical Notes by Arthur W. Secord* (New York: AMS Press, 1965)。

97 Defoe, *An essay upon publick credit*, 6.

98 Ibid.

99 Defoe, *Review*, June 14, 1709.

100 Ibid.,9.

101 Ibid.

102 约翰·F.奥布莱恩同样认为，"笛福的文章似乎坚持信用只能转化为更多的隐喻，而无法与真实原因相关联，无异于将其置于人类干预的力量之

外，成为一种身份模糊、后果不确定的自然力量"，参见 John F. O'Brien,
"The Character of Credit: Defoe's 'Lady Credit,' The Fortunate Mistress, and
the Resources of Inconsistency in Early Eighteenth-Century Britain," *English
Literary History* 63 (1996): 613。

103 Defoe, *An essay upon publick credit*, 9.

104 Ibid.

105 Ibid.,13.

106 Ibid.

107 Ibid.,16.

108 Carruthers, *City of Capital*.

109 参见 Shapin, *Social History of Truth; Adrian Johns, The Nature of the Book:
Print and Knowledge in the Making* (Chicago: University of Chicago Press,
1998)。

110 Schaff er, "Defoe's Natural Philosophy," 14.

111 亚瑟·梅恩沃林是一位多产的作家和政治家。作为一位人脉广泛的基特−卡
特俱乐部（Kit-Cat Club）成员，梅恩沃林利用他与戈多芬的关系在财政部
获得了一个职位。他一生都是一名忠诚的辉格党人，1706 年当选为议会议员，
但在 1710 年托利党选举大获全胜时失去了席位。梅恩沃林是托利党孜孜不
倦的批评者。1710 年政治危机之后，梅恩沃林非正式地担任辉格党的新闻
总监。

112 Arthur Maynwaring, *The Medley*, October 5, 1710.

113 Ibid., January 29, 1711, 202.

114 有关信用女士的更广泛讨论，参阅 Paula R. Backscheider, "Defoe's Lady
Credit," *Huntington Library Quarterly* 44 (1981): 89–100; Sandra Sherman,
*Finance and Fictionality in the Early Eighteenth Century: Accounting for
Defoe* (Cambridge: Cambridge University Press, 1996), 40–54; O'Brien,
"Character of Credit," 603–631; and Laura Brown, *Fables of Modernity:
Literature and Culture in the English Eighteenth Century* (Ithaca,NY: Cornell
University Press, 2001), 95–131。

115 Defoe, *Review*, January 10, 1706.

116 Pocock, *Machiavellian Moment*, 457.

117 Defoe, *Review*, January 10, 1706.

118 劳拉·布朗指出，"在这个文化寓言的想象世界中，她 [信用女士] 是不列颠
历史的原动力。从这个意义上来说，她代表了一种历史力量，一种与动荡的

变化相关的力量"（Laura Brown, *Fables of Modernity*, 108）。特里·马尔凯
尔补充说，尽管在奥古斯都时期的著作中，信用常常被贬低，但它仍被视为"潜
在的无限资源"并因此受到珍视，参见 Terry Mulcaire, "Public Credit; Or,
The Feminization of Virtue in the Marketplace," *PMLA* 114 (1999): 1035。

119　Defoe, *Review,* August 8, 1710.

120　信用女士也容易歇斯底里。这种情况是由 "超敏感的体质和高涨的激情所引
　　　起的，而这些又总是与女性生理机能有关，并被认为会产生以下症状：虚弱、
　　　哭泣、昏厥、痉挛，甚至死亡"（Brown, *Fables of Modernity*, 110）。

121　Defoe, *Review*, August 10, 1710.

122　Ibid.

123　Ibid.

124　Defoe quoted in Backscheider, *Daniel Defoe*, 271.

125　Defoe, *An essay upon publick credit*, 14.

126　Pocock, *Machiavellian Moment*, 446. 他进一步澄清，"奥古斯都时期的辩论
　　　中并不存在农业与企业利益、庄园与市场之间的对立关系"，也没有 "土地
　　　与贸易，甚至土地与信用之间的简单对立关系"（448-449）。

127　布朗特写给哈雷的信的摘录，转载于 Hill, "Change of Government," 412。这
　　　封信是对之前一封尚未找到的信件的答复，布朗特在信中更详细地阐述了他
　　　的提议。

128　George Caswall quoted in John G. Sperling, *The South Sea Company: An
　　　Historical Essay and Bibliographical Finding List* (Cambridge: Kress Library,
　　　1962), 3–4.

129　银行同意以折价的方式接受这些证券，以换取其特许经营期的延续并获得在
　　　银行业务上更加稳固的垄断地位。法规规定："这个王国的议会立法不得设立、
　　　建立、许可、容忍、支持或批准其他任何银行，或任何具有银行性质的公司、
　　　社团、协会、企业、组织"（8 and 9 Will. III, cap. 20）。

130　剑刃银行是从没有价值的剑刃公司发展而来，使用折价政府债券去购买没收
　　　自爱尔兰詹姆斯党人的土地。剑刃银行最终拥有了土地，然后将其作为资本
　　　不顾英格兰银行的垄断启动了银行业务。剑刃银行为购买土地提供抵押贷款、
　　　接受存款、贴现票据并发行钞票。英格兰银行质疑其新竞争对手的法律地位，
　　　但直到 1707 年，财政部才重申其对英格兰银行垄断的承诺。考虑到成立于
　　　1711 年的南海公司与剑刃银行关系密切，英格兰银行担心该公司再次试图
　　　挑战他们的垄断地位。为此，英格兰银行强迫南海公司在其章程中插入一项
　　　条款，禁止其参与任何银行活动。Dickson, *Financial Revolution in England,*

62; Sperling, *South Sea Company*, 4–5.

131 10 月的选举对于托利党来说是巨大的成功。以前占近百个多数席位的辉格党被占近 150 个席位（多数）的托利党取代。

132 Carswell, *South Sea Bubble*, 41.

133 Defoe, *Review*, February 1, 1711.

134 Ibid.

135 约瑟夫·艾迪生从很早的时候就受益于哈利法克斯和萨默斯等有权势的辉格党人的资助。除了在政治上的显赫地位之外，他在伦敦文学界也享有突出地位，他拥有基特-卡特俱乐部会员资格，并与一些作家（如乔纳森·斯威夫特和理查德·斯蒂尔）有私交。他积极为斯蒂尔的《闲谈者》（*The Tatler*）撰稿，后来又与斯蒂尔合作推出了《旁观者》。

136 Joseph Addison, *The Spectator, March 3, 1711, reprinted in Gregory Smith, ed., Addison & Steele and Others, The Spectator, In Four Volumes* (London: J.M. Dent and Sons, 1907).

137 Ibid.

138 Ibid.

139 乔纳森·斯威夫特在爱尔兰出生并接受教育，后来成为都柏林圣帕特里克大教堂的教长。他往返于爱尔兰海两岸，参与都柏林和伦敦的政治和文化生活。1710 年 9 月，斯威夫特同意成为哈雷的宣传写手。这份工作的一部分是担任托利党每周出版一期的《观察家》的编辑。斯威夫特最著名的作品是出版于 1729 年的《格列佛游记》。

140 Jonathan Swift , *The Examiner, April 19, 1711, reprinted in Frank H. Ellis,ed., Swift vs. Maynwaring: The Examiner and The Medley* (Oxford: Clarendon Press, 1985).

141 Ibid. 梅恩沃林很快就用讽刺回应了斯威夫特。他说："他没有把她 [信用女士] 放在像交易所支柱这样不稳定的根基之上，相反地，他给了她一个坚实的彩票基础。"（Arthur Maynwaring, *The Medley*, April 30, 1711, reprinted in Ellis, *Swift vs. Maynwaring*）

142 理查德·斯蒂尔出生于爱尔兰，但在英格兰接受教育。1690 年代自愿参军之后，斯蒂尔接着开启了作为文人的成功职业生涯，以多产的散文家和剧作家而闻名。他创办了成功的杂志《闲谈者》和《旁观者》，并孜孜不倦推动辉格党的政治和文化议程。他后来成为下议院议员。

143 Richard Steele, *The Spectator*, August 18, 1712.

144 Ibid.

145 Ibid.

146 Ibid.

147 Ibid.

148 关于金融革命与小说的兴起的关系，参见 Brantlinger, *Fictions of State*; Colin Nicholson, *Writing and the Rise of Finance: Capital Satires of the Early Eighteenth Century* (Cambridge: Cambridge University Press, 1994); Sherman, *Finance and Fictionality*。

149 据报道，舆论的不稳定导致艾萨克·牛顿在几年后宣称，虽然他可以计算出不稳定行星的运动，但"他无法计算人们的疯狂程度"（Westfall, *Never at Rest*, 862）。

150 来自辉格党的反对力量因被指控精心策划了企图刺杀哈雷的事件而逐渐大受打击。例如，参见 Swift's *The Examiner* on March 29, 1711。

151 Defoe, *A spectators address to the Whigs, on the occasion of the stabbing Mr. Harley* (London, 1711).

第六章　南海公司和政府信用的复兴

1 有关该公司的一般背景信息，参阅 Sperling, *South Sea Company*; Colin A. Palmer, *Human Cargoes: The British Slave Trade to Spanish America, 1700–1739* (Urbana: University of Illinois Press, 1981)。

2 "社会想象"这一术语在这里指的是大多数英格兰人对未曾观察到的世界的集体愿景、感知或理解。正如文学评论家罗伯特·米切尔指出的，集体想象"构成了一种能够从社会制度方面理解社会的关键资源"；参见 Robert Mitchell, "'Beings that Have Existence Only in Ye Minds of Men': State Finance and the Origins of the Collective Imagination," *Eighteenth Century* 49 (2008): 119。

3 有大量文献探讨了奴隶贸易的资金来源以及奴隶制如何为英格兰工业化进程做出贡献。例如，参见 Kenneth Morgan, *Slavery, Atlantic Trade and the British Economy, 1660–1800* (Cambridge: Cambridge University Press, 2000); and Barbara L. Solow and Stanley L. Engerman, *British Capitalism and Caribbean Slavery: The Legacy of Eric Williams* (Cambridge: Cambridge University Press, 1987)。然而，本章关注的是作为为政府信用背书的主要收入来源，奴隶贸易如何促进了金融革命。因此，这一事件提供了一个特别

生动的例子，说明"现代信用实践的历史是如何与欧洲国家的形成、殖民征服和奴隶贸易的暴力历史密不可分地联系在一起的"。(Marieke de Goede, *Virtue, Fortune, and Faith: A Genealogy of Finance* [Minneapolis: University of Minnesota Press, 2005], 21.)

4 Dickson, *Financial Revolution in England, 45;* Robert Markley, *The Far East and the English Imagination, 1600–1730* (Cambridge: Cambridge University Press, 2006).

5 关于南海对早期现代英格兰人的思维方式造成了何种影响，参见 Glyndwr Williams, *The Great South Sea: English Voyages and Encounters, 1570–1750* (New Haven, CT: Yale University Press, 1997); Jonathan Lamb, *Preserving the Self in the South Seas, 1680–1840* (Chicago: University of Chicago Press, 2001)。

6 参见 Peter C. Mancall, *Hakluyt's Promise: An Elizabethan's Obsession for an English America* (New Haven, C.T.: Yale University Press, 2007)。

7 William Dampier, *A new voyage round the world: describing particularly, the isthmus of America, several coasts and islands in the West Indies* (London, 1697); Woodes Rogers, *A Cruising Voyage around the World, First to the South-Seas, thence to the East-Indies, and homewards by the Cape of Good Hope* (London, 1712).

8 Anthony Ashley Cooper, *Third Earl of Shaftesbury, Characteristics of Men, Manners, Opinions, Times*, ed. Lawrence E. Klein (Cambridge: Cambridge University Press, 1999), 153.

9 参见 Nuala Zahedieh, *The Capital and the Colonies: London and the Atlantic Economy, 1660-1700* (Cambridge: Cambridge University Press, 2010)。

10 在对南海公司的研究中，约翰·斯珀林淡化了该公司在贸易上的成功以及其在公众中的受欢迎程度。他断言"贸易利润应折算为零"（John Sperling, *South Sea Company*, 16）。约翰·卡斯韦尔同样宣称该计划"从一开始就是一场骗局"（John Carswell, *South Sea Bubble*, 47），而亨利·罗斯维尔称其为"虚拟的骗局"（Henry Roseveare, *Financial Revolution*, 45）。然而，在斯珀林的报告出版之前，许多历史学家都承认该公司在早期取得了成功。例如，菲利普·斯坦霍普写道，商人很快就吞下了"这个镀金的诱饵，闪耀在他们面前的梦幻般的黄金国甚至让有洞察力的人都目眩神迷……这种热情传遍全国，许多人几乎不知道美洲在何处，但仍确信它遍地都是金子和宝石"，参见 Philip Stanhope, *The History of England from the Peace of Utrecht to the*

Peace of Versailles, Vol. II (Leipzig: Tauchnitz, 1853)，3。威廉·摩根也得出结论，公司早年是成功的。事实上，如果不是由于随后的泡沫年代的失控的金融操控，哈雷"也许可以与戈多芬、更年轻的皮特、皮尔和格莱斯顿并列成为英格兰最伟大的财政大臣之一"；参见 William T. Morgan, "The Origins of the South Sea Company," *Political Science Quarterly* 44 (1929): 38。这一争议至今仍在继续，参见 Julian Hoppit, "The Myth of the South Sea Bubble," *Transactions of the Royal Historical Society* 12 (2002): 142；朱利安·霍皮特声称，"贸易对于公司从来都是次要的"；而布鲁斯·卡拉瑟斯认为该公司早期的运作"取得了成功，并维持了政府信用"（Bruce G. Carruthers, *City of Capital*, 154）。

11 虽然公司章程规定 1% 的股本将用于捕鱼，但几乎没有证据表明该公司在其第一个十年内实际进行过任何捕鱼活动。

12 海军债务是迄今为止最大的一部分，高达 513.0539 万英镑。这些贷款是向公众出售的短期债务，以未具体指明的未来税收收入预期为基础。收税后，债权人上交他们的本票以换取本金和赚取的利息。问题是战争期间的收入远远低于支出，这意味着投资者无法将其证券转换为现金。

13 公司章程规定，用于交换公司股票的债务凭证和债权证书"应被视为以及称为该公司的普通股本和主要股本；所有在年金或基金中持股的相关人士，按其股份比例成为公司成员，无需支付任何服务费用或其他费用即被准许加入"；参见 *Abstract of the charter of the Governour and Company of Merchants of Great Britain, trading to the South-Seas, and other parts of America, and for encouraging the fishery* (London, 1711)。

14 为了支付 6% 的年金，上议院通过一项法案，扩大了对酒、醋、烟草和东印度商品以及锻制丝绸和鲸鱼鳍的关税，这项法案的通过最初是为了为对法战争筹集资金。Anno 9 Anne, c.21, p. 203.

15 贸易特权自然不包括葡萄牙人和荷兰人占有的领土。

16 *Assiento*（或 *Asiento*）是西班牙的一个法律术语，指政府和私人机构之间签订的管理公共服务的合同。根据 1494 年的《托德西拉斯条约》，西班牙被禁止进入非洲大陆，所以他们不得不依赖外国势力向他们供应奴隶。虽然西班牙从美洲殖民之初就已经有计划地将在伊比利亚半岛受雇的奴隶运送到其美洲领土，但他们从 1528 年开始签订合同，直接从非洲运送奴隶。最初签署合同的是两个德意志商人，他们已完全融入了塞维利亚的殖民贸易。在接下来的一个半世纪里，合同由来自葡萄牙、西班牙和意大利的商人持有。1685 年，荷兰人获得了贩奴合同，十七年后，法国获得了合同。George Scelle, "The

Slave-Trade in the Spanish Colonies of America: The Assiento," *American Journal of International Law* 4 (1910): 612–661.

17　成立一家公司来负责英格兰与西属美洲贸易的想法并不新鲜，英格兰对获得贩奴合同的兴趣也不是刚刚出现。英格兰从 1707 年开始认真谈判合同，当时著名的陆军官员兼外交官詹姆斯·斯坦霍普爵士被派往西班牙。但直到 1711 年 5 月，英格兰才和法国在和平协议中就商业条款的基本要素达成一致。英格兰官员仍然必须与西班牙人和法国人再进行几年外交谈判才可以开始贸易。Donnan, "The Early Days of the South Sea Company, 1711-1718," *Journal of economic and business history* 2 (1929): 422.

18　Herman Moll, *A View of the coasts, countries and islands within the limits of the South-Sea-Company. Containing an account of the discoveries, settlements, progress and present state . . . From the River Aranoca to Terra del Fuego, and from thence through the South Sea to the farthest bounds of the late act of Parliament. To which is added, an account of former projects in England for a settlement, and the accomplishment of the last in the establishing the new company; with a list of the commissioners names appointed by her majesty to take the subscriptions. As also some useful observations on the several voyages that have been hitherto publish'd . . . Illus. with a general map* (London, 1711), 220.

19　根据公司章程摘要（*Abstract of the Charter*，1711 年），认购自 6 月 27 日开放，截至 7 月底已认购 340.5559 万英镑；截至年底已认购 917.7968 万英镑。Sperling, *South Sea Company*, 25.

20　Daniel Defoe, *A True account of the design, and advantages of the Southsea trade: with answers to all the objections rais'd against it. A list of the commodities proper for that trade: and the progress of the subscription towards the South-sea company* (London, 1711), 37. 关于这本小册子的作者，阿恩·比亚卢舍夫斯基最近提出了质疑，他声称哈雷宣传团队的另一位成员阿贝尔·博耶（见本书第五章）是作者。由于笛福在他的《评论》和其他小册子中表达了类似的观点，我将遵循惯例将这本小册子归于笛福。最终，就本章的论证而言，到底是哈雷的哪一位写手创作了哪一篇特别的作品，并不重要。参见 Arne Bialuschewski, "A True Account of the Design, and Advantages of the South-Sea Trade: Profits, Propaganda, and the Peace Preliminaries of 1711," *Huntington Library Quarterly* 73 (2010): 273–285。要判断哪些小册子由笛福创作，是出了名的棘手的事情。在本章中我将坚持戈德史密斯−克雷斯经济

文献图书馆所标示的归属。我还查阅了 John Robert Moore, *A Checklist of the Writings of Daniel Defoe* (Bloomington: Indiana University Press, 1960) 和 P. N. Furbank and W. R. Owens, *A Critical Bibliography of Daniel Defoe* (London: Pickering and Chatto, 1998)。

21　Carruthers, *City of Capital*, 76–78.

22　1690 年代，土地税占政府收入的 39%，相比之下，关税和消费税所占比例不到 24% 和 26%。在 18 世纪前十年的消费税提高之后，土地税再次成为收入的最大来源，但比例下降至 37%。Roseveare, *Financial Revolution*, 34, 45. 威廉和安妮的统治时期是反常的，因为这是土地税在国家收入中占主导地位的唯一时期。Brewer, *Sinews of Power*, 99.

23　Ibid., 168. 大卫·阿米蒂奇认为，"一个海洋帝国不会成为过度扩张和军事独裁——这些加速了罗马帝国的崩溃——的牺牲品，也不会带来加速西班牙衰落的暴政、人口减少和贫困"（David Armitage, *Ideological Origins of the British Empire*, 100–101 ）。

24　*A Letter to a member of Parliament, on the settling a trade to the South-sea of America* (London, 1711), 4.

25　Ibid., 4-5.

26　衰弱的西班牙海军无法阻止法国在智利和秘鲁的港口自由贸易。这些贸易航行带来了丰厚的利润，据报道高达 5000%。William Funnell quoted in Williams, *Great South Sea*, 137. 一位英格兰商人怀着嫉恨的情绪证实了这一点，法国人"根据他们的协议，以运送黑奴等为借口，频繁前往西印度群岛的所有西班牙港口，同时引进黑奴和其他商品，并将收益带回法国"（引自 Morgan, "Origins of the South Sea Company," 19 ）。通过利用王家海军骚扰法国奴隶贸易商，英格兰人试图阻止法国人交付"合同规定的黑奴数量，这样一来，他们的贩奴合同第一年必定毁约，然后西班牙人便很乐意将合同给英格兰人"（引自 Morgan, "Origins of the South Sea Company," 21 ）。

27　*A Letter to a member of Parliament*, 8–9.

28　Ibid.,10。

29　Jonathan Swift , *The Examiner*, June 7, 1711, reprinted in Ellis, *Swift vs. Mainwaring*.

30　Ibid.

31　Ibid.

32　Ibid. 斯威夫特对公司的最终成功充满信心，他给南海公司投资了 500 英镑。Nicholson, *Writing and the Rise of Finance*, 53.

33 将此类作品归类为地方志，芭芭拉·J.夏皮罗指出，"在关于殖民地的描述中，即使是最注重吸引投资资本和鼓励移民的刻画，也采用了目击见证和可信证言的语言"（Barbara J. Shapiro, *Culture of Fact*, 69）。

34 莫尔的叙述后来被笛福在他的小说 [Defoe, A New Voyage around the World (1724)] 中明确使用，以建立对南方海域的想象。Burton J. Fishman, "Defoe, Herman Moll, and the Geography of South America," *Huntington Library Quarterly* 36 (1973): 227–238。

35 Williams, *Great South Sea*, 165.

36 在 1706 年的一本小册子中，约翰·勒赖特提议在达里安附近建立一个殖民地。他声称该地区已被当地的戴格酋长作为礼物送给英格兰政府，以感谢英格兰将村民从西班牙人的大屠杀中拯救出来。参阅 John Le Wright, *Two proposals becoming England at this juncture to undertake* (n.p., 1706)。

37 Moll, *A View of the coasts*, 211. 卡斯韦尔指出，在 18 世纪的前十年里，非法走私奴隶到南美洲的贸易每年产出黄金和白银高达 20 万英镑（Carswell, *South Sea Bubble*, 40）。

38 例如，Steven Shapin, "Here and Everywhere: Sociology of Scientific Knowledge," *Annual Review of Sociology* 21 (1995): 289–321; Steven J. Harris, "Long-Distance Corporations, Big Sciences, and the Geography of Knowledge," *Configurations* 6 (1998): 269–304; Harold J. Cook, *Matters of Exchange: Commerce, Medicine, and Science in the Dutch Golden Age* (New Haven, CT: Yale University Press, 2007); and Simon Schaff er, *The Information Order of Isaac Newton's Principia Mathematica* (Uppsala: Salvia Småskrift er, 2008)。

39 Mario Biagioli, *Galileo's Instruments of Credit: Telescopes, Images, Secrecy* (Chicago: University of Chicago Press, 2006), 22.

40 Ibid., 43.

41 历史学家马克·奈茨指出，奥古斯都时期英格兰的党派政治世界充斥着"含糊不清、歪曲事实和捏造"，政治和文学著作有着趋同的趋势（Mark Knights, *Representation and Misrepresentation*, 7）。

42 Markley, *Far East and the English Imagination*, chap. 6.

43 Ingrassia, *Authorship, Commerce, and Gender*, 6.

44 Ibid. 其他文学学者也奉行了信用和文本之间的对应关系。例如，桑德拉·谢尔曼调查了信用与小说之间的同质性，将其视为"一种新的叙事"（Sandra Sherman, *Finance and Fictionality*, 5）。

45 Ingrassia, *Authorship, Commerce, and Gender*, 7.

46 Brown, *Fables of Modernity*, 101. 除了布朗、马克利、谢尔曼和因格拉西亚之外，其他重要的文学批评家也对新经济批判领域做出了贡献，包括 Nicholson, *Writing and the Rise of Finance*; Brantlinger, *Fictions of State; and* James Thompson, *Models of Value: Eighteenth-Century Political Economy and the Novel* (Durham, NC: Duke University Press, 1996)。

47 黛安娜·杜高认为，有关南海公司的歌谣"迎合了较高社会阶层的购买者，他们在剧院或咖啡馆里听到这些歌曲的演出后，会购买乐谱，然后在自己的小提琴、键盘和长笛伴奏下再次演唱和聆听"，参见 "High Change in 'Change Alley': Popular Ballads and Emergent Capitalism in the Eighteenth Century," *Eighteenth-Century Life* 22 (1998): 45。

48 Adam Fox, "Ballads, Libels and Popular Ridicule in Jacobean England," *Past and Present* 45 (1994): 57.

49 对抽签公债的实际利率有不同的估计。卡斯韦尔认为利率"平均约为 8%"（Carswell, *South Sea Bubble*, 44），而理查德·戴尔指出抽签公债的利率在 6% 到 10% 之间，参见 Richard Dale, *The First Crash: Lessons from the South Sea Bubble* (Princeton, NJ: Princeton University Press, 2004), 24。

50 *An Excellent New Song Call'd An End to our Sorrows. To the Tune of, I Laugh at the Pope's Deviles* (n.p., 1711).

51 *Oxford and Mortimer's Vindication: Or, Another Song, In Answer to Credit Restor'd. To the Tune, Come Prithee, Horace, hold up thy Head* (London, 1711).

52 *Some Queries, Which being Nicely Answered may tend very much to the Encouragement of the South-Sea Company, and to forwarding that Laudable Undertaking to our greater Satisfaction* (n.p., 1711).

53 Ibid.

54 Ibid.

55 Ibid.

56 Ibid.

57 Ibid.

58 Ibid. 这张猛烈抨击的传单以对该计划的缔造者之一约翰·布朗特的名望和荣誉的质疑作为结尾。布朗特在担任剑刃银行董事时已经受到辉格党人的蔑视。作者问道："一个股票交易者和众所周知的骗子的项目，除了一个诡计多端、没有一个诚实的人愿意参与的计划之外，还能期待得到更好的结果吗？"（Ibid.）

59 马克·奈茨指出，政党的愤怒往往导向一种"将敌人描绘成可笑的；……讽刺、挖苦和假装尊重；……幽默而轻描淡写"的修辞（Mark Knights, *Representation and Misrepresentation*, 248）。

60 Arthur Maynwaring, *An Excellent New Song, called, Credit Restored, in the year of our Lord God, 1711. To the tune of, Come prithee, Horace, hold thy head* (London, 1711).

61 Arthur Maynwaring, *The South Sea Whim. To the tune of——— To you fair ladies now at land, &c.* (London, 1711)。

62 Daniel Defoe, *The true state of the case between the government and the creditors of the navy, &c: as it relates to the South-Sea-trade. And the justice of the transactions on either side impartially enquired into* (London, 1711), 3.

63 Ibid.

64 Ibid.,8.

65 Ibid.

66 Ibid.,9. 对笛福来说，要求一个从政府最近的行动中受益如此之多的群体"应该对政府抱有感激之情而给予小回报，即将他们资金的 10% 投入（不只是给予，而且要承担风险）这种交易中"是很合理的。

67 Defoe, *A true account of the design*, 5.

68 Ibid.,6. 笛福指出，当公司完全组建完成时，它"将拥有全世界任何贸易公司中最大的股本；因此，将能够通过每位业主缴纳的少量资金，同时得到国家海军和陆军的协助，以及其特许证明确说明的其他优势，最终将法国人从西属西印度群岛上驱逐出去；或者至少在那里建立殖民地；并开展对上述公司以及整个不列颠王国都有利的贸易"（10）。

69 Ibid.,20. 笛福还补充说，南海公司将能够与南海地区的海盗和海贼进行大量利润丰厚的贸易。虽然东印度公司阻止了南海公司在马达加斯加（海盗的主要据点之一）进行贸易，但笛福认为公司利用南海地区这些"世界恶棍"所提供的有利买卖是毫无障碍的。

70 Ibid.,29-30.

71 Francis Hare, *A Letter to a member of the October-club: shewing, that to yield Spain to the Duke of Anjou by a peace, wou'd be the ruin of Great Britain*. 2nd ed. (London, 1711), 17.

72 Arthur Maynwaring, *Remarks upon the present negotiations of peace begun between Britain and France* (London, 1711), 25.

73 Ibid.

74　Ibid.,26.

75　Arthur Maynwaring, *The Medley*, March 19, 1711, reprinted in Ellis, *Swift vs.Maynwaring.* 相反，他主张收回所有自 1689 年以来国王作为恩惠赠与的土地。这样的解决方案既能筹集到足够的资金偿还全部无担保债务，又能打击土地利益集团。

76　Jonathan Swift , *The conduct of the allies, and of the late ministry, in beginning and carrying on the present war. The fifth edition, corrected* (London, 1711), preface.

77　Ibid.,17.

78　Ibid.,32.

79　Ibid.,44. 斯威夫特对目前的状况表示遗憾："国家的财富过去是按土地价值计算的，现在则按股票的涨跌计算。" 在同一期《观察家》中，他得出结论："权力，根据古老的格言，过去是随土地而定，现在转向了货币"（*The Examiner,* November 2, 1710, reprinted in Ellis, Swift vs. Mainwaring）。

80　Swift , *The conduct of the allies*, 40.

81　Daniel Defoe, *Armageddon: or, the necessity of carrying on the war, if such a peace cannot be obtained as may render Europe safe, and trade secure* (London, 1711), 46–47.

82　Defoe, *Review*, July 17, 1711。几年前有一位匿名作者提出，对英格兰和西班牙来说，让贸易保持对西属美洲自由开放，是符合利益的。自由贸易最有利于英格兰，因为它的工业和商业生产的商品更适合美洲市场，超过了其主要大西洋竞争对手。西班牙也将受益于向外国商人开放其殖民地的贸易，因为他们将以最具竞争力的价格得到所有可以想象的商品，同时仍然完全控制他们的矿井。*A Letter to Sir William Robinson, in Relation to a Proposal for a Trade to the Spanish West-Indies* (London, 1707), 3.

83　Ibid.

84　Arthur Maynwaring, *An Excellent New Song, call'd Mat's Peace, or the Downfall of Trade. To the Good Old Tune of Green-Sleeves* (London, 1711).

85　Defoe, *Review*, October 5, 1711.

86　Ibid.

87　公司董事包括前英格兰银行董事詹姆斯·贝特曼、西奥多·詹森爵士、詹姆斯·多利夫，以及前东印度公司董事马修·德克尔爵士和萨缪尔·谢皮德。现任财政大臣罗伯特·本森和大实业家安布罗斯·克劳利爵士、著名金融家爱德华·吉本、理查德·霍尔爵士、约翰·兰伯特、萨缪尔·昂格利·弗朗西斯、斯特拉特福和托马斯·弗农也被选中。此外，哈雷还指定约翰·布朗特爵士、查尔斯·布朗特、乔治·卡斯沃尔、雅各布·索布里奇和本杰明·托德曼——都与剑刃银行有关联——加入董事会。Sperling, *South Sea Company*, 6–7. 为了表明公司的反辉格党精神，哈雷任命自己为公司第一任董事长，而曾是希思科特在英格兰银行董事会的主要对手的詹姆斯·贝特曼被任命为副董事长。

88   British Library, Additional Manuscript (Add MS), 25,494/34r/November 14, 1711.

89   Add MS, 25,494/17r/September 21, 1711. 英格兰银行也有一套类似的规则和激励措施，以确保其董事按时到任。Bank of England, Minutes of the Court of Directors, G4/1/54/August 11, 1694

90   Add MS, 25,494/101r/June 20, 1712.

91   Add MS, 25,494/53r/January 31, 1712; Add MS, 25,494/69r/March 19, 1712; Add MS, 25,494/75r/April 1, 1712.

92   Add MS, 25,494/68r/March 19, 1712.

93   Add MS, 25,494/99r/June 20, 1712.

94   Add MS, 25,495/28r/February 19, 1713.

95   Daniel Defoe, *An essay on the South-Sea trade. With an enquiry into the grounds and reasons of the present dislike and complaint against the settlement of a South-Sea company.* 2nd ed. (London, 1712), 5。

96   Ibid.,6. 笛福建议必须从源头攻击法国人的"战争命脉……掐住敌人最敏感的部分，（即）财富和宝藏的源泉，正是凭借这源泉，他们之前才得以继续进行战争"（13-14）。

97   Ibid.,40-41.

98   Ibid.,38.

99   Add MS, 25,495/56v/June 2, 1713.

100   五岁到十岁之间的健康奴隶算作 ½ 件；十岁到十五岁之间的奴隶相当于 ⅔ 件；三十岁以上，就相当于 ¾ 件。Sperling, *South Sea Company*, 22.

101   Add MS, 25,550/83v/October 10, 1717.

102   William Wood, *The Assiento contract consider'd. As also, the advantages and decay of the trade of Jamaica and the plantations, with the causes and consequences thereof. In several letters to a member of Parliament* (London, 1714), 38.

103   Add MS. 25,495/63v/June 23, 1713.

104 Add MS 25,562/6r/September 15, 1713.

105 该公司购买的用于在南美销售的商品包括羊毛、亚麻布、地毯、盘子、碟子、铅、大麦、橡木板、门、药品、锡、蜡烛、花边、剑、枪和火药。Add MS, 25,495/242r/ December 22, 1714.

106 Robert Bleau, *A letter from one of the Royal African-Company's chief agents on the African coasts* (London, 1713), 2.

107 Royal African Company, *The case of the Royal African-Company and of the plantations* (London, 1714), 2.

108 Daniel Defoe, *A Brief Account of the Present State of the African Trade (London,1713). Reprinted in John McVeagh, ed., Political and Economic Writings of Daniel Defoe, Volume 7: Trade* (London: Pickering and Chatto, 2000), 62.

109 Ibid.

110 在一本支持王家非洲公司的小册子中，查尔斯·达文南特早些时候曾宣称："只要对非洲的贸易是开放的，我们就永远无法签订贩奴合同，也不能与西班牙人或葡萄牙人签订任何有利的合同,向他们的西印度群岛提供黑奴。"(Charles Davenant, *Reflections upon the constitution and management of the trade to Africa, through the whole course and progress thereof* [London, 1709], 32) 对于王家非洲公司和独立交易者之间的冲突的描述，参见 William Pettigrew, "Free to Enslave: Politics and the Escalation of Britain's Transatlantic Slave Trade, 1688–1714," *William and Mary Quarterly* 64 (2007): 3–38。

111 Add MS, 25,550/6v/January 28, 1714。公司的成立并未受到牙买加商人的欢迎，他们的商业活动就包括向西属美洲走私奴隶。例如，威廉·伍德认为，来自牙买加的奴隶走私贸易和相关的非法干货违禁品贸易每年为英格兰赚得 20 万英镑至 25 万英镑的黄金和白银 (William Wood, *The Assiento contract consider'd*, 2)。

112 Add MS, 25,495/96v/October 28, 1713.

113 Add MS, 25,495/116v/January 6, 1714.

114 Add MS, 25,495/120v/January 20, 1714. "哈利法克斯"号一直没有启航，"霍普"号不得不等到第二年才出发。

115 Add MS, 25,495/95v/October 28, 1713.

116 Palmer, *Human Cargoes*, 59.

117 Add MS, 25,495/188r/July 21, 1714.

118 Add MS, 25,495/175v–177r/June 29, 1714.

119 在此期间，南海股票价格上涨约 20%，东印度股票价格上涨 18%，英格兰银行股票价格上涨 10%。

120 Add MS, 25,495/209v/October 5, 1714.

121 乔治一世被任命为公司总裁，他在接受这一荣誉时宣称："在我心里，没有什么比促进和鼓励国家贸易更重要了，因此感谢董事会对我的尊重，我一定会在所有场合维护公司的利益。"他还补充说："但我不精通商业事务，我会始终将全部管理权交给董事会以及将高级管理人员的任命权留给公司所有股东。" Add MS, 25,495 /244v–245r/ January 3, 1715.

122 David Eltis, Stephen D. Behrendt, *David Richardson, and Herbert S. Klein, The Trans-Atlantic Slave Trade: A Database on CD-ROM* (Cambridge: Cambridge University Press, 2000).

123 Add MS, 25,495/223v/November 10, 1714.

124 1713 年 11 月该公司从马德里收到了关于利润分配协议的令人失望的消息。该文件详细说明，西班牙国王将获得 28% 的利润，安妮女王 22.5%，某位吉利根先生 7.5%，而公司控制剩下的 42%。公司感到愤怒并向女王发起了一场请愿运动，要求获得更好的协议。随后的政治角力以女王（1714 年 6 月）和吉利根先生（1715 年 9 月）放弃各自的利润份额而结束，公司最终掌管 72% 的利润。Sperling, *South Sea Company*, 18–19.

125 Add MS, 25,555/41v/February 1, 1716.

126 Add MS, 25,555/42r/February 1, 1716.

127 关于南海公司的公开辩论为何在 1713 年逐渐消失的解释包括：1712 年《印花税法》的通过、一些辉格党报纸被勒令停印和亚瑟·梅恩沃林的去世。P. B. J. Hyland, "Liberty and Libel: Government and the press during the Succession Crisis in Britain, 1712–1716," *English Historical Review* 101(1986): 864.

128 Defoe, *Review*, October 1711.

129 关于影响早期伦敦金融市场股票价格变动的因素的讨论，参见 Murphy, *Origins of English Financial Markets*。

130 Defoe, *Review*, October 22, 1706.

131 Eltis et al. *Trans-Atlantic Slave Trade.* Donnan, "Early Days of the South Sea Company," 434–436，唐南估计公司在 1715 年运送了 5000 名非洲奴隶；1716 年约有 3000 人；1717 年约有 6500 人；在贩奴合同的最后一年，该公司运送了大约 4000 名奴隶。帕尔默（Palmer, *Human Cargoes*, 103–109）认为 1715 年的数字为 1530 人；1716 年为 2493 人；1717 年为 2946 人；最终在 1718 年达到了 3709 人。唐南和帕尔默统计的数字是以公司的记录为基

础，其中包括每艘船承诺交付的奴隶数量的信息。这些船只中的一大部分并未出现在埃尔蒂斯等人的文献数据库中，有些是因为它们从未航行过，有些是因为尚未找到相应的文件记录。另外，让统计数据变得复杂的是，事实上，该公司在牙买加和巴巴多斯购买了数千名奴隶，没有作为南海公司的交易出现在埃尔蒂斯等人的文献数据库中。该公司还购买了所谓的"战利品黑奴"，由无执照的私营商人交付，因此逃避了官方记录。

132 Add MS, 25,555/72r/July 11, 1717。紧随西班牙王位继承战争之后的这个时期通常被称为海盗的黄金时代。Marcus Rediker, *Villains of All Nations: Atlantic Pirates in the Golden Age* (Boston: Beacon Press, 2004).

133 Add MS, 25,555/72r/July 11, 1717.

134 9 月 25 日，该公司致函其在牙买加和巴巴多斯的代理人："禁止将更多黑奴送往西属西印度群岛，直至接到进一步命令。"Add MS, 25,498/61r/September 25, 1718.

135 Donnan, "Early Days of the South Sea Company," 450.

136 Sperling, *South Sea Company*, 20.

137 Palmer, *Human Cargoes*, 155.

138 政治学家大卫·斯塔萨维奇将 1715 年信用状况的改善归因于辉格党霸权地位的明朗化。他指出，辉格党被认为是更值得信任的公共债务管理者；参见 David Stasavage, "Partisan Politics and Public Debt: The Importance of the 'Whig Supremacy' for Britain's Financial Revolution," *European Review of Economic History* 11 (2007): 124。

139 Add MS, 25,495/92r/October 14, 1713; Add MS, 25,495/120v/January 20, 1714.

140 公司记录几乎完全没有提及奴隶叛乱的危险。但在布宜诺斯艾利斯代理商的一封信中，我们可以找到一个例外，他请求提供资金建造合适的建筑物，"以确保黑奴不会逃跑或袭击工厂，并保障他们免受侮辱"（Add MS 25,562 /53r /June 17,1714）。此外，在致驻古巴圣伊阿古的代理商的一封信中，公司建议不要接受从刚果运送来的奴隶，因为他们"容易逃跑"（Add MS, 25,563/83v/October 31, 1717）。公司偶尔会指示其船长们在大西洋中央航线航行期间采取措施改善奴隶的健康。例如，甲板应定期用醋清洗，船员们应"用音乐和游戏使 [奴隶] 开心"（Add MS, 25,567/3v/January 17, 1723）。

141 Kathleen Wilson, *The Island Race: Englishness, Empire and Gender in the Eighteenth Century* (London: Routledge, 2002), 33.

142 正如历史学家文森特·布朗指出的那样，"财产的积累，家庭和社会网络的繁衍，以及对生命有意义的诠释，一切都在很大程度上源于高死亡率和亡者挥之不去的存在"，参见 Vincent Brown, *The Reaper's Garden: Death and Power in the World of Atlantic Slavery* (Cambridge, MA: Harvard University Press, 2008), 4。

143 查尔斯·达文南特严重夸大了对非洲人普遍存在的刻板印象。他描述黄金海岸的当地人"通常非常贫穷和贪婪，天生就非常唯利是图和奸诈，甚至对彼此以及对欧洲人都是如此"（Charles Davenant, *Reflections upon the constitution and management*, 20 ）。

144 Sir Dalby Thomas quoted in Palmer, *Human Cargoes*, 21. 托马斯还是 1694 年"百万大冒险"的专员，以及 1696 年流产的土地银行的专员。

145 Quoted in Palmer, *Human Cargoes*, 21.

146 David Richardson, "Shipboard Revolts, African Authority, and the Atlantic Slave Trade," *William and Mary Quarterly* 58 (2001): 72.

147 John Atkins, *A Voyage to Guinea, Brasil, and the West-Indies; in His Majesty's Ships, the Swallow and Weymouth (1721). Reprinted in Elizabeth Donnan, ed., Documents Illustrative of the History of the Slave Trade to America* (Washington, DC: Carnegie Institution of Washington, 1930), 2:281–282.

148 William Snelgrave, *A New Account of Some Parts of Guinea, and the Slave Trade* (1734). Reprinted in Donnan, *Documents Illustrative*, 2:355.

149 James Barbot, *An Abstract of a Voyage to Congo River or the Zair, and the Cabinde, in the Year 1700* (1700). Reprinted in Donnan, *Documents Illustrative*, 2:457.

150 Ibid.

151 Ibid. 其他关于叛乱的个人记述包括荷兰首席负责人威廉·博斯曼的叙述，他在一本 1705 年翻译并在英格兰出版的书中描述了他参与过的两次叛乱，其中一次"及时被船长和我本人镇压了，煽动者的头部被射穿，之后一切归于平静"；参见 Willem Bosman, *A New and Accurate Description of the Coast of Guinea, Divided into the Gold, the Slave, and the Ivory Coasts, etc.* (1699). Reprinted in Donnan, ed., *Documents Illustrative*, 1:443。 博斯曼经历的第二次叛乱更为严重，有多名船员受伤。要不是有另外两艘碰巧位于附近的贩奴船提供帮助，那些奴隶很可能会成功。

152 参见 Marcus Rediker, *The Slave Ship: A Human History* (New York: Viking, 2007)。

153 Thomas Phillips, *A Journal of a Voyage made in the Hannibal of London, Ann,*.

1693–1694, from England, to Cape Monseradoe, in Africa; and thence along the Coast of Guiney to Whidaw, the Island of St. Thomas, and so forward to Barbadoes (1693–1694). Reprinted in Donnan, *Documents Illustrative*, 1:406.

154 同样地，詹姆斯·巴伯特描述了"我们如何让尽可能多的人在尾甲板和藏枪室待命，而我们的主要军官待在大船舱里，我们在那里准备好所有的小型武器，门口和通向门口的过道上始终有哨兵站岗；如此准备充分，以防奴隶们突然发起攻击"（quoted in Donnan, *Documents Illustrative*, 1:462）。

155 Snelgrave, *A New Account of Some Parts of Guinea* (1727). Reprinted in Donnan, *Documents Illustrative*, 2:352.

156 斯内尔格雷夫讲述了他如何用绳子将一名叛变者吊起，并让他的十名部下向他开火。人一死，他的头就会被割下并扔到海里。他描述了这一场面如何"突然给我们的黑奴带来恐惧"，并表示后一行为尤其重要，"因为许多黑人相信，他们如果被处死而没有被肢解，被扔到海里后将会再次回到自己的故土"（Ibid.,359）。

157 Atkins, *A Voyage to Guinea* (1721). Reprinted in Donnan, *Documents Illustrative*, 2:266.

158 *Instructions to Captain William Barry* (1725). Reprinted in Donnan, *Documents Illustrative*, 2:327.

159 Phillips, *A Journal of a Voyage made in the Hannibal* (1693–1694). Reprinted in Donnan, *Documents Illustrative*, 1:402.

160 Ibid.,403.

161 Ibid.,402.

162 伍德本人也是一名独立商人，他反对贩奴合同，因为他认为这可能会加强王家非洲公司的垄断地位。Pettigrew, "Free to Enslave," 28–29.

163 Wood, *Assiento contract consider'd,* 21.

164 Ibid.,33.

165 Emma Christopher, *Slave Ships, Sailors and their Captive Cargoes, 1730–1807* (Cambridge: Cambridge University Press, 2006), 182–186.

166 Palmer, *Human Cargoes*, 45, 49.

167 Herbert S. Klein, *The Atlantic Slave Trade* (Cambridge: Cambridge University Press, 1999), 139. 根据埃尔蒂斯等人的数据库，该公司船上的年死亡率在14% 到 27% 之间。

168 *The Trade granted to the South-Sea-Company: considered with relation to Jamaica. In a letter to one of the directors of the South-sea-company; by a*

gentleman who has resided several years in Jamaica (London, 1714), 10. 作者指出：“西班牙人通常要求完全健康的奴隶，身处壮年的男人和女人，或是男孩和女孩，所有人都必须肢体健全、身体健康，没有任何瑕疵或缺陷……[我]很少见到他们会购买任何有丝毫缺陷或毁容的奴隶，哪怕仅仅是耳朵尖有瑕疵。”(ibid., 9–10.)

169 Ibid.,11.

170 Add MS, 25,550/2v/January 5, 1714.

171 Brown, Reaper's Garden, 13。他指出，英格兰人的死亡率是大约每年 10%，而“黑人的死亡率略低，但在数量上却多得多”。

172 奴隶的能动性被否认，可以用奴隶商人想要为他们的货物投保来解释。虽然奴隶贸易是实践人身保险的先驱之一，但给货物上保险只是为了防备常见的海上危险，例如海难和海盗活动。杰弗里·克拉克指出，保险保单“通常明确排除了因奴隶在航行过程中起义，或因奴隶自然、暴力、自愿的死亡而产生的损失责任”。叛变、自杀和疾病不能投保，因为它们被认为可以通过适当的管理和谨慎处理来避免。参见 Geoffrey Clark, *Betting on Lives: The Culture of Life Insurance in England, 1695–1775* (Manchester: Manchester University Press, 1999),16–17。另参阅 Anita Rupprecht, "Excessive Memories: Slavery, Insurance and Resistance," *History Workshop Journal* 64 (2007): 17–22。

173 Christopher L. Brown, *Moral Capital: Foundations of British Abolitionism* (Chapel Hill: University of North Carolina Press, 2006), 51.

174 Robin Blackburn, *The Making of New World Slavery: From the Baroque to the Modern, 1428–1800* (London: Verso, 1997), 386. 关于在早期现代的英格兰，货币如何重新定义人类以及人与人之间关系的广泛讨论，参见 Deborah Valenze, *The Social Life of Money in the English Past* (Cambridge: Cambridge University Press, 2006)。

175 Karl Marx, *Capital: A Critique of Political Economy, Volume 1*, trans. Ben Fowkes (London: Penguin Books, 1976), chap. 1.

176 在探讨与著名的 1781 年“宗”号船事件有关的保险和奴隶制的背景下，伊恩·鲍科姆研究了 18 世纪信用和保险引入所带来的价值看法的转变。在该事件期间，体弱多病的奴隶被扔下船以便领取保险赔付。鲍科姆认为，在为奴隶提供保险的行为中，金融资本超越了商品形式所固有的劳动力商品化。一旦奴隶们被投保，他们的身份、个性和人性就几乎都被抹去，他们变成了想象中的或虚构的存在。为了使这成为可能，“发展出一种相互的、系统性的决心，去相信想象中的价值的存在"是有必要的。他继续说道，"这种价值形式的核心是将商品资本特有的价值创造规则颠倒过来……存在这种价值并不是因为已经发生的购买和货物交换，而是因为双方或多方同意去相信它的存在"；参见 Ian Baucom, *Specters of the Atlantic: Financial Capital, Slavery, and the Philosophy of History* (Durham, NC: Duke University Press, 2005), 17。

177　在关于大西洋世界的社会想象中，奴隶的主体性是缺失的，揭示了乌代·S. 梅萨在普遍的自由主义理论中所发现的那种盲点。他认为，由于自由主义理论假设所有人都生来自由、平等、理性，它看不到那些被剥夺了这些人类最低限度的人的主体地位。Uday S. Metha, "Liberal Strategies of Exclusion," *Politics and Society* 18 (1990): 427–454。

178　虽然马克思没有对我所指的信用拜物教现象做评论，但他确实对以信用为核心的另一种抽象概念提供了自己的看法。他指出，在信用关系中，"相互隐瞒、虚伪和空话达到了顶峰，因为需要信用的人不仅是简单地因为他的贫穷而被定义，而且也必须忍受令人沮丧的判断，认为他不值得被信任，不值得被认可，简而言之，他是一个社会贱民和一个坏人"。马克思继续说："货币这一全然理想的存在意味着对人的伪造必须对这个人本身而不是其他任何物质而进行，即他必须让自己变成伪造的硬币，通过谎言和卑鄙手段获得信用。"马克思由此得出结论，信用关系是互相欺骗的客体。Karl Marx, "Excerpts from James Mill's Elements of Political Economy," in *Early Writings*, introduced by Lucio Colletti and translated by Rodney Livingstone and Gregor Benton (New York: Vintage Books, 1975), 264–265.

179　François R. Velde, "Government Equity and Money: John Law's System in 1720 France," Federal Reserve Bank of Chicago Working Paper Series (2003): 12.

180　John Law's *Money and Trade Considered with a Proposal for Supplying the Nation with Money* (Edinburgh, 1705) 被誉为对货币理论做出了开创性贡献。虽然劳的著作确实影响了后来的思想家，但本书第三章的讨论含蓄地表明，其著作中几乎没有什么可以称得上是新颖的。

181　在劳于 1711 年 6 月寄给哈雷的贺信中，他表示愿意返回英格兰并协助管理南海公司。哈雷拒绝了他的提议，并拒绝赦免他在 1694 年犯下的谋杀罪，他为了一位女士在一场决斗中杀死了爱德华·威尔逊并因此被定罪。Carswell, *South Sea Bubble*, 65.

182　通用银行的成功促使摄政王奥尔良公爵菲利普二世重新考虑劳关于建立国家

银行的提议。他很快就授予劳建立王家银行的特权，该银行有权发行超过其前身两倍数量的银行钞票。关于约翰·劳及其理念和项目的详细记录，参阅 Antoin E. Murphy, *John Law: Economic Theorist and Policy-Maker* (Oxford: Clarendon Press, 1997)。

183 Thomas E. Kaiser, "Money, Despotism, and Public Opinion in Early Eighteenth-Century France: John Law and the Debate on Royal Credit," *Journal of Modern History* 63 (1991): 10; Antoin E. Murphy, *Richard Cantillon: Entrepreneur and Economist* (Oxford: Clarendon Press, 1986), 91. 凯泽认为劳只是在其体系于 1720 年开始动摇之后，才精心策划了增进信用的活动。一旦劳走投无路，他甚至会起诉那些言行举止有损人们对银行钞票信心的人 (Kaiser, "Money, Despotism, and Public Opinion," 17)。

184 南海公司和密西西比公司之间的联系被法国外交部的一位成员承认，他写道："拟成立的公司，以西部公司为名，像英格兰南海公司一样，它有两个目标——贸易和回购相当大数量的国家债券"(quoted in Murphy, *John Law*, 168)。

185 Roseveare, *Financial Revolution*, 52.

186 Ibid.,52-53. 下文对公司在南海泡沫发生前的财务交易的概述，主要基于 Dickson, *Financial Revolution in England*, 79–89; and Roseveare, *Financial Revolution*, 52–55。

187 Add MS, 25,497/31v–32r/May 9, 1717.

188 Add MS, 25,498/123v/June 25, 1719.

189 该公司于 1718 年 12 月通知其股东，"显然，公司在目前的情况下无法依靠自身的贸易将股息提高至议会应付年金之上" (Add MS 25,498/78r/December 12, 1718)。

190 Add MS, 25498/155v/January 21, 1719.

结语

1 John Trenchard and Thomas Gordon, "'The Fatal Effect of the South-Sea Scheme, and the Necessity of Punishing the Directors,' No. 2, November 12, 1720," in *Cato's Letters: Or, Essays on Liberty, Civil and Religious, and other Important Subjects*, ed. Ronald Hamowy, 40 (Indianapolis: Liberty Press,1995).

2 *The South-Sea scheme detected; and the management thereof enquir'd into: with the case of the subscribing annuitants; and a remedy off er'd for our*

present grievances. In answer to a pamphlet, entitled, The South-sea scheme examin'd, &c. By a lover of his country. The second edition (London, 1720).

3   Mr. Chamberlen, *News from Hell: or, A match for the directors: a satire. Humbly inscribed to the honourable members of the Secret committee: with a dedication to the Emperour of the Moon* (London, 1721), 7. 希尔克·斯塔曼研究了泡沫引发的民谣，参见 Silke Statmann, *'South Sea's at best a mighty BUBBLE': The Literization of a National Trauma* (Trier: WVT Wissenschaft licher Verlag Trier, 1996)。

4   Trenchard and Gordon, "'Against false Methods of restoring Publick Credit,' No. 4, November 26, 1720," *Cato's Letters*, 50.

5   特伦查德和戈登补充道："如果任由这种害虫到处爬行，玷污我们的空气，扰乱一切秩序，靠谎言和卑鄙的伎俩生存并进行下流、危害性极大的把戏，那么诚实和勤勉的复兴就无从指望了"（Ibid.,42）。

6   Ibid.,59.

7   *A Letter to a conscientious man: concerning the use and the abuse of riches. . . shewing that stock-jobbing is an unfair way of dealing; and particularly demonstrating the fallaciousness of the South-sea scheme* (London, 1720).

8   Ibid.

9   Edward Ward, *A South-sea ballad: or, merry remarks upon exchange-alley bubbles* (n.p., 1720).

10 Trenchard and Gordon, "'How easily the People are bubbled by Deceivers. Further Caution against deceitful Remedies for the publick Sufferings from the wicked Execution of the South-Sea Scheme,' No. 6, December 10, 1720," *Cato's Letters*, 55.

11 Ibid.

12 Ibid.

13 Ibid. 伯纳德·曼德维尔在 1723 年出版了他的寓言（Bernard Mandeville, *Fable of the Bees*）的扩写版本，部分是为了回应泡沫之后对新经济氛围的强烈反对。他的介入反过来又使我们了解到 18 世纪关于激情、兴趣、同情心、信仰、礼貌、道德感和社交互动之间关系的讨论。参见 Albert O. Hirschman, *The Passions and the Interests: Political Arguments for Capitalism before Its Triumph* (Princeton, NJ: Princeton University Press,1977)。

14 虽然他没有直接批评该方案的架构，但他对约翰·劳的法国体系充满蔑视，因为这一体系在很多方面都仿效了南海公司。Daniel Defoe, *The Chimera:*

or, the French way of paying national debts, laid open. Being an impartial account of the proceedings in France, for raising a paper credit, and settling the Mississippi stock (London, 1720).

15   Daniel Defoe, *The case of Mr. Law, truly stated. In answer to a pamphlet, entitul'd, A letter to Mr. Law* (London, 1721),

16   Jonathan Swift , *The Bubble: A Poem* (London, 1721), 5–6. 关于斯威夫特对南海泡沫的进一步研究，参阅 J. T. Klein, "Satirists and South-Sea Baubles in the Age of Hope and Golden Mountains," *Southern Review* 14 (1981): 143–154; Pat Rogers, "Plunging in the Southern Waves: Swift 's Poem on the Bubble," *Yearbook of English Studies*, 18 (1988):41–50; and Sean Moore, "Satiric Norms, Swift 's Financial Satires and the Bank of Ireland Controversy of 1720–1," *Eighteenth-Century Ireland* 17 (2002): 26–56。

17   *Discovery of the philosopher's stone. Lately projected by certain dealers in the South-sea* (Dublin, 1720). Swift , Bubble, 3–4.

18   Ward, *South-Sea Ballad.* 也可参见，例如，*Discovery of the Philosopher's Stone. Lately projected by certain dealers in the South-sea* (1721)。

19   我不会对泡沫本身发表评论，只会探讨它对信用论述的影响。关于泡沫如何、何时以及为何发生的讨论，参见 Lewis Melville, *The South Sea Bubble* (London: O'Connor, 1921); Carswell, *South Sea Bubble*; Sperling, *South Sea Company*; Dickson, *Financial Revolution in England*; Neal, *Rise of Financial Capitalism*; Niall Ferguson, *The Cash Nexus: Money and Power in the Modern World, 1700–2000* (New York: Basic Books, 2001); Malcolm Balen, *The Secret History of the South Sea Bubble: The World's First Great Financial Scandal* (London: Fourth Estate, 2002); Richard Dale, *The First Crash: Lessons from the South Sea Bubble* (Princeton, NJ: Princeton University Press, 2004); and Helen Paul, *The South Sea Bubble: An Economic History of its Origins and Consequences* (London: Routledge, 2010)。

20   Hoppit, "Myth of the South Sea Bubble," 153; Carlos and Neal, "Micro-Foundations of the Early London Capital Market." 法国则不然。虽然私人信用在泡沫崩溃之后相对较快地复苏了，但在 18 世纪余下的时间里，法国既没有运转良好的政府信用体系，也没有普遍流通的信用货币。Larry Neal, "How it All Began: The Monetary and Financial Architecture of Europe during the First Global Capital Markets, 1648–1815," *Financial History Review* 7 (2000): 133. 约翰·布鲁尔等人认为，与法国的信用体系相对，英格兰信用

体系的弹性是英格兰能在 18 世纪建立对大西洋世界控制权的一个重要原因（John Brewer, *Sinews of Power*, 29）。

21　反映 1720 年事件的主要和次要文件的集合，参见 Ross B. Emmett, *Great Bubbles: Reactions to the South Sea Bubble, the Mississippi Scheme and the Tulip Mania Affair, 3 vols.* (London: Pickering and Chatto, 2000)。

22　George Berkeley, The Querist, containing several queries, proposed to the consideration of the public (Dublin, 1735), query 5, 4。关于贝克莱货币论述的讨论，参见 C. George Caffentzis, *Exciting the Industry of Mankind: George Berkeley's Philosophy of Money* (Dordrecht: Kluwer, 2000)。

23　Berkeley, *Querist*, query 35, 9

24　Ibid., query 220, 41.

25　Ibid., query 199, 37.

26　Ibid., query 206, 38. 虽然贝克莱注意到英格兰银行表现出许多公共银行的有利特征，但他指出，这实际上是一家私人银行，因此并不完全避免渎职和腐败行为。

27　Issac Gervaise, *The System or Theory of the Trade of the World* (London,1720), 2.

28　Ibid.

29　Ibid., 5.

30　Ibid., 22.

31　Ibid., 23.

32　Ibid., 8.

33　Ibid., 18.

34　Carl Wennerlind, "The Link between David Hume's A Treatise of Human Nature and his Fiduciary Theory of Money," *History of Political Economy* 33 (2001): 139-160.

35　休谟沿用了孟德斯鸠对纸币形式中有利和不利之分的描述。孟德斯鸠认为，由白银或未来的利润背书的纸币可以有利地增加货币量，而代表债务的纸币——无论是私人债务还是公共债务——实际上都没有任何好处；参见 Montesquieu, *The Spirit of the Laws* (Cambridge: Cambridge University Press, 1989), part 4, chap. 17, 418。 有关法国关于信用的辩论以及孟德斯鸠在其中扮演的角色，参阅 Michael Sonenscher, *Before the Deluge: Public Debt, Inequality, and the Intellectual Origins of the French Revolution* (Cambridge: Cambridge University Press, 2007)。

36   David Hume, "Of Money" in *Essays Moral, Political, and Literary*, ed. Eugene
      F. Miller (Indianapolis: Liberty Fund, 1987), 286.

37   Ibid.

38   Ibid.

39   Ibid. 关于休谟对不同类型货币的扩张的相对优点的看法，参见 Carl Wennerlind,
      "David Hume's Monetary Theory Revisited: Was He Really a Quantity Theorist
      and an Inflationist?" *Journal of Political Economy* 113 (2005): 223–237。另见
      Michael I. Duke, "David Hume and Monetary Adjustment," *History of Political
      Economy* 11 (1979): 572–587; John F. Berdell, "The Present Relevance of
      Hume's Open- Economy Monetary Dynamics," *Economic Journal*, 105 (1995):
      1205–1217; Tatsuya Sakamoto, "Hume's Political Economy as a System of
      Manners," in *The Rise of Political Economy in the Scottish Enlightenment*,
      ed. T. Sakamoto and Hideo Tanaka, 86-102 (London: Routledge, 2003); and
      Margaret Schabas, "Temporal Dimensions in Hume's Monetary Theory," in
      David Hume's Political Economy, ed. Carl Wennerlind and Margaret Schabas,
      127-145 (London: Routledge, 2008)。

40   David Hume, "Of Public Credit" in *Essays Moral, Political, and Literary*, ed.
      Eugene F. Miller (Indianapolis: Liberty Fund, 1987), 360-361. 有关休谟对政
      府信用的观点的广泛讨论，参见 Istvan Hont, "The Rhapsody of the Public
      Debt: David Hume and Voluntary State Bankrupcty," in Nicholas Philipson,
      ed., *Political Discourse in Early Modern Britain* (Cambridge: Cambridge
      University Press, 1993): 321-48。 有证据表明，可能是对南海泡沫的记忆
      导致休谟不愿完全接受货币信托理论。Ian Simpson Ross, "The Emergence
      of David Hume as a Political Economist: A Biographical Sketch," in *David
      Hume's Political Economy*, ed. Carl Wennerlind and Margaret Schabas, 31–48
      (London: Routledge, 2008).

41   Hume, "Of Public Credit," 361.

42   关于休谟和斯密货币论述的共同特征的讨论，参见 Carl Wennerlind, "The
      Humean Paternity to Adam Smith's Theory of Money," *History of Economic
      Ideas* 8 (2000): 77–97。

43   Smith, *Wealth of Nations*, 458.

44   Ibid., 74.

45   Ibid.,458. 斯密指出，18 世纪在苏格兰建立的银行对苏格兰的贸易和工业 "做
      出了巨大贡献"（Ibid.,315）。

46   Ibid., 310.

47   Ibid., 341.

48   Nicholas Biddle quoted in Robert V. Remini, *Andrew Jackson and the Bank War* (New York: W.W. Norton 1967), 20.

致 谢

      这本书是在我生命中一个特别有成就感和愉快的时期写成的。对此，我最应该感谢的是我的妻子莫妮卡·米勒以及我们了不起的孩子兰斯顿和塞尔玛。莫妮卡在人性和智慧上的卓越是我普遍幸福感及享受学术生活的基石。如果没有她，我就不会是现在的样子，没有她的帮助这本书也不会有多少内容。

      在本书的写作过程中，我有幸在一个独特的学院环境中教学。巴纳德学院的行政管理、教职员工和学生们创造了一个真正鼓舞人心和令人振奋的知识环境。我永远感谢历史系的成员，他们接受并接纳了我这个外来者。我的欧洲文化历史学同事们，特别是乔尔·凯、丽莎·特斯顿、拉尔斯·特雷高（现就职于申达勒大学学院）和黛博拉·瓦伦泽，不仅是我的挚友，而且也是我最严厉和最重要的批评者。走在百老汇的大街上，知道这里每天都会有充满智慧的对话和欢笑，是一件让我很高兴的事情。

      巴纳德学院历史系的另一个优点是它与哥伦比亚大学历史系关系密切。在写一本以文化、政治、奴隶制、炼金术和认识论为重点的英格兰经济思想史著作时，我不可能找到一群比大卫·阿米蒂奇

（现就职于哈佛大学）、克里斯·布朗、皮埃尔·福斯、玛莎·豪厄尔、马特·琼斯、苏珊·佩德森和帕梅拉·史密斯等更好的研究早期现代欧洲文化历史的同事。我对他们的友好建议和批评深表感谢。我还受益于荣誉欧洲学家埃文·海菲利和安德斯·斯蒂芬森的广博知识和友善态度。

我之所以能有今天的幸运，有几个人功不可没：哈利·克莱弗、道格拉斯·达西、佩里·梅尔林和玛格丽特·沙巴斯以各自独特的方式，在这个过程中指导和鼓励了我。我深深地感谢他们。

在写这本书的过程中，我有幸与众多优秀学者交流，他们为本书内容的进展提供了极大的帮助。我要特别感谢蒂姆·阿尔本、托尼·阿斯伯莫古斯、克里斯·贝里、亚历克斯·比克、乔治·卡芬特齐斯、丹·凯里、洛伊克查尔斯、卢多维克·德斯梅特、伊斯特万·洪特、弗雷德里克·阿尔布里顿-琼森、马丁·克拉格、哈罗·马斯、特德·麦考密克、克雷格·马尔德鲁、史蒂夫·平卡斯、约翰·桑德伯格、约翰·肖夫林、菲尔·斯特恩、亨利·特纳、蕾切尔·韦尔和安德斯·奥格伦。

在学术会议和研讨会上介绍本书的想法时，我收到了很多人的特别建议。虽然我不能在此一一列举，但我还是要感谢哥伦比亚大学英格兰历史研讨会、哥伦比亚大学欧洲历史研讨会、斯德哥尔摩经济学院经济史研讨会、耶鲁大学英格兰历史研究学术讨论会、纽约大学欧洲历史研讨会、芝加哥大学早期现代欧洲历史研讨会、卡尚高等师范学院"H2S"经济史研讨会和卢米埃里昂第二大学"货币思想历史：1517—1776年"研讨会的参与者们。

许多巴纳德和哥伦比亚大学的学生通过参加研讨会和担任研究助理为这个项目做出了贡献。感谢艾米·约翰逊、安布里·欧文、杰西卡·普利策，特别是安古斯·里亚尔，在本书写作的不同阶段耐心地帮助我。

许多图书馆员和档案管理员在我搜索文档的过程中提供了帮助。我要感谢哥伦比亚大学善本和手稿图书馆的工作人员、哈佛大学贝克图书馆、英格兰银行档案馆和大英图书馆的手稿阅览室。这个项目进行到一半时，哥伦比亚大学图书馆购买了"现代世界创造者"（Gale Digital Collections）的数据库，这被证明是无价的资源。

与迈克·阿伦森和他在哈佛大学出版社的工作人员一起工作是一次愉快的经历。迈克总是鼓励我，他的耐心令人印象深刻，他让这本书的写作变得尽可能没有压力。

该项目得到了美国哲学学会、国家人文基金会、哥伦比亚大学研讨会、巴纳德学院、简·沃兰德斯和汤姆·赫德留斯基金会、赫尔格·阿克森基金会，以及温纳-格伦基金会的慷慨资助。我还要感谢斯德哥尔摩经济学院经济和商业史研究所（EHFF）在本书定稿期间慷慨地提供办公空间。

我的朋友们对这个项目有着极其重要的意义，他们提供帮助的方式各自不同。最重要的是，感谢我最好的朋友博波·康拉迪和彼得·霍夫曼-邦。还要感谢莎拉、海伦娜、莱娅、米克和安娜、马丁和阿曼达、丽贝卡和亨利、阿萨和雅各布、洛塔和格雷格、阿维瓦、贝特西、阿努、奈拉、南希、赫伯、特德、切普、克里斯、罗伯、杨帕、约翰、乌贝、妮蔻、尼克、卡尔-约翰和萨拉、阿恩、南希、大卫、桑杰、英格玛、伊娃和托贝、帕桑、玛格丽特和丽莎、克里斯蒂安和拉斯、加布里埃尔、迈克尔和雷吉、珍妮，还有希顿、蕾切尔和乔恩，以及其他所有人。

我要衷心感谢我的父母奥莱和古尼拉，他们鼓励我去探索世界。我希望这本书能让你们俩感到自豪。我要感谢我那真正杰出的姐姐波米拉，感谢她无条件的友谊，以及她的家人古斯塔夫、阿尔伯特和莉维亚，感谢他们的慷慨和爱心。最后，再一次，最重要的是，我想谢谢我自己的家人。我全心全意地爱你们。

望 MOUNTAIN
登自己的山

主　　编｜谭宇墨凡
责任编辑｜谭宇墨凡　李　珂
营销总监｜张　延
营销编辑｜狄洋意　许芸茹　韩彤彤

版权联络｜rights@chihpub.com.cn
品牌合作｜zy@chihpub.com.cn
出版合作｜tanyumofan@chihpub.com.cn

野 SPRING 望
MOUN TAIN

Room 216, 2nd Floor, Building 1, Yard 31,
Guangqu Road, Chaoyang, Beijing, China